JN417721

손태진

독해 원리

손태진

저는 서강대 대학원을 졸업했고, 학교 다닐 때는 영어에 미쳐서 살았습니다.
영어를 너무 잘하고 싶어, 몇 개월간 한국말을 한 번도 하지 않은 적도 있습니다.
대학생활의 거의 대부분을 TIME와 CNN 그리고 영어 Debating을 하면서 말 그대로 영어의 바다에 빠져서 재미있게 보냈습니다. 그런 결과 대학교 2학년 때 토익과 토플이 만점이 나왔으며, 그 이후로 쭉 25년간을 시험 영어만 연구하고, 강의하고 있습니다. 많은 책과 모의고사를 집필해서 누구보다 정확한 출제자의 시선을 가지고 있습니다. 지문의 어디에서 빈칸이 있을 것이며, 어디에서 어떤 문제를 출제할 할지를 정확히 볼 수 있습니다. 현재는 공단기(ST Unitas)에서 영어과 대표교수로 강의하고 있으며, 현강, 인강 통틀어 부산 지역에서 가장 많은 학생들이 수강하고 있습니다. 평생을 영어를 연구하고 강의하는 데 시간 쏟았으며, "영어 강의에서만은 대한민국 최고다"라는 자신감도 가지고 있습니다.
3년 전 딸이 중3이던 때부터 영어를 직접 가르치면서, 중, 고등부 학원에 관심을 가지게 되었습니다. 한 살이라도 어릴 때부터, 제대로, 체계적으로 강의를 하면, 엄청난 효과를 볼 수 있다는 것을 느꼈고, 전에 없던 보람을 찾게 되었습니다.
그래서, 손태진 영어학원을 개원하게 되었고, 더 좋은 학습 자료로 가르치고자 하는 소망에서 수능 관련 교재를 집필하게 되었습니다.

대표이력

현) 공단기 영어과 대표교수
전) 영단기 토익 대표강사
전) 파고다어학원 토익 대표강사
그 외 다수의 기업체 영어강의

수상경력

- 파고다 어학원 2004년 BEST TEACHER상
- 파고다 어학원 수강생이 뽑은 2015년 전국 최우수 강사상

저서

-『손태진 수능만점어휘』(예정, 좋은땅)
-『손태진 문법원리』(예정, 좋은땅)
-『손태진 독해원리』(예정, 좋은땅)
-『손태진 수능만점 구문』(예정, 좋은땅)
-『손태진 수능만점 독해』(예정, 좋은땅)
-『뿌리 깊은 어원 영단어』(2021, 혜지원)
-『손태진 공무원영어보개기-문법(손태진 공무원 영어 뽀개기: 문법)』(2021, 혜지원)
-『손태진 공무원영어보개기-구문(손태진 공무원 영어 뽀개기: 구문)』(2021, 혜지원)
-『손태진 공무원영어보개기-독해(손태진 공무원 영어 뽀개기: 독해)』(2021, 혜지원)
-『손태진 실전동형모의고사(손태진 공무원 영어 실전동형 모의고사 1)』(2021, 하움)

| 공부의 방향이 보이는 독해서 |

손태진 독해 원리

손태진 지음

좋은땅

목차

수능독해에서 필요한 능력과 잘하는 법

수능독해에서 가장 많이 등장하는 지문, 분야, 장르, 주제 패턴

수능독해에서 가장 빈출되는 지문의 구조 유형

손태진 **독해 원리**

수능독해에서 필요한 능력과 잘하는 법

1. 수능독해에서 필요한 6가지 핵심 능력

1) 문장 해석력(구문력)

- 주어 · 동사 중심의 구조 파악
- 관계사절, 분사구문 등 복잡한 문장 구조 해석
- 모르는 단어가 있어도 전체 문맥 파악 능력

2) 글의 구조 파악 능력(문단 기능 파악)

- 첫 문장: 주제 제시
- 중간 문장: 설명 · 예시 · 근거
- 마지막 문장: 결론 · 정리
- 글의 전체 구조를 파악하는 능력

3) 논리 연결 추론력

- however, therefore 등 논리 신호어 기반으로 흐름 파악
- 문단 간 논리적 연결 이해
- 고난도 문제 해결의 핵심 능력

4) 단어 추론 능력(문맥 단서 활용)

- 앞뒤 문장의 흐름으로 단어 의미 추론
- 어근/접두사/접미사 활용

5) 선택지 판단력(정보 매칭 능력)

- 지문의 의미와 100% 일치해야 정답
- 글보다 넓거나 좁은 선택지 배제
- 부분만 맞는 선택지 파악

6) 실전 속도 · 집중력 조절

- 핵심 문장 중심 읽기
- 유형별 시간 배분 능력
- 시험 집중력 유지

2. 수능독해 잘하는 법

1) 문장을 읽지 말고 '구조'를 읽어라

- S + V 먼저 파악, 의미 덩어리로 읽기
- 수식어는 최소한으로 해석

2) 첫 문장과 마지막 문장을 반드시 잡아라

- 주제 · 요지 · 제목 70% 결정
- 첫 문장: 방향 파악, 마지막 문장: 결론 확인

3) 논리 신호어 중심으로 읽어라

- however, therefore 등 논리 신호어가 흐름 결정

4) 선택지는 '흠 없이 정확한 것만' 고른다

- 일부만 맞는 선택지 배제
- 원인 · 결과 뒤바뀐 선택지 주의

5) 문제 풀이 순서를 전략적으로 가져가라

- 요지/주제/제목 → 추론 → 빈칸 → 순서/삽입 → 요약 순서 추천

6) 유형별 공식 전략으로 접근

- 빈칸: 전후 문장 논리
- 함축: 앞뒤 문장 정밀 해석
- 순서: 대명사 · 시제 · 지시어 고리 활용
- 요약: 문단 기능 정리

3. 수능독해 실력 키우는 빠른 훈련 루틴

① 구문독해 10문장 매일

② 기출 지문 3개 구조 분석

③ 선택지 판단력 훈련(오답 패턴 분석)

④ 고난도 유형 집중 훈련

⑤ 시간 안에 푸는 실전 세트 훈련

수능독해에서
가장 많이 등장하는
지문, 분야, 장르,
주제 패턴

1. 일반 논설문(Expository Argumentative Texts)

수능의 절대적 다수를 차지하는 유형

1) 과학 · 기술(Science & Technology)

인공지능, 빅데이터, 로봇공학
환경과학, 생명과학, 신기술 원리
심리학의 실험 방법 · 뇌과학(가장 빈출)

2) 사회 · 경제(Social Studies & Economics)

소비자 행동, 경제 원리, 시장 구조
사회 제도, 조직 심리, 협력/경쟁 논리
정책, 공공선, 혁신 시스템

3) 철학 · 윤리(Philosophy & Ethics)

인식 · 지각의 본질
자유의지, 도덕 판단
인간 행동의 동기 구조

4) 언어 · 교육(Linguistics & Education)

언어 습득 과정, 의사소통 원리
학습전략, 교육방법(자주 등장)

5) 예술 · 문화(Arts & Culture)

미술 · 음악의 감상 원리
창작 과정과 표현 기법
문화 변동 · 사회적 메시지

2. 실용문(Practical Functional Texts)

실제 생활과 가까운 문서 → 수능에서 꾸준히 출제

1) 안내문(Notice Announcement)

행사 안내, 박물관/전시회 정보

신청 · 예약 관련 공지

2) 광고문(Advertisement)

제품 · 서비스 홍보

장점 · 혜택 · 조건 비교 구조

3) 이메일 · 편지(E-mail & Letter)

요청, 사과, 초대, 확인

목적이 명확한 단문 형태

4) 지시문 · 절차문(Instruction & Procedure)

실험 단계, 기계 사용법

문제 해결 순서 제시

5) 표 · 그래프 · 도표(Text + Chart/Graph)

수능에서 최근 비중 증가

수치 비교 · 경향 파악 필수

3. 서사 · 기타(Narrative Others)

양은 적지만 자주 출제되며 난이도 조절에 사용됨

1) 일화 · 에피소드(Short Narrative & Anecdote)

연구자의 경험

실수에서 얻은 교훈

이야기 속에서 개념을 설명

2) 역사 · 고전 인물 서술(Biographical & Historical)

역사적 사건 소개

인물의 업적 · 배경 설명

3) 문학적 · 비문학(Literary & Nonfiction)

묘사 중심 글

비유적 표현 포함

분위기 · 심경 문제와 연계

4) 과학 실험 · 연구 보고(Research Description)

가설 → 방법 → 결과 → 해석

매우 대표적인 수능 독해 포맷

손태진 **독해 원리**

수능독해에서
가장 빈출되는
지문의 구조 유형

1. 두괄식(Topic-First Structure: 결론 먼저 제시)

1) 특징

- 글의 첫 문장에서 주제, 요지, 핵심 주장 제시
- 이후 예시, 설명, 근거 제시가 뒤따라옴
- 예: "최근 연구들은 A가 B보다 더 효과적임을 보여 준다."
- 뒤에서 그 이유와 사례 제시

2) 문제풀이 순서

step1. 첫 문장, 첫 두 문장을 정확히 해석하기(핵심 주장 찾기)

- 주장: increase/decrease/essential/necessary/effective
- 개념 소개: Creatively is defined as~, Cooperation improves~
- 비교우위: A is more effective that B

step2. 첫 문단 마지막 문장으로 주제 재확인

- 첫 문장: 핵심 메시지
- 첫 문단 마지막 문장: 핵심을 다시 강화([paraphrasing])

확인 포인트

- 같은 의미 반복
- 단어만 바꾼 재진술(paraphrasing)
- 핵심 면제 연결어: therefore, thus로 정리

step3. 2~3문단은 '근거, 예시 설명'으로 읽기

두괄식 구성의 중반부는 주제를 강화하는 보조 정보

- 예시(Example)
- 연구 결과(Study)
- 과정 설명(How it works)
- 비교, 대조(Support for the main idea)

step 4. 역접(However), 전환 부사에 특별히 집중하기

- 두괄식이라도 중간에 반례, 제한점이 나오는 경우가 있다.
- 신호어: However, Nevertheless, Yet, On the other hand, Although
- 역접 뒤 내용이 주제를 강화하는 보조 설명인지 아니면 최종 주장 전환인지 확인해야 한다.

step 5. 마지막 문단 결론으로 주제 최종 확인

두괄식 지문은 결론이 처음 주장과 같은 방향으로 유지된다.
즉, 첫 문장과 마지막 문장이 서로 echo(반향) 구조이다.

마지막 문단에서 확인해야 하는 것

- 핵심 문장 재진술
- 목적 강조적인 표현(should, must, need to, important, necessary)

예시

1. 다음 글의 주제로 가장 적절한 것은?

The rise of cities and kingdoms and the improvement in transport infrastructure brought about new opportunities for specialization. Densely populated cities provided full-time employment not just for professional shoemakers and doctors, but also for carpenters, priests, soldiers and lawyers. Villages that gained a reputation for producing really good wine, olive oil or ceramics discovered that it was worth their while to specialize nearly exclusively in that product and trade it with other settlements for all the other goods they needed. This made a lot of sense. Climates and soils differ, so why drink mediocre wine from your backyard if you can buy a smoother variety from a place whose soil and climate is much better suited to grape vines? If the clay in your backyard makes stronger and prettier pots, then you 12 can make an exchange.

① how climates and soils influence the local product
② ways to gain a good reputation for local specialties
③ what made people engage in specialization and trade
④ the rise of cities and full-time employment for professionals

정답 ③

해석

도시와 왕국의 발생과 교통시설의 발달은 전문화를 위한 새로운 기회를 가져왔다. 인구 밀도가 높은 도시들은 전문 제화공과 의사뿐만 아니라 목수, 성직자, 군인, 변호사에게도 정규직 일자리를 제공했다. 정말 좋은 품질의 와인, 올리브오일 또는 도자기 생산으로 명성을 얻은 마을들은 그들의 상품을 거의 독점적으로 전문화하고 그들이 필요로 하는 다른 모든 상품을 위해 그것을 다른 지역과 교환하는 것이 가치가 있다는 것을 깨닫게 되었다. 이것은 아주 타당한 일이었다. 기후와 토양이 다르므로, 토양과 기후가 포도덩굴에 훨씬 더 적합한 곳에서 나온 부드러운 품종을 살 수 있다면 왜 여러분의 뒤뜰에서 나온 평범한 와인을 마시겠는가? 만약 뒤뜰에 있는 진흙이 더 강하고 더 예쁜 항아리를 만든다면, 그렇다면 당신은 교환할 수 있다.

해설

이 지문은 전형적인 두괄식 구조로, 일반-구체 구조의 형식으로 원인 → 결과의 구조이다.

① 일반 주장: 도시, 왕국의 발달 + 교통의 발달 → 전문화
② 구체적 사례
- 도시 예: 전문직업
- 마을 예: 와인, 오일, 도자기
③ 결과: 전문화 + 상호교환 = 효율적 경제구조(각자 잘하는 것 중심으로 생산하고 교환하는 것이 합리적)

연습문제

1. 다음 글의 제목으로 가장 적절한 것은?

To be sure, no other species can lay claim to our capacity to devise something new and original, from the sublime to the sublimely ridiculous. Other animals do build things—birds assemble their intricate nests, beavers construct dams, and ants dig elaborate networks of tunnels. "But airplanes, strangely tilted skyscrapers and Chia Pets, well, they're pretty impressive," Fuentes says, adding that from an evolutionary standpoint, "creativity is as much a part of our tool kit as walking on two legs, having a big brain and really good hands for manipulating things." For a physically unprepossessing primate, without great fangs or claws or wings or other obvious physical advantages, creativity has been the great equalizer—and more—ensuring, for now, at least, the survival of Homo sapiens.

① Where Does Human Creativity Come From?
② What Are the Physical Characteristics of Primates?
③ Physical Advantages of Homo Sapiens over Other Species
④ Creativity: a Unique Trait Human Species Have For Survival

2. 다음 글의 주제로 가장 적절한 것은?

Short-term stress can boost your productivity and immunity. But when stress lingers, you may find yourself struggling. People show some signs when they suffer from more stress than is healthy. First, you can't concentrate. In times of stress, your body goes into fight or flight mode, pouring its efforts into keeping safe from danger. That's why it may be hard to concentrate on a single task, and you're more likely to get distracted. "The brains response becomes all about survival", says Heidi Hanna, author of *Stressaholic: 5 Steps to Transform Your Relationship with Stress*. "The fear response takes up all the energy of the brain for how to protect yourself." Second, you tend to get pessimistic. Because you're primed for survival, your brain has more circuits to pay attention to negatives than to positives. "When you're feeling overwhelmed by the chaos of life, take time to appreciate everything that's going well. You have to be intentional about practicing positivity", Hanna says.

① Advantages of short-term stress
② Why people keep distracted
③ Dangers of pessimism
④ Signs of excessive stress

3. 다음 글의 제목으로 가장 적절한 것은?

Mapping technologies are being used in many new applications. Biological researchers are exploring the molecular structure of DNA ("mapping the genome"), geophysicists are mapping the structure of the Earth's core, and oceanographers are mapping the ocean floor. Computer games have various imaginary "lands" or levels where rules, hazards, and rewards change. Computerization now challenges reality with "virtual" reality, artificial environments that stimulate special situations, which may be useful in training and entertainment. Mapping techniques are being used also in the realm of ideas. For example, relationships between ideas can be shown using what are called concept maps. Starting from a general or "central" idea, related ideas can be connected, building a web around the main concept. This is not a map by any traditional definition, but the tools and techniques of cartography are employed to produce it, and in some ways it resembles a map.

① Computerized Maps vs. Traditional Maps
② Where Does Cartography Begin?
③ Finding Ways to DNA Secrets
④ Mapping New Frontiers

4. 다음 글에서 필자가 주장하는 바로 가장 적절한 것은?

Creating a culture that inspires out-of-the-box thinking is ultimately about inspiring people to stretch and empowering them to drive change. As a leader, you need to provide support for those times when change is hard, and that support is about the example you set, the behaviors you encourage and the achievements you reward. First, think about the example you set. Do you consistently model out-of-the-box behaviors yourself? Do you step up and take responsibility and accountability, focus on solutions and display curiosity? Next, find ways to encourage and empower the people who are ready to step out of the box. Let them know that you recognize their efforts; help them refine their ideas and decide which risks are worth taking. And most importantly, be extremely mindful of which achievements you reward. Do you only recognize the people who play it safe? Or, do you also reward the people who are willing to stretch, display out-of-the-box behaviors and fall short of an aggressive goal?

① 책임감 있는 리더가 되기 위해서는 보편적 윤리관을 가져야 한다.
② 구성원에 따라 다양한 전략과 전술을 수립하고 적용해야 한다.
③ 팀원들의 근무 환경 개선을 위해 외부의 평가를 받아야 한다.
④ 팀원에게 창의적인 사고를 할 수 있는 토대를 만들어 줘야 한다.

5. 글의 내용과 가장 부합하는 속담은?

It is one thing to believe that our system of democracy is the best, and quite another to impose it on other countries. This is a blatant breach of the UN policy of non-intervention in the domestic affairs of independent nations. Just as Western citizens fought for their political institutions, we should trust the citizens of other nations to do likewise if they wish to. Democracy is also not an absolute term—Napoleon used elections and referenda to legitimize his hold on power, as do leaders today in West Africa and Southeast Asia. States with partial democracy are often more aggressive than totally unelected dictatorships which are too concerned with maintaining order at home. The differing types of democracy make it impossible to choose which standards to impose. The U.S. and European countries all differ in terms of restraints on government and the balance between consensus and confrontation.

① The grass is always greener on the other side of the fence.
② One man's food is another's poison.
③ There is no rule but has exceptions.
④ When in Rome, do as the Romans do.

6. 다음 글에서 Lock의 주장으로 가장 적절한 것은?

In Locke's defense of private property, the significant point is what happens when we mix our labor with God's land. We add value to the land by working it; we make fertile what once lay fallow. In this sense, it is our labor that is the source of the value, or the added value, of the land. This value-creating power of my labor makes it right that I own the piece of land which I have made valuable by clearing it, the well I have made full by digging it, the animals I have raised and fattened. With Locke, Homo faber—'the man of labor'—becomes for the first time in the history of political thought a central rather than peripheral figure. In Locke's world, status and honor still flowed to the aristocrats, who were entitled to vast landholdings but were letting history pass them by precisely because new economic realities were in the process of shifting wealth to a bourgeoisie that actually created value by work. In time, Locke's elevation of the significance of labor was bound to appeal to the rising bourgeoisie.

① Ownership of property comes from labor.
② Labor is the most important ideal to aristocratic society.
③ The accumulation of private property is a source of happiness.
④ A smooth transition to bourgeois society is essential for social progress.

정답 및 해설

연습문제

1. 정답 ④

해석

확실히, 황당한 것들부터 심하게 터무니없는 것들까지, 새롭고 독창적인 것을 고안하는 우리의 능력에 대해 다른 어떤 종도 자기 것이라고 주장할 수 없다. 다른 동물들도 물건들을 만든다—새들은 복잡한 둥지를 조립하고, 비버는 댐을 건설하고, 그리고 개미는 정교한 터널 망을 판다. Fuentes가 말하기를, '하지만 항공기, 기묘하게 기울어진 고층건물과 Chia Pets(잔디머리 피규어)는, 글쎄, 매우 인상적입니다.' 그리고 진화적 관점에서 볼 때 '창의성은 두 다리로 걷는 것만큼, 큰 뇌와 물건들을 다루기 위해 정말 좋은 손을 가지고 있는 것만큼 우리 도구들의 일부입니다'라고 덧붙였다. 큰 송곳니나 발톱이나 날개 또는 다른 눈에 띄는 신체적 장점들이 없는 신체적으로 평범한 영장류에게, 창의성은 우선, 적어도, 호모 사피엔스의 생존을 보장하는 좋은 보완재—그 이상—이다.

① 인간의 창의성은 어디에서 나오나?
② 영장류의 신체적 특징들은 무엇인가?
③ 다른 종보다 뛰어난 호모 사피엔스의 신체적 장점들
④ 창의성: 생존을 위해 인간이 지닌 독특한 특징

해설

이 글은 4가지 단락으로 나눌 수 있고 첫 번째 단락에 주제문이 있는 전형적인 두괄식 구조의 글이다. 첫 번째 단락에서 '창의성은 인간만이 가지고 있는 특징이다'라고 주제문을 제시하고, 그 뒤에 이어지는 글에서 다른 종의 능력을 언급하고, 마지막 단락에서 창의성은 다른 동물에 비해 신체적으로 불리한 인간에게 생존을 위한 보완재라고 주제문을 보강하고 있다. ④에서 소재인 Creativity가 제시되어 있고, '창의성은 인간이 생존을 위해 지니는 독특한 특징'이라는 내용은 주제문(창의성은 인간만이 가지는 능력)과 일치하므로 글의 제목이 될 수 있다. 따라서 ④이 정답이다.

어휘

to be sure 분명히 lay claim to~ ~를 자기 것이라 주장하다 capacity 능력 devise 고안하다 sublime 황당한 sublimely 심하게 ridiculous 터무니없는 intricate 복잡한 nest 둥지 ant 개미 assemble 조립하다 elaborate 정교한 tilted 기울어진 skyscraper 고층 건물 Chia Pets 잔디가 머리털처럼 자라는 피규어 impressive 인상적인 evolutionary 진화의 standpoint 관점 tool kit 도구들 manipulate 다루다 physically 신체적으로 unprepossessing 평범한 primate 영장류 fang 송곳니 claw 발톱 ensure 보장하다 equalizer 보완재 come from 유래하다 trait 특징, 특성

2. 정답 ④

해석

단기 스트레스는 당신의 생산성과 면역성을 높일 수 있다. 그러나 스트레스가 지속되면 당신은 자신이 허덕이는 모습을 발견하게 될 수도 있다. 사람들은 건강에 좋은 것보다 더 많은 스트레스로 고통받을 때 몇 가지 신호를 보인다. 첫 번째로 당신은 집중할 수가 없다. 스트레스의 시기에 당신의 신체는 투쟁 도피 모드로 진입해 위험으로부터 안전을 유지하는 데 신체의 노력을 쏟게 된다. 이것이 바로 한 가지 일에 집중하는 것이 어려울 수 있는 이유이다. 그리고 당신은 더욱 산만해질 가능성이 있다. "두뇌의 반응은 완전히 생존에만 관한 것이 된다"라고 〈스트레스 중독자: 당신과 스트레스와의 관계를 변화시키는 5단계〉의 저자 Heidi Hanna는 말한다. "공포 반응은 당신 스스로를 보호할 방법을 찾기 위하여 뇌의 모든 에너지를 소모한다." 두 번째로 당신은 비관적이게 되는 경향이 있다. 당신은 생존을 위한 준비가 됐으므로 당신의 두뇌는 긍정적인 것들보다는 부정적인 것들에 주목하는 회로를 더 많이 가지게 된다. "당신이 삶의 혼란에 의해서 압도되었다고 느낄 때, 잘 되어 가는 모든 것을 감사하는 시간을 가져라. 긍정성을 실천하는 것에 관해서 당신은 의도적이어야 한다"라고 Hanna는 말한다.

① 단기 스트레스의 이점
② 왜 사람들은 계속해서 산만한가

③ 비관주의의 위험
④ 과도한 스트레스의 신호

해설

글의 앞 부분에서 '사람들은 과도한 스트레스를 받으면 몇 가지 신호를 보낸다'는 주제문이 제시되어 있고, 3번째 단락과 4번째 단락에서 그 신호에 대해서 구체적으로 설명하고 있다. 과도한 스트레스를 받으면 집중할 수 없고, 비관적으로 된다. 따라서 이 글은 주제는 ④ Signs of excessive stress(과도한 스트레스의 신호)가 되게 된다.

어휘

boost 드높이다, 북돋우다 productivity 생산성 immunity 면역성 linger 오래 머물다 struggle 허덕이다, 투쟁하다 fight and flight mode 투쟁 도피 모드 pour 퍼붓다 distracted 주의가 산만한 take up 쓰다, 차지하다 tend to ~하는 경향이 있다 pessimistic 비관적인 be primed for ~의 준비가 된 circuit 회로 overwhelm 압도하다 chaos 혼란 appreciate 감사하다 practice positivity 긍정성을 실천하다 pessimism 비관주의

3. 정답 ④

해석

지도 제작 기술은 많은 새로운 응용분야에서 사용되고 있다. 생물학 연구자들은 DNA(게놈지도)의 분자구조를 탐구하고 있고, 지구물리학자들은 지구의 중심핵의 구조를 지도로 제작하고 있으며, 해양학자들은 해저를 지도로 제작하고 있다. 컴퓨터 게임은 규칙, 위험, 그리고 보상이 변화하는 다양한 상상의 '땅'이나 레벨들을 가지고 있다. 컴퓨터화는 이제 특수한 상황을 자극하는 인공적인 환경인 가상현실로 현실에 도전하는데, 이것은 교육과 오락에 유용할 수도 있다. 지도 제작 기술은 또한 발상의 영역에서도 사용되고 있다. 예를 들어, 발상들 사이의 관계는 개념도라고 불리는 것을 사용하여 보일 수 있다. 일반적이거나 '중심적인' 생각에서 출발해서, 관련된 생각들은 주요 개념 주변으로 망을 구축하면서 연결될 수 있다. 이것은 어떤 전통적인 정의에 의한 지도는 아니지만, 지도 제작법의 도구와 기술이 이것을 만들기 위해 사용됐으며, 어떤 면에서 그것은 지도를 닮았다.

① 컴퓨터화된 지도 vs. 전통적인 지도
② 지도 제작법은 어디에서 시작되나?
③ DNA의 비밀에 이르는 방법 찾기
④ 새로운 영역을 지도화하기

해설

이 글은 전형적인 두괄식 구성의 지문이다. 첫 번째 단락에서 소재인 Mapping technologies와 주제문(제조제작 기술은 새로운 응용분야에서 사용되어 지고 있다)이 제시되어 있고, 그 뒤로 여러 분야에서 사용되는 구체적인 예시가 뒷받침되고 있다. 따라 글의 제목은 Mapping New Frontiers(새로운 영역을 지도화하기)이다. 여기서 frontier는 특정한 지식이나 활동 영역를 말한다.

어휘

Map 지도를 제작하다; 지도 application 응용분야 biological 생물학의 explore 탐색하다 molecular 분자의 genome 게놈: 세포나 생명체의 유전자 총체 geophysicist 지구물리학자 oceanographer 해양학자 ocean base 해저 hazard 위험 reward 보상 computerization 컴퓨터화 virtual reality 가상현실 artificial 인공의, 인조의 realm 영역 concept map 개념도 definition 정의 cartography 지도 제작법 frontier 미개척 분야

4. 정답 ①

해석

틀에서 벗어난 사고를 고무시키는 문화를 만드는 것은 궁극적으로 사람들이 능력의 최대치를 발휘하도록 격려하고 변화를 추진하도록 그들에게 권한을 주는 것에 관한 것이다. 지도자로서 당신은 변화가 힘들 때 지원을 제공해 줄 필요가 있고, 그 지원은 당신이 설정하는 본보기, 당신이 장려하는 행동, 그리고 당신이 보상하는 성과에 관한 것이다. 우선 당신이 설정하는 본보기에 대해 생각해 보아라. 당신은 스스로 지속적으로 틀에서 벗어난 행동을 본보기로 보이고 있는가 당신은 앞으로 나아가서 책임과 의무를 다하고, 해결책에 집중하며, 호기심을 표현하는가? 그다음, 틀에서 벗어날 준비가 된 사람들을 격려하고 권한을 줄 수 있는 방법을 찾아라. 그들의 노력을 당신이 알고 있다는 것을 그들이 알게 하라; 그들의 생각을 다듬고 어떠한 위험이 감수할만한 가치가 있는지 결정하도록 그들을 도와라. 그리고 무엇보다도 당신이 어

떤 성과에 보상을 하는지에 대해 극히 신경 써라. 당신은 오직 조심하는 사람들만 인정하는가? 아니면 당신은 기꺼이 능력을 최대한 발휘하고, 틀에서 벗어난 행동을 보여 주어 공격적인 목표에는 미치지 못하는 사람들 또한 보상하는가?

해설

이 글은 틀에서 벗어난 사고를 북돋우는 방법에 관한 글이다. 주제문(지도자로서 틀에서 벗어난 사고를 지원해야 한다)이 앞부분에 제시된 두괄식 구성의 지문이다. 앞부분에서 주제문이 제시하고, 그 뒤로 틀에서 벗어난 사고를 북돋우기 위한 지도자의 역할을 열거되고 있다. 따라서 이 글이 주장하는 바는 ④ 팀원에게 창의적인 사고를 할 수 있는 토대를 만들어 줘야 한다'가 주제문을 정확하게 반영하고 있으므로 정답이다.

어휘

inspire 북돋우다, 격려하다 out-of-the-box 틀에서 벗어난 stretch (기술·능력 등을) 최대한 발휘하다 empower 권한을 주다 drive change 변화를 추진하다 reward 보상하다 consistently 지속적으로 model 본보기를 보이다 accountability 책임, 의무 mindful 유념하는 play it safe 신중을 기하다, 조심하다 fall short of ~에 못 미치다 aggressive 적극적인, 공격적인

5. 정답 ②

해석

우리의 민주주의 체계가 최고라고 믿는 것과 그것을 다른 나라들에 강요하는 것은 상당히 다른 것이다. 이것은 독립 국가의 국내 문제들에 불간섭이라는 UN 정책에 대한 뻔뻔스러운 위반이다. 정치적 제도를 위해 서구의 시민들이 싸웠던 것처럼, 우리는 다른 국가들의 시민들이 만약 그들이 원한다면 똑같이 할 것을 믿어야 한다. 민주주의는 또한 절대적인 용어가 아니다—나폴레옹은 그의 정권 장악을 합법화하기 위해 오늘날의 서아프리카와 동남아시아의 지도자들이 하는 것처럼 선거와 국민 투표를 이용했다. 부분 민주주의의 나라들은 본국에서 질서를 유지하는 것에 지나치게 관심이 있는 완전히 비선출된 독재 정권들 보다 종종 더 공격적이다. 상이한 유형의 민주주의는 어떤 기준을 적용할 것인지 선택하는 것을 불가능하게 만든다. 미국과 유럽의 국가들은 정부에 대한 규제와 합의와 대립 사이 균형의 측면에서 모두 다르다.

① 울타리 저 편 잔디가 더 푸르다.

② 한 사람에게는 음식인 것이 다른 사람에게는 독이다.

③ 예외 없는 규칙은 없다.

④ 로마에 가면 로마 법에 따르라.

해설

첫 번째 단락에서 우리의 민주주의 체계가 최고라고 믿는 것과 그것을 다른 나라들에게 강요하는 것은 상당히 다르다는 주제문이 제시되어 있다. 이어지는 글에서 독립 국가의 국내 사건에 개입하지 않아야 한다는 UN 정책에 대한 위반이며, 민주주의는 절대적인 용어가 아니라는 내용이 나온다. 그리고 마지막 단락에서 나라마다 유형이 다를 수 있으므로 어떤 기준을 적용할지 결정하는 것은 불가능하다고 했으므로, 지문의 내용과 부합하는 속담은 '한 사람에게는 음식인 것이 다른 사람에게는 독이다(한 사람에게는 이로운 것이 다른 사람에게는 독이 될 수 있다)'라고 표현한 ②번이 정답이다.

어휘

A is one thing, and B is another A와 B는 별개이다, 다르다 impose 강요하다, 적용하다 blatant 뻔뻔스러운 breach 위반, 불이행 non-intervention 비간섭 domestic affairs 국내의 문제 institution 제도 referenda 국민 투표 legitimize 합법화 hold on power 정권장악 unelected 비선출직의 dictatorship 독재 정권 be concerned with ~에 관심이 있다 order at home 국내의 질서 in terms of ~의 면에서 restraint 규제 consensus 합의 confrontation 대립

6. 정답 ①

해석

로크의 사유 재산에 대한 옹호에서, 중요한 점은 우리가 우리의 노동을 하나님의 땅과 결합시키면 무슨 일이 일어나는가이다. 우리는 토지를 경작함으로써 그것에 가치를 더한다. 우리는 한때 휴경지인 채로 놓였던 것을 비옥하게 만든다. 이런 의미에서, 토지의 가치 혹은 부가가치의 원천은 우리의 노동이다. 이러한 나의 노동의 가치 창출 능력은 내가 그것을 개간함으로써 가치 있게 만

든 토지, 내가 파냄으로써 가득 채운 우물, 내가 기르고 살찌운 동물들을 소유하는 것을 정당하게 만든다. 로크와 함께, 노동의 인간인 '호모파베르'는 정치 사상의 역사에서 처음으로 주변적인 인물이라기보다 중심적인 인물이 된다. 로크의 세계에서 지위와 명예는 여전히 귀족들에게로 흘러갔는데, 이들은 광대한 토지 소유에 대한 권리가 주어졌지만 역사가 그들을 그냥 스쳐 지나가게 하고 있었고, 그 이유는 바로 새로운 경제 실체가 노동으로 실제로 가치를 창출했던 중산 계급으로 부를 이동시키는 과정에 있었기 때문이다. 이윽고 노동의 중요성에 대한 로크의 승격은 떠오르는 중산층에게 매력을 줄 수밖에 없었다.

① 재산의 소유권은 노동으로부터 비롯된다.
② 노동은 귀족 사회에 가장 중요한 이상이다.
③ 사유 재산의 축적은 행복의 근원이다.
④ 중산 계급 사회로의 순조로운 전환은 사회의 진보를 위해 필수적이다.

해설

주제문에서 '토지의 부가가치의 원천은 노동이다' 즉, 토지와 노동이 결합되었을 때 사유재산이 형성된다라고 주장하고 있으므로 로크가 주장하는 것은 바로 '재산의 소유권은 노동으로부터 비롯된다'라고 표현한 '① Ownership of property comes from labor.'이 정답이다.

어휘

defense 방어 private property 사유재산 fertile 비옥한 lay fallow 땅을 묵히다, 휴한하다 value-creating power 가치 창출 능력 make it right 정당하게 만들다 clear 개간하다 well 우물 dig 파다 raise 기르다 fatten 살찌우다 Home faber 도구를 만드는 사람 peripheral 주변의 figure 인물 status 신분 aristocrat 귀족 vast landholding 광대한 토지소유 pass by 스쳐 지나가다 bourgeoisie 부르주아지(자본가 계급) elevation 상승, 승격 be bound to R ~하도록 예정되다 appeal to ~에게 매력을 주다 accumulation 축적 transition 전환

2. 미괄식(Top-Last Structure: 결론이 마지막에 등장)

1) 특징

- 두괄식과 반대되는 구조로, 처음은 정보, 예시 → 끝에서 핵심 주장 도출이라는 구조적 특징을 가진다.
- 시작 부분: 상황, 설명, 예시, 문제 제기
- 마지막 문장에서 핵심 메시지 제시
- 예시, 여러 사례 제시 → 마지막에 "따라서 협력은 경쟁보다 더 높은 효율을 만든다."

2) 문제풀이 순서

step 1. 첫 문단은 '배경, 상황, 예시'로만 읽기(주제라고 착각 금지)

미괄식 지문에서 첫 문단은 보통

- 사례 소개
- 연구 배경
- 문제의 현환
- 설명, 스토리텔링

전략

새로운 정보의 나열은 주제가 아니므로, '왜 이 이야기를 하는가'만 생각하며 가볍게 읽기

step 2. 중단 문단에서 글의 흐름(논리 구조)만 파악하기

중간 문단은 주로

- 사례 확장
- 비교/대조
- 추가 정보
- 반례/제한점 소개

즉, 정보는 많지만 핵심은 아니다.

전략

내용 하나하나 해석하기 보다 '이 문단은 무엇을 하려고 하는가?'만 파악

구조만 기억한다.

- 문제 제기?
- 원인 분석?
- 예시 추가?
- 반례 제시?

step 3. 역접, 전환 부사에 특히 주의하기

미괄식에서는 전환부사(However, But)가 마지막 결론을 향한 신호일 가능성이 매우 높다.

신호어: However, Nevertheless, Yet, On the other hand, In fact, Actually

전략

- 역접이 등장하면 → '여기서부터 글이 진짜 하고 싶은 말로 이동 중이구나.' 하지만 진짜 결론은 마지막 문단에서 제시된다.

step 4. 마지막 문단 첫 문장, 마지막 문장이 '결론'

마지막 문단의 기능

- 앞서 나열된 정보의 의미를 정리
- 글의 목적, 주제, 주장 명확히 제시
- 전체 글의 방향을 하나의 메시지로 압축

예시

1. 다음 글의 주제로 가장 적절한 것은?

Imagine that two people are starting work at a law firm on the same day. One person has a very simple name. The other person has a very complex name. We've got pretty good evidence that over the course of their next 16 plus years of their career, the person with the simpler name will rise up the legal hierarchy more quickly. They will attain partnership more quickly in the middle parts of their career. And by about the eighth or ninth year after graduating from law school the people with simpler names are about seven to ten percent more likely to be partners-which is a striking effect. We try to eliminate all sorts of other alternative explanations. For example, we try to show that it' s not about foreignness because foreign names tend to be harder to pronounce. But even if you look at just white males with Anglo-American names—so really the true in—group, you find that among those white males with Anglo' names they are more likely to rise up if their names happen to be simpler. So simplicity is one key feature in names that determines various outcomes.

① the development of legal names
② the concept of attractive names
③ the benefit of simple names
④ the roots of foreign names

정답 ③

해석

두 사람이 한 법률 사무소에서 같은 날에 근무하기 시작한다고 상상해 보라. 한 사람은 매우 단순한 이름을 갖고 있다. 다른 사람은 매우 복잡한 이름을 갖고 있다. 우리는 그들의 향후 16년 이상의 커리어 내내 더 단순한 이름을 가진 사람이 더 빠르게 법조계 서열을 올라갈 것이라는 상당히 타당한 근거를 갖고 있다. 그들은 그들의 커리어 중반부에 파트너의 자리를 더 빨리 획득할 것이다. 그리고 로스쿨에서 졸업하고 나서 8년 또는 9년 차 정도가 되었을 때 더 단순한 이름을 가진 사람들은 파트너가 될 가능성이 대략 7에서 10퍼센트 더 높은데, 이것은 놀랄만한 결과이다. 우리는 모든 종류의 다른 대안적인 설명들을 제거하기 위해 노력한다. 가령, 우리는 그것이 외래성에 관한 것이 아님을 보여 주려 하는데, 왜냐하면 외국 이름은 발음하기 더 어려운 경향이 있기 때문이다. 그러나 정말로 진정한 내집단에 속한 영국계 미국식 이름을 지닌 백인 남성들을 보더라도, 그 영국계 미국식 이름을 가진 백인 남자들 가운데서도 만약 그들의 이름이 우연히 더 단순하다면 그들은 성공할 가능성이 더 높다는 것을 알게 된다. 그러므로 이름에 있어서 단순함은 다양한 결과들을 결정하는 하나의 중요한 특징이다.

① 법적 이름의 발달
② 매력적인 이름의 개념
③ 단순한 이름의 이점
④ 외국 이름의 뿌리

해설

이 글은 전형적인 ① 상황 가정(도입) → ② 핵심 주장 → ③ 뒷받침(구체적 결과) → ④ 결론 강조 구조의 미괄식 구조이다.

① 상황 가정(도입, 사례 제시): 이름의 복잡성 → 경력 영향
② 핵심 주장: 이름의 단순함 → 승진속도 ↑
③ 구체적 결과 제시: 승진 가능성 증가 수치(근거 강화)
④ 결론 강조(연구의 핵심 요약): 이름의 단순함이 여러 결과를 결정하는 주요 요소임을 강조

연습문제

1. 다음 글의 요지로 가장 적절한 것은?

When the state spends money which it has raised by taxation, it is taking money out of the pockets of the taxpayers to put it into the pockets of those upon whom it is spending. The expenditure may be really an investment: education, for instance, is an investment in the young, and is universally recognized as part of the duty of the state. In such a case, provided the investment is sound, public expenditure is obviously justified: the community would not be ultimately enriched by ceasing to educate its children, nor yet by neglecting harbors, roads, and public works generally.

① The state should inform its taxpayers of its investment plans.
② Reducing public expenditure will make the community richer.
③ Public expenditure can be justified through a proper investment.
④ The state should spend more money on public works than on education.

2. 글의 제목으로 가장 적절한 것은?

Healing Touch was developed by Janet Mentgen, a nurse who has used energy-based care in her practice in Colorado since 1980. It incorporated techniques and concepts from ancient Asian healing traditions. The National Institutes of Health(NIH) classifies Healing Touch as a "biofield therapy" because its effects are thought to be a result of manipulation of energy fields around the body. NIH considers Healing Touch and other types of energy medicine among the most controversial of complementary and alternative medicine practices because neither the external energy fields nor their therapeutic effects have been demonstrated convincingly by any biophysical means. Nonetheless, NIH notes on its website that energy medicine is gaining popularity in the marketplace and is now being studied at several academic medical centers. Results of those studies are still pending.

① The Asian Roots of Healing Touch
② Energy Medicine: Popular but Unproven
③ Traditional Treatment vs. Modem Medicine
④ How to Manipulate Energy Fields over the Body

3. 다음 글을 쓴 목적으로 가장 적절한 것은?

Last month felt like the longest in my life with all the calamities that took us by surprise. There was only one light at the end of the tunnel, and that light was you. I cannot begin to tell you how much your thoughtfulness has meant to me. I'm sure I was too tired to be thinking clearly, but each time you appeared to whisk my children off for an hour so that I could rest, or to bring a dinner with a pitcher of iced tea, all I knew was that something incredibly wonderful had just happened. Now that we are back to normal, I know that something incredibly wonderful was you. There are no adequate words to express thanks with, but gratefulness will always be in my heart.

① 어려움에 처한 사람을 격려하려고
② 아이들을 돌보아 줄 사람을 찾아 부탁하려고
③ 힘들 때 도와주었던 사람에게 감사하려고
④ 건강이 좋지 않았던 사람의 안부를 물으려고

4. 다음 글의 요지로 가장 적절한 것은?

Biologists often say that the tallest tree in the forest is the tallest not just because it grew from the hardiest seed. They say that is also because no other trees blocked its sunlight, the soil around it was rich, no rabbit chewed through its bark, and no lumberjack cut it down before it matured. We all know that successful people come from hardy seeds. But do we know enough about the sunlight that warmed them, the soil where they put down the roots, and the rabbits and lumberjacks they were lucky enough to avoid? They are beneficiary of hidden advantages and extraordinary opportunities and cultural legacies.

① Success comes through the disadvantages.
② Heroes are born in bad circumstances.
③ Success arises out of the accumulation of advantages.
④ Success depends on the efforts of the individual.

정답 및 해설

1. 정답 ③

해석

국가가 조세로 거두어들인 돈을 쓸 때, 국가는 돈을 쓰고 있는 사람들의 주머니 안으로 돈을 넣기 위해 납세자들의 주머니에서 돈을 꺼내고 있는 것이다. 지출은 사실상 투자일 수도 있다: 예를 들어, 교육은 젊은이들에게 하는 투자이며, 국가의 의무의 일부로 보편적으로 인식된다. 그런 경우, 투자가 타당하다면 공공 지출은 분명히 정당화된다: 즉, 어린이 교육을 중단하거나 항구, 도로 및 공공사업 전반을 소홀히 함으로써 지역 사회가 궁극적으로 부유해지지는 않을 것이다.

① 국가는 납세자에게 투자 계획을 알려야 한다.
② 공공 지출을 줄이면 지역 사회가 더욱 부유해질 것이다.
③ 공공 지출은 적절한 투자를 통해 정당화될 수 있다.
④ 정부는 교육보다는 공공사업에 더 많은 돈을 지출해야 한다.

해설

이 글은 국가의 조세지출에 관한 글이다. 지문의 앞 부분에서 국가의 조세지출은 투자가 될 수 있다는 내용이 나오고, 예를 들어, 교육을 언급하고 있다. 그리고 마지막 부분에 주제문(투자가 타당하다면, 공공지출은 정당화될 수 있다)이 제시되므로 이 글의 요지는 주제문의 내용을 그대로 재 표현한 ③ Public expenditure can be justified through a proper investment.(공공 지출은 적절한 투자를 통해 정당화될 수 있다.)가 정답이다.

어휘

state 국가 raise 모으다, 걷다 taxation 조세 taxpayer 납세자 expenditure 지출 provided 만약 ~라면 sound 건전한, 타당한 obviously 분명하게 justify 정당화하다 ultimately 궁극적으로 enrich 풍요롭게 하다 cease 중단하다 neglect 소홀히 하다 public works 공공사업

2. 정답 ②

해석

Healing Touch는 1980년 이래로 콜로라도에서 그녀의 업무에 에너지를 기반으로 하는 치료를 사용해 왔던 자넷 몬트겐이라는 간호사에 의해서 개발되었다. 그녀는 고대 아시아의 치료 전통으로부터 기법과 개념을 통합했다. NIH(국립보건연구소)는 Healing Touch의 효과가 신체 주변의 에너지 장의 조절의 결과로 생각되기 때문에 Healing Touch를 생물장 치료법으로 분류한다. 국립보건 연구소는 외부 에너지 장이나 그것들의 치료상의 효과가 어떠한 생물물리학적인 수단으로 설득력 있게 증명되지 않았기 때문에, Healing Touch와 다른 종류의 에너지 의학을 가장 논란의 여지가 있는 보완적이고 대체적인 의료행위로 여기고 있다. 그럼에도 불구하고 NIS는 에너지 의학이 시장에서 인기를 얻고 있고, 여러 학술의료 센터에서 연구되고 있다고 웹사이트에서 언급한다. 이러한 연구의 결과는 아직 나오지 않았다.

① Healing Touch의 아시아 뿌리
② 에너지 의학: 인기 있지만, 아직 입증되지 않은
③ 전통적인 치료법 대 현대의학
④ 신체에 에너지 장을 조정하는 방법

해설

이 글은 첫 단락에서 Healing Touch의 유래에 대해서 설명하고, 두 번째 단락에서 효과가 검증되지 않았다고 말하고 있다. 그리고 마지막 단락에서 Nevertheless(그럼에도 불구하고)와 함께 주제문(에너지 의학은 인기를 얻고 있지만, 연구 결과는 아직 나오지 않았다)을 제기하고 있으므로 이 글의 제목은 주제문의 내용을 그대로 압축한 ② Energy Medicine: Popular but Unproven(에너지 의학: 인기 있지만, 아직 입증되지 않은)이 정답이다.

어휘

practice 업무 incorporate 통합하다 ancient 고대의 biofield therapy 생물장 치료법 manipulation 조종 energy field 에너지 장(개인에게 존재하는 정신적 에너지) controversial 논란의 여지가 있는 complementary 보

완적인 therapeutic effect 치료상의 효과 convincingly 설득력 있게 biophysical 생물물리학적인 pending 미결의, 아직 나오지 않은, 곧 있을

3. 정답 ③

해석

우리에게 불시에 일어난 모든 재난들로 지난달은 제 인생에서 가장 긴 것처럼 느껴졌습니다. 터널의 끝에는 단 한 줄기의 빛이 있었고, 그 빛은 당신이었습니다. 당신의 친절이 제게 얼마나 큰 의미였는지를 저는 당신에게 이루 말할 수가 없습니다. 저는 분명히 너무 지쳐서 분명하게 생각할 수가 없었지만, 제가 쉴 수 있도록 당신이 한 시간 동안 제 아이들을 데려가기 위해, 또는 한 주전자의 차가운 차와 함께 저녁 식사를 가져다주기 위해 나타났을 때마다, 제가 알았던 것은 믿을 수 없을 정도로 멋진 무언가가 방금 일어났다는 것뿐이었습니다. 이제 우리는 정상으로 돌아왔기 때문에, 믿을 수 없을 정도로 멋진 무언가가 당신이었다는 것을 저는 압니다. 감사의 뜻을 표현할 충분한 말이 없지만, 감사함은 언제나 제 가슴 속에 있을 것입니다.

해설

지문 처음에 글쓴이가 불시에 일어난 재난들로 힘들었을 때, 한 줄기의 빛이 당신이었다고 언급한 뒤, 이어서 그 힘들었던 상황에서 상대방이 글쓴이에게 해 주었던 일들을 떠올리고 있다. 또한 지문 마지막에서 글쓴이는 감사의 뜻을 표현할 충분한 말이 없지만 감사함은 언제나 자신의 가슴 속에 있을 것이라고 했으므로, 이 글의 목적은 주제문 There are no adequate words to express thanks with, but gratefulness will always be in my heart.(감사의 뜻을 표현할 충분한 말이 없지만, 감사함은 언제나 제 가슴 속에 있을 것입니다.)를 가장 잘 반영한 ③ 힘들 때 도와주었던 사람에게 감사하려고'이 정답이다.

어휘

calamity 재난, 재앙 by surprise 불시에 thoughtfulness 친절, 사려 깊음 whisk 데려가다, 가져가다 pitcher 항아리 incredibly 믿을 수 없을 정도로 adequate 충분한, 적절한 gratefulness 감사함

4. 정답 ③

해석

생물학자들은 종종 숲에서 가장 키가 큰 나무는 단지 그것이 가장 강한 씨앗으로부터 자랐기 때문에 가장 큰 것만은 아니라고 말한다. 그들은 그것은 또한 다른 나무들이 그것의 햇빛을 막지 않았으며, 그것 주위의 토양이 비옥했고, 토끼가 그것의 나무껍질을 갉아서 뚫지 않았으며, 그리고 다 자라기 전에 벌목꾼이 그것을 베지 않았기 때문이라고 말한다. 우리는 모두는 성공한 사람들이 강인한 씨앗으로부터 온다는 것을 알고 있다. 그러나 우리는 그들을 따스하게 해 준 햇빛, 그들이 뿌리를 내린 토양, 그리고 그들이 운 좋게 피한 토끼들과 벌목꾼들에 대해 충분히 알고 있는가? 그들은 숨겨진 이점들과 뛰어난 기회들과 문화적 유산들의 수혜자이다.

① 성공은 어려움을 통해 온다.
② 영웅들은 나쁜 환경에서 태어난다.
③ 성공은 이점들의 축적으로부터 생겨난다.
④ 성공은 개인의 노력에 달려 있다.

해설

이 글은 성공한 사람들을 숲의 나무에 빗대어 설명하고 지문 마지막에서 성공한 사람들에게는 그들을 따스하게 해 준 햇빛, 그들이 뿌리를 내린 토양, 그들이 운 좋게 피한 토끼들과 벌목꾼들이 있다고 하며 성공한 사람들은 숨겨진 이점들과 뛰어난 기회들과 문화적 유산들의 수혜자라는 내용이 있다. 따라서 이 지문의 요지는 ③ Success arises out of the accumulation of advantages(성공은 이점들의 축적으로부터 생겨난다)이다.

어휘

biologist 생물학자 hardy 강한 seed 씨앗 block 막다 chew through 갉아서 뚫다 bark 나무껍질 lumberjack 벌목꾼 put down roots 뿌리를 내리다 beneficiary 수혜자 extraordinary 뛰어난 legacy 유산 circumstance 환경 arise out of ~에서 생겨나다 accumulation 축적

3. 통념-반박 구조(Refutation-Counterargument)

1) 특징

- 기존의 통념, 일반적 믿음 먼저 제시 → 이를 반박하는 방식

2) 패턴

1) 사람들은 보통 ~라고 생각한다.
2) 그러나 실제 연구에 따르면, ~ 아니다.
3) 진짜 핵심은 ~이다.

① 통념 제시 → ② 반박 근거 제시 → ③ 새로운 주장 제시

3) 문제풀이 순서

step 1. 첫 문장에서 '통념'을 표시한다.

- Many people believe that ~
- It is widely assumed that ~
- A common believe is that ~

이 문장은 정답의 근거가 아니면, 오답의 근거로 활용되는 경우가 많고, 주제문은 이 통념과 반대되는 주장이 된다.

step 2. 역접(However, Yet, But)을 찾는다

- 반박 시작 신호

통념을 제시한 후 반드시 역접 신호어가 등장한다.

- However, Yet, But, In fact, Actually(이제 진짜 하고 싶은 이야기 시작)

step 3. 역접 이후 문단이 '필자의 주장'임을 파악

통념을 깨는 핵심 구간

역접 뒤에 이어지는 내용은 보통

- 연구 결과
- 실험 데이터
- 반례 사례
- 논리적 분석

step 4. 마지막 문단에서 '필자의 최종 결론'을 확인한다.

마지막 문단은 필자의 주장을 다시 한번 강화하는 자리이다. 마지막 문단에서 주제, 요지, 제목 문제의 답을 직접적으로 제시한다.

- therefore, thus, hence
- "What this suggest is that ~"
- "This means that ~"

예시

1. 다음 글의 요지로 가장 적절한 것은?

Perhaps every person on Earth has at least once been in a situation when he or she has an urgent task to do, but instead of challenging it head on, he or she postpones working on this task for as long as possible. The phenomenon described here is called procrastination. Unlike many people got used to believing, procrastination is not laziness, but rather a psychological mechanism to slow you down and give you enough time to sort out your priorities, gather information before making an important decision, or finding proper words to recover relationship with another person. Thus, instead of blaming yourself for procrastinating, you might want to embrace it—at least sometimes.

① Stop delaying work and increase your efficiency.
② Procrastination is not a bad thing you have to worry about.
③ Challenge can help you fix a relationship with another person.
④ Categorize your priorities before making an important decision.

정답 ②

해석

아마도 지구상의 모든 사람들이 해야 할 긴급한 일이 있지만, 정면으로 그것에 도전하는 대신에 가능한 한 오래 그 일을 하는 것을 미뤄 두는 상황이 적어도 한두 번은 있었을 것이다. 여기서 묘사된 현상은 procrastination(미루기)라고 불린다. 많은 사람들이 익숙하게 믿는 것과 달리, 미루기는 게으름이 아니라 오히려 중요한 결정을 내리거나 다른 사람과의 관계를 회복시켜 줄 적절한 말을 찾기 전에 당신을 느긋하게 하고 당신에게 우선 사항을 선별하고 정보를 모을 충분한 시간을 주는 심리 기제이다. 따라서 미루기에 대해 자책하는 대신에 당신은 그것을 받아들여야 한다—최소한 가끔은 말이다.

① 일을 미루는 것을 멈추고 능률을 높여라.
② 미루기는 당신이 걱정해야 할 나쁜 것이 아니다.
③ 도전은 당신이 다른 사람과의 관계를 바로잡도록 도울 수 있다.
④ 중요한 결정을 내리기 전에 우선순위를 분류해라.

해설

이 글은 전형적인 정의제시 → 통념/반박 → 원인 → 결론적 조언의 구조이다.

① 문제 상황 제시: 보편적 경험(누구나 일을 미루어 본 적이 있다)
② 개념정의: procrastination의 정의
③ 통념 + 반박: 많은 사람들이 procrastination을 게으름이라고 믿는 것과는 달리 실재 "느리게 해서" 시간을 벌어 주는 심리적 장치이다.
④ 기능(우선순위 정리, 의사결정 전 정보 수집, 인간관계 회복을 위한 적절한 말 찾기)
⑤ 결론 + 조언: procrastination을 나쁘게 보지 말고, 받아들여라.

연습문제

1. 다음 글의 주제로 가장 적절한 것은?

It is commonly believed that writers are working alone. Yet people see only the surface of the process. Consider, for example, a writer who creates a novel in the solitary confinement of her house. The writer is alone only in a very narrow sense. Indeed, she is writing, typically, about people, with people, and for people. The process of writing a novel can hardly be reduced to an individual cognitive reflection. Thus, the imaginary reader is always present in the creative process of writing—as an addressee, a possible judge of the creation, and, more generally, a partner in a dialogue that each human creation ultimately is. Our writer arguably also is motivated by specifically human, social purposes, such as to be understood, respected and needed by others.

① characteristic of the writer as a social being
② dialogues between the writer and the reader
③ importance of the writer's creativity
④ solitude of the imaginary reader

2. 다음 글의 요지로 가장 적절한 것은?

It's long been part of folk wisdom that birth order strongly affects personality, intelligence and achievement. However, most of the research claiming that firstborns are radically different from other children has been discredited, and it now seems that any effects of birth order on intelligence or personality will likely be washed out by all the other influences in a person's life. In fact, the belief in the permanent impact of birth order, according to Toni Falbo, a social psychologist at the Universky of Texas at Austin, comes from the psychological theory that your personality is fixed by the time you're six. That assumption simply is incorrect. The better, later and larger studies are less likely to find birth order a useful predictor of anything. When two Swiss social scientists, Cecile Ernst and Jules Angst, reviewed 1,500 studies a few years ago they concluded that "birth order differences in personality are nonexistent in our sample. In particular, there is no evidence for a firstborn personality."

① A first child is kind to other people.
② Birth order influences a person's intelligence.
③ An elder brothers personality is different from that of his younger brother.
④ Birth order has nothing to do with personality.

3. 글의 제목으로 가장 적절한 것은?

When we think of the people who make our lives miserable by spreading malicious viruses, most of us imagine an unpopular teenager boy, brilliant but geeky, venting his frustrations from the safety of a suburban bedroom. Actually, these stereotypes are just that—stereotypes—according to Sarah Gordon, an expert in computer viruses and security technology. Since 1992, Gordon has studied the psychology of virus writers. "A virus writer is just as likely to be the guy next door to you," she says. The virus writers Gordon has come to know have varied backgrounds; while predominantly male, some are female. Some are solidly academics, while others are athletic. Many have friendships with members of the opposite sex, good relationships with their parents and families; most are popular with their peers. They don't spend all their time in the basement. One virus writer volunteers in his local library, working with elderly people. One of them is a poet and a musician, another is an electrical engineer, and others work for a university quantum physics department.

① Unmasking Virus Writers
② Virus Writers: Gender and Class
③ Underground Virus Writers
④ Mysterious Activities by Virus Write

4. 글의 요지로 가장 적절한 것은?

There is widespread fear among policy makers and the public today that the family is disintegrating. Much of that anxiety stems from a basic misunderstanding of the nature of the family in the past and a lack of appreciation for its resiliency in response to broad social and economic changes. The general view of the family is that it has been a stable and relatively unchanging institution through history and is only now undergoing changes; in fact, change has always been characteristic of it.

① The structure of the family is disintegrating.
② The traditional family system cannot adapt to broad social changes.
③ Contrary to the general view, change has always characterized the family.
④ The family has been a stable unit but is undergoing changes nowadays.

정답 및 해설

연습문제

1. 정답 ①

해석

작가들은 혼자 작업하고 있다고 일반적으로 믿어진다. 그러나 사람들은 그 과정의 표면만을 보고 있는 것이다. 예를 들어, 그녀의 집에 홀로 틀어박혀 소설을 창작하는 한 작가를 생각해 보아라. 그 작가는 매우 좁은 의미에서만 혼자다. 사실, 그녀는 대체적으로, 사람들에 끈剌, 사람들과 함께, 그리고 사람들을 위해 쓰고 있다. 소설을 쓰는 과정은 개인적 인지의 숙고로 거의 축소될 수 없다. 그러므로 창작물의 수신인으로서, 가능한 심사위원으로서, 그리고, 더욱 일반적으로는 각 인간 존재의 궁극적인 대화의 파트너로서 상상의 독자는 글쓰기의 창의적인 과정 안에 항상 존재한다. 우리의 작가는 또한 거의 틀림없이 타인에 의해 이해되고, 존경받고, 필요로 되기 위해 구체적으로는 인간적, 사회적 목적들에 의해서 동기를 부여받는다.

① 사회적 존재로서의 작가의 특징
② 작가와 독자 사이의 대화들
③ 작가의 창의력의 중요성
④ 상상 속 독자의 고독

해설

전형적인 통념, 반박의 글의 구조이다. 첫 단락에서 '작가는 혼자 작업한다고 생각된다'라는 통념이 제시되고, yet과 함께 반박하는 내용이 나온다. 그리고 접속부사 Indeed와 함께 주제문(작가는 대체적으로 사람들에 관해, 사람들과 함께, 그리고 사람들을 위해 글을 쓰고 있다)가 제시된다. 그리고 마지막 Thus와 함께 결론(작가는 사회적 목적들에 의해 동기 부여받는다)라고 했으므로 이 글의 주제는 ① characteristic of the writer as a social being(사회적 존재로 서의 작가의 특징)이다.

어휘

solitary 홀로, 외딴 confinement 갇힘 cognitive 인지의, 인식의 reflection 숙고, 반영 addressee 수신인 judge 심사위원, 심판 arguably 거의 틀림없이 a social being 사회적 존재 solitude 고독

2. 정답 ④

해석

태어난 순서가 성격, 지능 그리고 성취에 지대한 영향을 끼친다는 것은 오랫동안 대중의 지혜의 일부분이 되어 왔다. 하지만, 첫째가 다른 아이들과는 급격하게 다르다는 것을 주장하는 대부분의 연구는 신빙성을 잃어 왔으며, 이제는 지능이나 성격에 있어 태어난 순서에 따른 어떤 영향이라도 사람의 인생의 다른 영향들에 의해 씻겨 나갈 것으로 보인다. 사실, 태어난 순서의 영구적 영향에 대한 믿음은, Austin에있는 Texas 대학의 사회 심리학자인 Toni Falbo에 따르면, 당신의 성격은 당신이 여섯 살 때까지 고정된다는 심리학적 이론에서 기인한다고 한다. 그러한 가정은 전혀 옳지 않다. 그보다 더 낫고, 그 이후에 이루어진 더 큰 규모의 연구들이 태어난 순서가 어떤 것에도 유용한 예측변수가 될 것을 밝혀낼 가능성은 적다. 스위스의 사회 과학자인, Cecile Ernst와 Jules Angst는, 몇 년 전 1,500개의 연구들을 검토했을 때 "성격에 있어 태어난 순서의 차이는 우리 표본에서는 존재하지 않는다. 특히, 첫째만의 성격이라는 것에 대한 어떠한 증거도 없다."라는 결론을 내렸다.

① 첫째 아이가 다른 사람들에게 친절하다.
② 태어난 순서가 개인의 지능에 영향을 미친다.
③ 형의 성격은 동생의 성격과는 다르다.
④ 태어난 순서와 성격과는 관련이 없다.

해설

이 글은 전형적인 통념과 반박의 글의 구성이다. 앞부분에 통념(태어난 순서가 성격과 지능에 영향을 미친다)이 제시되어 있고 However와 함께 반박의 주제문(태어난 순서가 성격과 지능에 영향을 미치지 않는다)이 제시되어 있으므로 글의 요지는 ④ Birth order has nothing to do with personality(태어난 순서와 성격과는 관련이 없다)이다.

어휘

folk wisdom 대중의 지혜 birth order 태어난 순서 first-borns 첫째 아이 radically different 급격하게 다른 discredit 신빙성을 잃다 wash out 씻어 내다 psychologist 심리학자 predictor 예측 변수 nonexistent 존재하지 않

는 in particular 특히 have nothing to do with ~와 관련이 없다

3. 정답 ①

해석

우리가 악성 바이러스를 유포함으로써 우리 삶을 괴롭게 만드는 사람들을 떠올릴 때, 우리 대부분은 교외 침실의 안전한 곳에서 영리하지만 괴짜인 인기 없는 십 대 소년이 불만을 밖으로 표출하는 것을 상상한다. 실제로, 이러한 고정관념은, 컴퓨터 바이러스와 보안 기술 전문가인 Sarah Gordon에 따르면, 단지 고정관념일 뿐이다. 1992년 이래로, Gordon은 바이러스 개발자들의 심리를 연구해 왔다. "바이러스 개발자는 당신의 옆집에 사는 남자와 별로 다를 것이 없습니다"라고 그녀는 말한다. Gordon이 알게 된 바이러스 개발자들은 다양한 배경을 가지고 있다. 남성이 압도적이지만, 몇몇은 여성이다. 몇몇은 확실히 학구적인데 반해, 몇몇은 운동선수 같다. 많은 이들이 이성과 교제하며, 그들의 부모와 가족들과 좋은 관계를 유지하고 있다. 대부분이 그들의 동료들에게 인기가 많다. 그들은 지하실에서 모든 시간을 보내지 않는다. 한 바이러스 개발자는 지역 도서관에서 자원봉사를 하며 노인들과 함께 일한다. 그들 중 한 명은 시인이자 음악가이며, 다른 사람은 전기 기술자이고 다른 사람들은 대학교의 양자 물리학과에서 일한다.

① 바이러스 개발자들의 정체를 드러내기
② 바이러스 개발자들: 성별과 계층
③ 지하의 바이러스 개발자들
④ 바이러스 개발자들이 하는 기이한 활동들

해설

지문의 앞부분에 통념(바이러스 개발자들은 인기 없는 십 대 소년이라고 상상하다)을 제시하고, 두 번째 단락에서 Actually(사실은)와 함께 주제문(바이러스 개발자는 옆집에 사는 사람과 별로 다를 것이 없다)을 제시하고 마지막에 조사 결과 이들의 다양한 직을 예시로 들고 있으므로 이 글의 제목은 ① Unmasking Virus Writers(바이러스 개발자들의 정체를 드러내기)가 가장 적절하다.

어휘

malicious 악의적인 geeky 괴짜의 vent 표출하다 frustration 불만, 좌절감 stereotype 고정관념 psychology 심리 predominantly 압도적으로 solidly 견고히, 확실하게 academics 학구적이 사람 athletic 운동선수 같은 opposite 반대의 peers 동료 electrical engineer 전기 기술자 quantum physics 양자 물리학 unmask 정체를 드러내다 gender 성별

4. 정답 ③

해석

오늘날 정책 입안자들과 대중들 사이에는 가족이 해체되고 있다는 널리 퍼진 두려움이 있다. 그런 염려의 많은 부분은 과거 가족의 성질에 대한 기본적인 오해와 광범위한 사회적, 경제적 변화에 대응하는 그것의 탄력성에 대한 인식의 부족으로부터 생겨난다. 가족에 대한 일반적인 관점은 그것이 역사에 걸쳐 안정적이었고 상대적으로 변하지 않는 제도였으며 현재에 와서야 변화를 경험하고 있다는 것이다. 사실, 변화는 항상 가족의 특징이었다.

① 가족의 구조는 해체되고 있다.
② 전통적인 가족 제도는 광범위한 사회적 변화에 적응할 수 없다.
③ 일반적인 관점과 대조적으로, 변하는 항상 가족의 특징이 되어 왔다.
④ 가족은 안정적인 구성 단위였지만 요즘에는 변화를 경험하고 있다.

해설

세 번째 단락에서 통념(가족은 안정적이고 상대적으로 변화지 않은 제도인데, 현재에 와서야 변화를 경험하고 있다)이 있는데, In fact와 함께 주제문(변화는 가족의 특징이었다)이 제시되고 있으므로 글의 요지는 주제문을 그대로 재표현한 ③ Contrary to the general view, change has always characterized the family(일반적인 관점과 대조적으로, 변하는 항상 가족의 특징이 되어 왔다)가 정답이다.

어휘

disintegrate 해체되다 anxiety 걱정 stem from ~으로부터 생겨 나다 misunderstanding 오해 appreciation 인식 resiliency 탄력성 institution 제도, 기관 undergo 경험하다, 겪다 adapt to ~에 적용하다

4. 비교/대조 구조(Comparison/Contrast)

1) 특징

- 두 개 이상의 개념, 방법, 사람, 이론을 비교하거나 차이점을 설명

패턴

① Similarity(유사점)

② Difference(차이점)

- 신호어: However, whereas, while, on the other hand, unlike, in contrast

2) 비교/대조 지문의 핵심구조

1) 두 대상의 공통점 비교(Comparison)

2) 두 대상의 차이점 분석(Contrast)

3) 비교 + 대조 혼합형

4) 두 방법/이론/개념 중 하나가 '더 효과적'이라고 결론 내리는 구조

즉, 두 가지를 놓고 어떻게 다르면, 필자는 무엇을 더 선호하는지를 파악하는 것이 핵심이다.

3) 문제풀이 순서

step 1. '비교/대조 신호어'를 먼저 체크하기

비교/대조 지문의 90%는 신호어가 지문 구조를 명확히 드러낸다.

처음 skim할 때 신호어에 동그라미 표시하면, 글의 전개가 한눈에 보인다.

비교 신호어

- similarly
- likewise
- in the same way
- both also

대조어 신호어

- however
- unlike
- in contrast
- whereas
- while

step 2. 두 대상(A와 B)이 무엇인지 먼저 규정하기

비교/대조 지문의 핵심은 "A와 B가 명확히 무엇인가"이다.

전략

지문 초반에 등장하는 아래 사항을 정확히 표시하기
- 두 개의 개념
- 두 가지 모델
- 두 가지 접근법
- 과거 vs 현재
- 방법 A vs 방법 B

step 3. A의 특징/B의 특징을 표처럼 정리하며 읽기

A와 B의 목적/장점/한계/적용 상황을 분류하면서 읽는다.
- 무엇이 같고?
- 무엇이 다르고?
- 필자는 무엇을 더 긍정적으로 보는가?

step 4. 대조 신호어(However, Unlike 등) 이후에 '필자의 진짜 주장'이 나타남

역접 뒤가 필자의 관점이다.

step 5. 마지막 문단에서 결론을 반드시 확인한다.

예시

1. 다음 글의 주제로 가장 적절한 것은?

When evaluating two common approaches to reducing traffic congestion—expanding road capacity and improving public transportation—it becomes clear that each offers distinct advantages. Road expansion produces immediate relief by increasing the number of lanes, but this effect often fades as more drivers are attracted, a phenomenon known as induced demand. Enhancing public transportation, by contrast, takes longer to implement but can generate sustainable benefits by encouraging commuters to shift away from private cars. Although neither strategy is perfect, transportation experts argue that long-term congestion reduction is more likely when emphasis is placed on improving mass transit rather than simply building more roads.

① Short-term solutions are more practical than long-term ones.

② Road expansion alone cannot fundamentally resolve the problem.

② Improving public transportation worsens traffic congestion.

④ Road expansion is the most cost-effective method.

정답 ④

해석

교통 체증을 줄이는 두 가지 일반적인 접근법—도로 용량을 늘리는 것과 대중교통을 개선하는 것—을 평가해 보면, 각 접근법이 저마다 뚜렷한 장점을 가지고 있음이 분명해진다. 도로 확장은 차로 수를 늘려 즉각적인 완화 효과를 내지만, 더 많은 운전자가 유입되면서 그 효과가 종종 사라지곤 한다. 이는 유발수요(induced demand)라고 알려진 현상이다 반대로, 대중교통을 개선하는 일은 시행에 시간이 더 오래 걸리지만, 통근자들이 자가용 이용을 줄이고 대중교통으로 전환하도록 유도함으로써 지속 가능한 이점을 만들어 낼 수 있다. 두 전략 모두 완벽하지는 않지만, 교통 전문가들은 장기적인 교통 체증 완화는 단순히 도로를 더 건설하는 것보다 대중교통 개선에 중점을 둘 때 더욱 가능성이 높다고 주장한다.

해설

교통체증을 줄이는 두 가지 방법—도로 확장과 대중교통 개선의 장단점에 관한 글이다.

마지막 문장에서 장기적 해결은 대중 교통 개선 중심이라는 문장에서 도로 확장은 근본적인 해결은 아니라는 것을 함축하고 있다. 따라서 정답은 ④이다.

구조분석

① 제시 - 비교 대상 소개
- Road expansion
- Improvement public transportation

② 도로 확장: 단기 효과는 크지만, 장기적으로 퇴색
- immediate relief
- fading effect due to induced demand

③ 대중교통 개선: 단기적으로 느리지만, 지속 가능성 큼
- slow to implement
- sustainable benefits
- modal shift(승용차 → 대중교통)

④ 결론: 장기적 해결책은 대중교통 투자
- expert argue → long-term reduction is more likely with mass transit investment

연습문제

1. 다음 글의 목적으로 적절한 것은?

Centralized learning systems provide a uniform curriculum that ensures all students receive the same content at the same pace. This model allows for easier assessment and standardized testing. Personalized learning systems, however, adapt instructional materials to each student's strengths, interests, and learning speed. While centralized systems promote consistency and efficiency, personalized approaches can lead to deeper engagement by giving students a sense of ownership over their learning. Although both models aim to improve educational outcomes, their effectiveness varies depending on the needs and diversity of the student population.

① To argue that personalized learning is more effective than centralized learning
② To explain why standardized testing has become difficult to administer
③ To compare two different educational approaches and evaluate their strengths
④ To emphasize the importance of student motivation in academic achievement

2. 다음 글의 요지로 적절한 것은?

Solar energy relies on sunlight and is most effective in regions with consistent clear skies. Its installation is relatively simple, requiring only panels and basic infrastructure. Wind energy, by contrast, depends on steady airflow and performs best in coastal or open plain environments. While solar power can be limited by seasonal changes, wind turbines can generate electricity even at night. Both energy sources offer renewable alternatives to fossil fuels, but choosing between them often depends on geographical and climatic conditions.

① To argue that personalized learning is more effective than centralized learning
② To explain why standardized testing has become difficult to administer
③ To compare two different educational approaches and evaluate their strengths
④ To emphasize the importance of student motivation in academic achievement

3. 다음 중 social media marketing에 관한 유추할 수 있는 것은?

Traditional marketing channels, such as television and print advertisements, reach broad audiences but often require substantial financial investment. These methods allow companies to control their message carefully, yet they provide limited opportunities for direct customer interaction. Social media marketing, on the other hand, enables brands to engage with consumers instantly and at relatively low cost. However, this approach can expose companies to public criticism more easily because responses are immediate and highly visible. Although both strategies aim to increase brand awareness, they differ significantly in cost, audience engagement, and message management.

① It guarantees long-term customer loyalty.
② It is more effective than traditional marketing in all situations.
③ It exposes companies to public criticism more easily than traditional methods do.
④ It limits direct interaction between companies and consumers.

4. 다음 글의 제목으로 가장 적절한 것은?

Few words are tainted by so much subtle nonsense and confusion as profit. To my liberal friends the word connotes the proceeds of fundamentally unrespectable and unworthy behaviors: minimally, greed and selfishness; maximally, the royal screwing of millions of helpless victims. Profit is the incentive for the most unworthy performance. To my conservative friends, it is a term of highest endearment, connoting efficiency and good sense. To them, profit is the ultimate incentive for worthy performance. Both connotations have some small merit, of course, because profit may result from both greedy, selfish activities and from sensible, efficient ones. But overgeneralizations from either bias do not help us in the least in understanding the relationship between profit and human competence.

① Relationship Between Profit and Political Parties
② Who Benefits from Profit
③ Why Making Profit Is Undesirable
④ Polarized Perceptions of Profit

5. 다음 글의 주제로 가장 적절한 것은?

It is easy to look at the diverse things people produce and to describe their differences. Obviously a poem is not a mathematical formula, and a novel is not an experiment in genetics. Composers clearly use a different language from that of visual artists, and chemists combine very different things than do playwrights. To characterize people by the different things they make, however, is to miss the universality of how they create. For at the level of the creative process, scientists, artists, mathematicians, composers, writers, and sculptors use a common set of what we call "tools for thinking", including emotional feelings, visual images, bodily sensations, reproducible patterns, and analogies. And all imaginative thinkers learn to translate ideas generated by these subjective thinking tools into public languages to express their insights, which can then give rise to new ideas in other's minds.

① distinctive features of various professions
② the commonality of the creative process
③ the difference between art and science
④ obstacles to imaginative thinking

6. 주어진 글의 주제로 가장 적절한 것은?

A team of researchers has found that immunizing patients with bee venom instead of with the bee's crushed bodies can better prevent serious and sometimes fatal sting reactions in the more than one million Americans who are hypersensitive to bee stings. The crushed-body treatment has been standard for fifty years, but a report released recently said that it was ineffective. The serum made from the crushed bodies of bees produced more adverse reactions than the injections of the venom did. The research compared results of the crushed-body treatment with results of immunotherapy that used insect venom and also with results of a placebo. After six to ten weeks of immunization, allergic reactions to stings occurred in seven of twelve patients placebo, seven of twelve treated with crushed-body extract, and one of eighteen treated with the venom.

① A new treatment for people allergic to bee stings
② A more effective method of preventing bee stings
③ The use of placebos in treating hypersensitive patients
④ Bee venom causing fatal reactions in hypersensitive patients

정답 및 해설

연습문제

1. 정답 ③

해석

중앙집중식 학습 시스템은 모든 학생이 동일한 내용을 동일한 속도로 배우도록 하는 통일된 교육과정을 제공한다. 이러한 방식은 평가와 표준화된 시험을 보다 쉽게 시행할 수 있게 한다. 반면 개별 맞춤 학습 시스템은 학생의 강점, 흥미, 학습 속도에 따라 교수 자료를 조정한다. 중앙집중식 시스템이 일관성과 효율성을 촉진하는 반면, 맞춤형 접근 방식은 학생에게 학습에 대한 주도권을 부여함으로써 더 깊은 몰입을 이끌어 낼 수 있다. 두 모델 모두 학습 성과 향상을 목표로 하지만, 그 효과는 학생 집단의 필요와 다양성에 따라 달라질 수 있다.

해설

중앙집중식 학습과 개인화 학습을 비교하는 글이다. 첫 문장은 중앙집중식의 장점, 중간에는 개인화 학습의 장점 그리고 마지막에 "효과는 상황에 따라 다르다"라는 결론을 내리고 있다.

어휘

uniform 획일적인 curriculum 교과과정 content 내용 assessment 평가 personalized 맞춤형 consistency 일관성 engagement 참여 diversity 다양성

2. 정답 ②

해석

태양에너지는 햇빛에 의존하며 맑은 날씨가 꾸준한 지역에서 가장 효과적이다. 설치 또한 비교적 간단하여 패널과 기본 인프라만 있으면 된다. 반면 풍력 에너지는 일정한 공기 흐름에 의존하며 해안 지역이나 평야 지대에서 가장 잘 작동한다. 태양 에너지는 계절 변화의 영향을 받을 수 있지만, 풍력 터빈은 밤에도 전기를 생산할 수 있다. 두 에너지원 모두 화석 연료를 대체할 수 있는 재생 가능 에너지이지만, 어떤 에너지를 선택할지는 대개 지리적·기후적 조건에 따라 달라진다.

해설

태양력과 풍력이라는 구재생에너지의 조건과 장담점을 비교하는 지문이다. 태양력은 날씨에 의존, 낮에만 가능, 설치가 쉽고, 풍력은 지형 필요, 밤에도 가능하다는 장점이 있다. 그리고 마지막 결론에서 "지리적, 기후적 조건에 따라 달라진다"라는 결론으로 마무리하고 있다.

어휘

consistent 일관된 infrastructure 시설 electricity 전기 renewable 재생가능한 alternative 대안 fossil fuel 화석연료 geographical 지질적인

3. 정답 ③

해석

텔레비전이나 인쇄 광고와 같은 전통적 마케팅 채널은 넓은 대중에게 도달할 수 있지만 상당한 비용이 들기도 한다. 이러한 방식은 기업이 메시지를 세심하게 통제할 수 있게 해 주지만, 고객과 직접 상호작용할 수 있는 기회는 제한적이다. 반면 소셜 미디어 마케팅은 비교적 낮은 비용으로 소비자와 즉각적으로 소통할 수 있게 한다. 그러나 이러한 방식은 반응이 즉각적이고 매우 공개적이기 때문에 기업이 비판에 노출되기 쉬운 단점도 있다. 두 전략 모두 브랜드 인지도를 높이는 것을 목표로 하지만, 비용, 고객 참여 방식, 메시지 관리 측면에서 크게 다르다.

해설

전통적 마케팅과 소셜미디어를 비교하는 지문이다. 전통적 마케팅은 비용이 높고, 메시지 통제가 강하면, 상호작용이 적다는 특징을 가지고, 소셜미디어는 비용이 낮고, 즉각적 반응과 비판에 노출 위험이 있다는 장단점을 가지고 있다. 그리고 마지막에 브랜드 인지도라는 같는 목적을 가지고 있지만, 접근방식이 다르다 라는 결론을 내리고 있다.

어휘

channel 수단 interaction 상호작용, 소통 engage with ~와 관계 맺다 expose 노출시키다 awareness 인식

4. 정답 ④

해석

profit처럼 그렇게 미묘한 허튼 소리와 혼동에 의해 오염된 단어는 거의 없다. 나의 진보주의자 친구들에게 그 단어는 근본적으로 존경할 가치가 없고 가치 없는 행동으로부터 나온 이익임을 암시한다: 최소한으로 말하자면, 욕심과 이기주의이고; 최대로 말하자면, 수백만의 힘없는 희생자들을 쥐어짠 지독한 배신이다. profit이란 가장 가치가 없는 행동에 대한 보상이다. 내 보수주의자 친구들에게, 이 단어는 가장 애정 어린 용어로, 효율성과 양식을 암시하고 있다. 그들에게, 이익은 가치가 있는 성과에 대한 궁극적인 보상이다. 이 두 의미는 약간의 작은 이익이 있다. 왜냐하면 이익은 탐욕스럽고, 이기적인 활동과 이성적이고 효율적인 행동 모두에게서 나올 수 있기 때문이다. 그러나 어떤 편견으로부터 지나치게 일반화하는 것은 우리가 이익과 인간의 능숙함 사이의 관계를 이해하는 데 있어 조금도 도움을 주지 않는다.

① 이익과 정당 간의 관계
② 누가 이익으로부터 혜택을 받는가
③ 이익을 내는 것이 바람직하지 않은 이유
④ 양극화된 이익에 대한 인식

해설

이 글은 profit에 대한 대조적인 두 가지 관점을 이야기하는 양괄식 구조의 글이다. 진보주의자들은 profit이라는 단어를 '욕심, 이기주의, 배신' 등으로 표현하는 반면, 보수주의자들은 '가장 애정 어린 용어, 효율성, 가치 있는 행동의 궁극적 보상'으로 표현한다며 예를 들어 설명하고 있다. 따라서 이 글의 제목으로는 '양극화(polarized)'라는 단어가 들어간 ④ Polarized Perceptions of Profit(양극화된 이익에 대한 인식)이 적절하다.

어휘

be tainted (평판 등을) 더럽히다 subtle 미묘한 liberal 자유 민주적인 connote 함축하다 proceeds 수익금 unrespectable 존경스럽지 않은 unworthy (존경을 받을) 자격이 없는 greed 탐욕 selfishness 이기주의 royal screw 몹시 가혹한 배반 conservative 보수적인 endearment 애정 connotation 함축 merit 가치 result from ~이 원인이다 overgeneralization 과잉 일반화 bias 편견 in the least 조금도 competence 능숙함 political parties 정당 polarize 양극화되다 perception 인식

5. 정답 ②

해석

사람들이 제작하는 다양한 것들을 보고 그것들의 차이점을 서술하는 것은 쉽다. 확실히 시는 수학적 공식이 아니고 소설은 유전학에서의 실험이 아니다. 작곡가는 분명히 시각 예술가들의 언어와는 다른 언어를 사용하고, 화학자들은 극작가들이 하는 것과 매우 다른 것들을 결합시킨다. 그러나 사람들이 만드는 다양한 것들로 그들을 특징 짓는 것은 그들이 어떻게 창조하는가에 대한 보편성을 놓치는 것이다. 왜냐하면 창조 과정의 단계에서 과학자, 예술가, 수학자, 작곡가, 작가, 그리고 조각가들은 감정, 시각적 이미지, 육체적 감각, 복제 가능한 패턴, 그리고 비유를 포함하는, 소위 우리가 '사고의 도구'라고 하는 공통적인 세트를 사용하기 때문이다. 그리고 모든 창의적인 사상가들은 이러한 주관적인 사고의 도구들로 만들어진 아이디어들을 자신들의 통찰력을 표현하기 위해 대중적인 언어로 번역하는 것을 배우는데, 그리고 그것은 다른 사람들의 마음속에 새로운 아이디어가 생겨나게 할 수 있다.

① 다양한 전문 직종의 독특한 특징
② 창조 과정의 공통성
③ 예술과 과학의 차이점
④ 창의적인 사고의 방해물들

해설

이 글은 앞부분에 수학, 소설, 작곡, 시각예술, 화학 등 모든 창의적인 활동들의 차이점을 묘사한 후에, 주제문에서 이 모든 창의적인 활동들은 사고의 도구라는 공통적인 세트를 사용한다는 창조의 공통성에 대해 말하고 있다. 따라서 이 글의 주제는 주제문을 가장 잘 표현한 ② the commonality of the creative process(창조 과정의 공통성)가 정답이다.

어휘

poem 시 mathematical formula 수학적 공식 experiment 실험 genetics 유전학 composer 작곡가 visual artist 시각 예술가 chemist 화학자 characterize 특징짓

다 university 보편성 playwright 극작가 sculptor 조각가 what we call 소위, 이른바 reproducible 복제 가능한 analogy 비유 subjective 주관의, 주관적인 insight 통찰력 give rise to ~이 생기게 하다 distinctive 독특한, 특유의 feature 특징, 기능 commonality 공통성

6. 정답 ①

해석

한 연구 팀은 벌의 뭉개진 몸통보다 벌침 독으로 면역을 갖게 하는 것이 벌침에 대해 과민한 십만 명이 넘는 미국인들이 가진 심각하고 때로는 치명적인 침에 대한 반응을 더 잘 예방할 수 있다는 것을 발견했다. 뭉개진 몸통을 통한 치료는 50년 동안 기본적인 치료였으나, 최근 발표된 보고서에서는 그것이 효과가 없다고 한다. 벌의 뭉개진 몸통에서 나오는 혈청은 벌침 독을 투입하는 것보다 더욱 부정적인 반응을 생성했다. 그 연구는 벌의 뭉개진 몸통을 통한 치료의 결과와 곤충(벌)의 독을 사용한 면역 요법의 결과, 그리고 플라시보의 결과를 비교했다. 6주에서 10주 동안의 면역법 후에, 플라시보에서는 열두 명 중 일곱 명의 환자들에게서, 뭉개진 몸통을 통한 치료에서는 열두 명 중 일곱 명의 환자들에게서, 그리고 벌침 독에서는 열여덟 명 중 한 명의 환자에게서 침에 대한 알레르기 증상이 나타났다.

① 벌침에 알레르기 반응이 있는 사람들을 위한 새로운 치료법
② 벌침에 쏘이는 것을 예방하기 위한 좀 더 효과적인 방법
③ 과민증 환자 치료에서의 플라시보의 활용
④ 과민증 환자의 치명적 반응을 유발하는 벌침 독

해설

이 글은 벌침 알레르기 치료법에 관한 글이다 이전에 표준이었던 몸통 치료법을 먼저 소개한 후, 보다 효과적인 새로운 치료법을 제시하고 있다. 그리고 마지막에 조사 결과(뭉개진 몸통에 의한 치료보다 벌침 독에 의한 치료가 알레르기 반응의 치료에 더 효과적이다)를 제시하고 있으므로 이 글의 주제는 ① A new treatment for people allergic to bee stings(벌침에 알레르기 반응이 있는 사람들을 위한 새로운 치료법)가 적절하다.

어휘

immunize 면역력을 갖게 하다 bee 벌 venom 독 crushed body 뭉개진 몸통 fatal 치명적인 sting 침 reaction 반응 hypersensitive 과민한 ineffective 효과가 없는 serum 혈청 adverse 부정적인 injection 주사, 투입 immunotherapy 면역 요법 placebo 위약, 속임약(환자가 진짜 약으로 믿어 좋은 반응을 유도하도록 만든 가짜 약) immunization 면역 extract 추출물

5. 문제-해결 구조(Problem-Solution)

1) 특징

- ① 문제 제기 → ② 해결책 제시 → ③ 해결책의 효과, 의미, 정리(결론)
- 수능에서 매우 빈출

2) 문제풀이 순서

step 1. 첫 문단에서 '문제(Problem)'를 정확히 파악한다.

문제는 보통 다음 형태로 등장한다.

- A라는 문제가 발생하고 있다.
- 기존 방식은 비효율적이다.
- 사람들이 잘못된 방식으로 행동하고 있다.
- 어떤 현상이 부정적 결과를 낳고 있다.

step 2. '왜 문제가 되는가?'를 파악(문제의 원인, 부작용)

문제 제기 후 바로 이어지는 문장은 보통 문제가 되는 이유를 제공한다.

- 해결책은 원인 제거/부작용 감소 방향으로 제시된다.
- 빈칸 문제에서 정답과 직접 관련된다.

step 3. 해결책(Solution)을 가장 중요한 정보로 체크

문제-해결 구조에서 해결책이 글의 핵심(주제)이다.

- 대부분의 주제, 요지, 제목 문제는 여기서 정답이 나온다.

step 4. 마지막 문단에서 '필자의 최종 결론'을 확인한다.

마지막 문단의 역할

- 문제-해결 구조를 요약
- 해결책의 중요성 강조
- 글의 목적을 명확화

예시

1. 다음 글의 주제로 가장 적절한 것은?

For many people, work has become an obsession. It has caused burnout, unhappiness and gender inequity, as people struggle to find time for children or passions or pets or any sort of life besides what they do for a paycheck. But increasingly, younger workers are pushing back. More of them expect and demand flexibility—paid leave for a new baby, say, and generous vacation time, along with daily things, like the ability to work remotely, come in late or leave early, or make time for exercise or meditation. The rest of their lives happens on their phones, not tied to a certain place or time—why should work be any different?

① ways to increase your paycheck
② obsession for reducing inequity
③ increasing call for flexibility at work
④ advantages of a life with long vacations

정답 ③

해석

많은 이들에게 있어서 노동은 강박이 되어 왔다. 이것은 사람들이 그들의 자녀나 좋아하는 일, 애완동물, 또는 급여 명세서를 위해 일하는 것 외의 삶의 어떤 모습을 위해서 시간을 내기 위해 분투하면서 번아웃과 불행, 성차별 등을 일으켜 왔다. 그러나 점차적으로 젊은 노동자들은 반발하고 있다. 많은 젊은이들이 직장에서의 탄력성을 기대하고 요구한다—재택근무나 탄력적 업무 시간, 운동이나, 명상 또는 운동이나 명상을 위해 시간을 낼 수 있는 것들과 같은 매일 하는 것들과 함께 유급 육아 휴가, 넉넉한 휴가 기간을 말한다. 삶의 나머지 부분은 특정 시간이나 장소에 구애받지 않고 전화상에서 발생한다. 노동은 왜 달라야만 하는가?

① 급여를 인상하는 방법
② 불평등을 줄이기 위한 강박관념
③ 직장에서의 융통성에 대한 요구의 증가
④ 긴 휴가가 있는 인생의 장점

해설

이 글은 문두에서 문제를 제기하고, 그 문제의 부정적인 영향을 제시한 후, 변화와 요구를 해결책으로 제시하고 있다. 전형적인 문제-대안(해결)의 구조이다.

① 문제 제기: 현대인들의 일 중독
② 부정적 영향 제시(문제의 심각성을 강조): (번아웃, 불행, 성별 불평등, 가족과 취미 시간 부족)
③ 젊은 세대의 요구, 행동: But 이후로 젊은 세대의 요구가 제시된다. 젊은 이들은 일과 삶의 균형을 요구한다.
④ 반문적 결론: 젊은 세대의 요구가 논리적임을 강조하는 결론적 문장(일 역시도 장소와 시간의 제약 없이 이루어질 수 있다.)

연습문제

1. 다음 글의 제목으로 가장 적절한 것은?

The need for perfection and the desire for inner tranquility conflict with each other. Whenever we are attached to having something a certain way, better than it already is, we are, almost by definition, engaged in a losing battle. Rather than being content and grateful for what we have, we are focused on what's wrong with something and our need to fix it. When we are zeroed in on what's wrong, it implies that we are dissatisfied, discontent. The solution here is to catch yourself when you fall into your habit of insisting that things should be other than they are. Gently remind yourself that life is okay the way it is, right now. In the absence of your judgment, everything would be fine. As you begin to eliminate your need for perfection in all areas of your life, you'll begin to discover the perfection in life itself.

① Develop Your Compassion
② Make Peace with Imperfection
③ Keys to Living a Less Hectic Life
④ How to Pick Your Battles More Wisely

2. 다음 글의 요지로 가장 적절한 것은?

It is first necessary to make an endeavor to become interested in whatever it has seemed worthwhile to read. The student should try earnestly to discover wherein others have found it good. Every reader is at liberty to like or to dislike even a masterpiece; but he is not in a position even to have an opinion of it until he appreciates why it has been admired. He must set himself realize not what is bad in a book, but what is good. The common theory that the critical faculties are best developed by training the mind to detect shortcoming is as vicious as it is false. Any carper can find the faults in a great work; it is only the enlightened who can discover all its merits. It will seldom happen that a sincere effort to appreciate good book will leave the reader uninterested.

① Give attention to a weakness which can damage the reputation of a book.
② Try to understand the value of the book before judging it.
③ Read books in which you are not only interested but also uninterested.
④ Until the book is finished, keep a critical eye on the theme.

3. 다음 글의 제목으로 가장 적절한 것은?

The future may be uncertain, but some things are undeniable: climate change, shifting demographics, geopolitics. The only guarantee is that there will be changes, both wonderful and terrible. It's worth considering how artists will respond to these changes, as well as what purpose art serves, now and in the future. Reports suggest that by 2040 the impacts of human-caused climate change will be inescapable, making it the big issue at the center of art and life in 20 years' time. Artists in the future will wrestle with the possibilities of the post-human and post-Anthropocene-artificial intelligence, human colonies in outer space and potential doom. The identity politics seen in art around the #MeToo and Black Lives Matter movements will grow as environmentalism, border politics and migration come even more sharply into focus. Art will become increasingly diverse and might not look like art as we expect. In the future, once we've become weary of our lives being visible online for all to see and our privacy has been all but lost, anonymity may be more desirable than fame. Instead of thousands, or millions, of likes and followers, we will be starved for authenticity and connection. Art could, in turn, become more collective and experiential, rather than individual.

① What will art look like in the future?
② How will global warming affect our lives?
③ How will artificial intelligence influence the environment?
④ What changes will be made because of political movements?

4. 다음 글의 요지로 가장 적절한 것은?

My students often believe that if they simply meet more important people, their work will improve. But it's remarkably hard to engage with those people unless you've already put something valuable out into the world. That's what piques the curiosity of advisers and sponsors. Achievements show you have something to give, not just something to take. In life, it certainly helps to know the right people. But how hard they go to bat for you, how far they stick their necks out for you, depends on what you have to offer. Building a powerful network doesn't require you to be an expert at networking. It just requires you to be an expert at something. If you make great connections, they might advance your career. If you do great work, those connections will be easier to make. Let your insights and your outputs—not your business cards—do the talking.

① Sponsorship is necessary for a successful career.
② Building a good network starts from your accomplishments.
③ A powerful network is a prerequisite for your achievement.
④ Your insights and outputs grow as you become an expert at networking.

5. 다음 글의 요지로 가장 적절한 것은?

How on earth will it help the poor if governments try to strangle globalization by stemming the flow of trade, information, and capital—the three components of the global economy? That disparities between rich and poor are still too great is undeniable. But it is just not true that economic growth benefits only the rich and leaves out the poor, as the opponents of globalization and the market economy would have us believe. A recent World Bank study entitled "Growth Is Good for the Poor" reveals a one-for-one relationship between income of the bottom fifth of the population and per capita GDP. In other words, incomes of all sectors grow proportionately at the same rate. The study notes that openness to foreign trade benefits the poor to the same extent that it benefits the whole economy.

① Globalization deepens conflicts between rich and poor.
② The global economy grows at the expense of the poor.
③ Globalization can be beneficial regardless of one's economic status.
④ Governments must control the flow of trade to revive the economy.

정답 및 해설

연습문제

1. 정답 ②

해석

완벽에 대한 필요성과 내적 평안에 대한 욕구는 서로 대립한다. 우리가 어떤 것을 현재의 상태보다 더 낫게, 특정 방식으로 하는 것에 집착할 때마다 우리는 거의 분명히 승산 없는 싸움에 휘말린 것이다. 우리가 가진 것에 대해 만족하고 감사하기보다, 우리는 무언가에 대해 잘못된 것이 무엇인지와 그것을 고쳐야 한다는 필요성에 집중하게 된다. 우리가 잘못된 것에 모든 관심을 집중시킬 때, 그것은 우리가 못마땅해하고 불만족스럽다는 것을 암시한다. 여기에서 해법은 당신이 상황이 현재와는 달라야 된다고 고집하는 당신의 습관으로 빠져들 때, 당신 자신을 붙잡는 것이다. 삶은 바로 지금 이대로 괜찮다고 부드럽게 당신 자신에게 상기시켜라. 당신의 비판의 부재 당신의 판단이 없으면, 모든 것은 순조로워질 것이다. 당신이 당신 삶의 모든 분야에서 완벽에 대한 당신의 욕구를 제거하기 시작할 때, 당신은 삶 그 자체에서 완전함을 발견하기 시작할 것이다.

① 당신의 연민을 발현시켜라
② 불완전함과 화해하라
③ 덜 바쁜 삶을 살기 위한 비결
④ 당신의 투쟁을 어떻게 더 현명하게 선별할 것인가

해설

글의 앞 부분에서 현재 상태에 만족하지 않고, 잘못에 대해 집착함으로써 불만으로 이어진다고 말하고 있다. 그리고 해결책(현재 상태를 받아들이고, 판단하지 않으면 모든 게 순조롭다)을 제시하고 마지막에 주제문(완벽에 대한 욕구를 제거하면 삶 자체에서 완벽함을 발견한다)이 있으므로 이 글의 제목은 주제문을 가장 잘 반영한 ② Make Peace with Imperfection(불완전함과 화해하라)이다.

어휘

tranquility 평안 be attached to ~에 집착하다 by definition 분명히 engage ~에 관여시키다, 사로잡다 content 만족한 grateful 감사하는 zero in on ~에 모든 관심을 집중시키다 discontent 불만스러운 fall into ~에 빠져들다, 시작하다 in the absence of ~의 부재중에 eliminate 제거하다 compassion 연민 make peace with ~와 화해하다 imperfection 불완전 hectic 정신없이 바쁜

2. 정답 ②

해석

읽을 가치가 있어 보였던 것이라면 무엇이든 관심을 가지려는 노력을 하는 것이 우선 필요하다. 학생은 다른 사람들이 어떤 점에서 그것이 좋다고 생각하는지를 발견하려고 진지하게 노력해야 한다. 모든 독자는 심지어 걸작일지라도 좋아하거나 싫어할 자유가 있다; 하지만 그는 왜 그것이 칭송받아 왔는지를 그가 이해할 때까지는 그것에 대한 의견조차 가질 수 있는 위치에 있지 않다. 그는 책에서 무엇이 나쁜지가 아니라 무엇이 좋은지를 깨달으려고 애써야 한다. 비판력은 단점을 찾아내기 위해 정신을 훈련시킴으로써 가장 잘 발달된다는 통설은 그것이 거짓인 것만큼이나 사악하다. 어떤 혹평가라도 위대한 작품에서 결점을 찾아낼 수 있다; 그 작품의 모든 장점을 찾아낼 수 있는 사람은 정통한 사람들뿐이다. 좋은 책을 감상하려는 진정한 노력이 독자를 무관심하게 내버려둘 일은 거의 일어나지 않을 것이다.

① 책의 평판을 손상시킬 수 있는 약점에 주목하다.
② 판단하기 전에 그 책의 가치를 이해하려고 노력해라.
③ 당신이 관심을 갖는 책뿐 아니라 관심이 없는 책도 읽어라.
④ 책이 끝날 때까지 그 주제에 대한 비판적인 시각을 유지하라.

해설

이 글은 주제문(독자는 글의 좋은 점을 발견하기 위해 노력해야 한다)을 앞 부분에 위치하는 두괄식 구성의 글이다. 이어지는 글에서 '좋아하거나 싫어할 수 있지만, 비판하기 이전에 그 책의 가치를 먼저 이해하는 것이 중요하다'라고 했으므로 이 글의 요지로는 ② Try to understand the value of the book before judging it(판단하기 전에 그 책의 가치를 이해하려고 노력해라)이 가장 적절하다.

어휘

endeavor 노력 worthwhile ~할 가치가 있는 wherein 어디에, 어떤 점에 liberty 자유 masterpiece 걸작 appreciate 감상하다, 진가를 인정하다 set oneself to ~하려고 애쓰다 critical faculty 비판력 detect 발견하다, 감지하다 shortcoming 결점 vicious 악의 있는 carper 혹평가, 트집장이 fault 흠, 결점 enlightened 깨우친, 계몽된 merit 장점 critical eye 비판적인 시각

3. 정답 ①

해석

미래는 불확실할지도 모르지만 기후 변화, 바뀌는 인구 통계, 지정학 같은 어떤 것들은 부인할 수 없는 것들이다. 단 한 가지 확실한 것은 변화가 있으리라는 점인데, 그 변화는 좋을 수도 있고 끔찍할 수도 있다. 현재와 미래에 예술이 어떤 목적을 제공할지 뿐만 아니라 이러한 변화에 예술가들이 어떻게 반응할지는 고려할 만한 가치가 있다. 보고서는 2040년까지 인간이 초래한 기후 변화의 영향은 피할 수 없을 것이고, 이는 20년 후 예술과 생활의 중심에서 큰 이슈가 될 것이 라고 제시하고 있다. 미래의 예술가들은 인공지능, 우주에 있는 인간의 식민지, 그리고 잠재적인 파멸과 같은 포스트휴먼과 포스트인류세의 가능성과 싸울 것이다. #미투(MeToo)와 흑인 민권 운동(흑인의 목숨도 중요하다)을 둘러싼 예술에서 볼 수 있는 정체성의 정치학은 환경 운동, 국경 정치, 그리고 이주가 훨씬 뚜렷해지면서 성장하게 될 것이다. 예술은 더욱 다양해질 것이고 우리가 기대하는 모습의 '예술처럼 보이지' 않을 수도 있다. 미래에, 우리 모두가 온라인에서 모든 사람이 볼 수 있는 우리의 삶에 지치게 되고 우리의 사생활이 거의 없어지면, 익명성이 명성보다 더 바람직할 수도 있다. 수천, 수백만의 좋아요와 팔로워들 대신에 우리는 진실성과 관계에 갈망하게 될 것이다. 결과적으로 예술은 개인적인 것보다는 더 집단적이고 경험적인 것이 될 것이다.

① 미래에 예술은 어떤 모습일 것인가?
② 지구온난화는 우리의 삶에 어떻게 영향을 미칠 것인가?
③ 인공지능이 환경에 어떻게 영향을 미칠 것인가?
④ 정치 운동으로 어떤 변화가 생길 것인가?

해설

이 글은 미래와 불확실성에 관한 글인데, 앞 부분에 주제문(예술가들의 미래의 불확실성에 어떻게 반응할지는 고려할 만한 가지가 있다)을 제시하고, 이어지는 글에서 불확실성에 대한 예시를 열거하고 있다. 그리고 마지막에서 주제문 강조(예술은 더 다양해질 것이고 우리가 기대하는 예술로는 보이지 않을 수 있다)로 뒷받침하고 있으므로, 이 글의 제목은 ① What will art look like in the future?(미래에 예술은 어떤 모습일 것인가?)가 가장 적절하다.

어휘

undeniable 부인할 수 없는 demographics 인구 통계 geopolitics 지정학 be worth Ring ~하는 것은 가치 있다 inescapable 피할 수 없는 wrestle with ~을 해결하려고 애쓰다 post-human 포스트휴먼(현대 인류보다 월등히 앞설 것이라고 상상되는 진화 인류) Anthropocene 인류세(지구온난화 및 생태계 침범을 특징으로 하는 현재의 지질학적 시기) colony 식민지 doom 파멸, 죽음 identity politics 정체성의 정치 environmentalism 환경운동 borer 국경 migration 이주 come into focus 뚜렷해지다 weary 지친, 피곤한 all but 거의 anonymity 익명(성) desirable 바람직한 starve for 갈망하다 authenticity 진실성, 진정성 connection 관계 collective 집단의, 공동의 experiential 경험하는

4. 정답 ②

해석

나의 학생들은 종종 그들이 단순히 매우 중요한 사람을 만나기만 한다면, 그들의 능력이 향상될 것이라고 믿는다. 그러나 당신이 이미 이 세상에서 중요한 무언가를 내놓지 않았다면, 그러한 사람들과 만나는 것은 상당히 어려운 일이다. 그것이 바로 자문가나 후원자의 호기심을 자극하는 것이다. 성취는 단지 받기만 하는 것이 아니라 당신에게도 무언가 주어야 할 것이 있다는 것을 보여 준다. 인생에서 올바른 사람을 알게 되는 것은 확실히 도움이 된다 하지만 그들이 당신을 위해 얼마나 도움을 줄자

당신을 위해 얼마나 위험을 감수할지는 당신이 그들에게 무엇을 제공하는가에 달려 있다. 강력한 인적 네트워크를 구축하는 것은 당신이 인적 네트워크 형성의 전문가가 되는 것을 요구하지 않는다. 그것은 단지 당신이 특정 분야에 전문가가 될 것을 요구한다. 당신이 좋은 연줄을 만든다면, 그들은 아마도 당신의 경력을 발전시켜 줄지도 모른다. 만약 당신이 좋은 성과를 낸다면, 그러한 연줄을 만들기가 훨씬 더 쉬울 것이다. 당신의 명함이 아닌 당신의 통찰력과 결과물이 대변할 수 있도록 하라.

① 후원은 성공적인 경력을 위해서 필요하다.
② 좋은 네트워크 형성은 당신의 성과로부터 시작한다.
③ 강력한 네트워크는 당신의 성공을 위한 전제조건이다.
④ 당신의 통찰력과 결과물은 당신이 인적 네트워크 형성의 전문가가 됨에 따라서 성장한다.

해설

이 글은 중요한 사람을 만나는 것(인맥 형성)과 성과의 관계에 대해서 말하고 있다. 앞 부분에서 세상에 내놓을 성과가 없으면 중요한 사람을 만나기가 어렵다고 설명하고, 중간에 주제문(좋은 네트워크를 형성하기 위해서는 먼저 본인의 성과를 내는 것이 중요하다)을 제시하고, 마지막으로 좋은 연줄은 경력을 발전시키는 데 도움을 주는데, 좋은 성과를 낸다면, 그러한 연줄을 만들기가 더 쉬워진다고 뒷받침하고 있다. 따라서 이 글의 요지는 ② Building a good network starts from your accomplishments.(좋은 네트워크 형성은 당신의 성과로부터 시작한다.)가 가장 적절하다.

어휘

engage with (좋은 관계를 위해) 접촉하다 pique 불쾌하게 하다, 자극하다 go to bat for ~을 도와주다 stick one's neck out 무모한 짓을 하다, 위험을 자초하다 insight 통찰력 output 결과 career 직업, 직장 생활 prerequisite 전제조건

5. 정답 ③

해석

만약 정부가 세계 경제의 세 가지 요소인 무역, 정보 그리고 자금의 흐름을 차단함으로써 세계화를 억압하면, 그것이 도대체 어떻게 가난한 사람들을 도울 것인가? 빈부의 격차가 여전히 너무 크다는 것은 명백하다. 그러나 세계화와 시장 경제를 반대하는 측이 우리로 하여금 믿게 만든, 경제 성장이 오직 부유층에게만 득이 되고 빈민층은 배제시킨다는 것은 사실이 아니다. "성장은 가난한 사람들을 위한 것이다"라고 제목에 최근 세계 은행의 연구는 인구의 하위 5%의 소득과 1인당 국내총생산의 1 대 1의 대응 관계를 보여 주고 있다. 다시 말해서 모든 분야의 소득은 같은 비율로 균형에 맞게 증가한다. 그 연구는 외국 무역에 대한 개방성이 전체 경제에 득이 되는 동일한 정도로 가난한 사람들에게도 득이 된다는 것을 나타낸다.

① 세계화가 빈부의 갈등을 악화시킨다.
② 세계 경제는 가난한 사람들의 희생으로 성장한다.
③ 세계화는 경제적 지위에 상관없이 유익할 수 있다.
④ 정부는 경제 회생을 위하여 무역의 흐름을 통제해야 한다.

해설

이 글은 세계화에 관한 글로써 앞 부분에 주제문(세계화가 부유층뿐만 아니라 가능한 사람들에게도 혜택을 준다)을 제시하고, 뒷부분에서 주제문 강조(모든 분야의 소득은 같은 비율로 균형에 맞게 증가한다)를 하고 있으므로 이 글의 요지는 ③ Globalization can be beneficial regardless of one's economic status(세계화는 경제적 지위에 상관없이 유익할 수 있다)가 가장 적절하다.

어휘

on earth 도대체 strangle 억압하다, 목 졸라 죽이다 stem 막다, 저지하다 흐름 capital 자금 disparity 차이 undeniable 부인할 수 없는 leave out 빼먹다, 빠뜨리다 opponent 반대자 entitle 제목을 붙이다 per capita GDP 1인당 국내총생산 in other words 다른 식으로 말하면 proportionately 균형적으로 extent 범위 at the expense of ~의 희생으로 economic status 경제적 직위

6. 원인-결과 구조(Cause-Effect)

1) 특징

- 어떤 현상이 왜 발생하는지 설명
- 신호어: because, due to, consequently, therefore, as a result

2) 문제풀이 순서

step 1. 원인(Cause)을 먼저 찾기 위해 신호어 표시하기

처음 skim할 때 신호어에 표시하면 글의 논리 흐름이 보인다.

원인 신호어

- because
- due to
- since
- as
- owing to

결과 신호어

- therefore
- thus
- consequently
- as a result
- hence

step 2. '원인이 무엇인지 정확히 규정하기'(핵심 단계)

원인/결과 구문에서 가장 중요한 정보는 원인이다.

- 원인이 결과를 설명하는 중심축이다.
- 빈칸 문제 정답이 원인 또는 원인의 성격에서 출제된다.
- 주제, 제목이 대부분 "원인" 또는 "원인 + 결과" 구조에서 나온다.

step 3. 결과(Effect)를 구조적으로 정리하기

step 4. 역접(However, Yet) 이후의 '예외 조건'에 집중하기

원인/결과 지문에서도 역접 신호어는 중요하다.

역접 뒤에는 보통

- 원인의 한계
- 결과가 항상 적용되는 않는 경우

- 특정 조건에서 달라지는 현상

step 5. 마지막 문단에서 전체 '요약 또는 결론'을 확인

마지막 문단은 보통

- 원인과 결과 관계의 의미
- 필자의 평가 또는 시사점
- 문제의 심화 또는 해결 방향

예시

1. 다음 글의 제목으로 가장 적절한 것은?

Children usually feel sick in the stomach when traveling in a car, airplane, or train. This is motion sickness. While traveling, different body parts send different signals to the brain. Eyes see things around and they send signals about the direction of movement. The joint sensory receptors and muscles send signals about the movement of the muscles and the position in which the body is. The skin receptors send signals about the parts of the body which are in contact with the ground. The inner ears have a fluid in the semicircular canals. This fluid senses motion and the direction of motion like forward, backward, up or down. When the brain gets timely reports from the various body parts, it finds a relation between the signal and sketches a picture about the body's movement and position at a particular instant. But when the brain isn't able to find a link and isn't able to draw a picture out of the signals, it makes you feel sick.

① How Motion Sickness Is Caused
② Best Ways to Avoid Motion Sickness
③ Various Symptoms of Motion Sickness
④ First Aid to Motion Sickness in Children

정답 ①

해석

아이들은 보통 자동차, 비행기, 기차를 타고 여행할 때 속이 메스꺼워진다. 이건 멀미이다. 여행하는 동안, 다른 신체 부위는 뇌에 다른 신호를 보낸다. 눈은 주변의 사물을 보고 움직임의 방향에 대한 신호를 보낸다. 관절 감각 수용체와 근육은 근육의 움직임과 신체가 있는 위치에 대한 신호를 보낸다. 피부 수용기는 땅과 접촉하는 신체 부위에 대한 신호를 보낸다. 내이들은 반고리관에 유체를 가지고 있다. 이 유체는 움직임과 전방, 후방, 위 또는 아래 같은 움직임의 방향을 감지한다. 뇌는 다양한 신체 부위로부터 시기적절하게 보고를 받으면, 그 신호 사이의 관계를 발견하고 특정한 순간에 신체의 움직임과 위치에 대한 그림을 스케치한다. 하지만, 뇌가 연결 고리를 찾을 수 없고 그 신호들로 그림을 그릴 수 없을 때, 그것은 여러분을 아프게 한다.

① 어떻게 멀미가 야기되는가
② 멀미를 피하는 최고의 방법
③ 멀미의 다양한 증상들
④ 어린이 멀미의 응급처치

해설

이 지문은 전형적인 ① 현상 → ② 원인 → ③ 정상 작동 과정 → ④ 문제 발생 과정 → ⑤ 결과(멀미)의 구조이다.

① 현상 제시: 글의 소재인 "멀미"를 자연스럽게 제시한다.
② 정의: 이런 현상을 motion sickness(멀미)라고 정의한다.
③ 원인 설명: 멀미 발생 메커니즘을 설명
④ 정상적 상황에서의 뇌의 처리 과정: 여러 감각 신호가 정상적으로 일치하면, 멀미가 발생하지 않는다.
⑤ 결과: 신호불일치 발생 → 멀미

신호불일치 → 뇌의 통합실패 → 멀미 발생(결과)

연습문제

1. 다음 글의 주제로 적절한 것은?

The dictionary emphasizes the trivial matters of language. The precise spelling of a word is relatively trivial because, however the word is spelled, it nevertheless remains only an approximation of the spoken word. "A machine chose the chords" is a correctly spelled English sentence, but what is written as "ch" is spoken with the three different sounds. In addition, all dictionaries give a distorted view of a language because of their alphabetical organization. This organization emphasizes the prefixes, which come at the beginning of words, rather than the suffixes, which come at the end. Yet, in English and in many other languages, suffixes have more effect on words than do prefixes. Finally, an adequate dictionary usually takes at least a decade to prepare, and by the time it has been completed it is the dictionary of a changed language, simply because the meanings of words do not stay the same from year to year.

① 사전의 문제점
② 사전의 편찬 과정
③ 사전에 대한 인식 변화
④ 사전과 학습자의 인지 전략

2. 다음 글의 주제로 가장 적절한 것은?

Deforestation can destroy natural habitats for millions of species. To illustrate, seventy percent of Earth's land animals and plants live in forests, and many cannot survive the deforestation. Deforestation also deprives the forest of its canopy that blocks the suns rays during the day and holds in heat at night. This disruption leads to more extreme temperature swing that can be harmful to plants and animals. Furthermore, trees help maintain the water cycle by returning water back into the atmosphere. Without trees to fill these roles, many former forest lands can quickly become deserts.

① The process of deforestation by desertification
② Efforts to prevent deforestation around the world
③ Negative effects of deforestation on the environment
④ A bitter controversy over forest development

3. 다음 글의 주제로 가장 적절한 것은?

During the late twentieth century socialism was on the retreat both in the West and in large areas of the developing world. During this new phase in the evolution of market capitalism, global trading patterns became increasingly interlinked, and advances in information technology meant that deregulated financial markets could shift massive flows of capital across national boundaries within seconds. 'Globalization' boosted trade, encouraged productivity gains and lowered prices, but critics alleged that it exploited the low-paid, was indifferent to environmental concerns and subjected the Third World to a monopolistic form of capitalism. Many radicals within Western societies who wished to protest against this process joined voluntary bodies, charities and other non-governmental organizations, rather than the marginalized political parties of the left. The environmental movement itself grew out of the recognition that the world was interconnected, and an angry, if diffuse, international coalition of interests emerged.

① The affirmative phenomena of globalization in the developing world in the past
② The decline of socialism and the emergence of capitalism in the twentieth century
③ The conflict between the global capital market and the political organizations of the left
④ The exploitative characteristics of global capitalism and diverse social reactions against it

4. 다음 글의 제목으로 가장 적절한 것은?

Warming temperatures and loss of oxygen in the sea will shrink hundreds of fish species—from tunas and groupers to salmon, thresher sharks, haddock and cod—even more than previously thought, a new study concludes. Because warmer seas speed up their metabolisms, fish, squid and other water-breathing creatures will need to draw more oxygen from the ocean. At the same time, warming seas are already reducing the availability of oxygen in many parts of the sea. A pair of University of British Columbia scientists argue that since the bodies of fish grow faster than their gills, these animals eventually will reach a point where they can't get enough oxygen to sustain normal growth. "What we found was that the body size of fish decreases by 20 to 30 percent for every 1 degree Celsius increase in water temperature," says author William Cheung

① Fish Now Grow Faster than Ever
② Oxygen's Impact on Ocean Temperatures
③ Climate Change May Shrink the World's Fish
④ How Sea Creatures Survive with Low Metabolism

정답 및 해설

연습문제

1. 정답 ①

해석

사전은 언어의 사소한 문제들을 강조한다. 단어의 정확한 철자는 상대적으로 사소한데, 왜냐하면 단어가 어떤 철자로 쓰이더라도, 그럼에도 불구하고 단어는 말로 된 단어의 근사치에 불과하기 때문이다. 'A machine chose the chords'는 정확한 철자로 쓰인 영어 문장이지만 'ch'로 쓰인 것은 세 가지 다른 소리로 말해진다. 게다가 모든 사전은 그들의 알파벳순 구성으로 인해 언어에 대한 왜곡된 시각을 준다. 이 구성은 단어의 끝에 오는 접미사보다 단어의 앞머리에 오는 접두사를 강조한다. 그러나 영어와 다른 많은 언어에서 접미사는 접두사가 영향을 주는 것보다 단어에 더 영향을 미친다. 마지막으로, 적절한 사전은 대개 준비하는 데 적어도 십 년은 소요되고 사전이 완료될 때쯤 사전은 달라진 언어의 사전이 되는데, 그야말로 단어의 의미는 매년 똑같이 유지되지 않기 때문이다.

해설

이 글은 사전의 문제점을 나열하는 지문이다. 사소한 문제가 강조되고, 언어에 대한 왜곡된 시각을 주고, 마지막으로 변화를 반영하지 못한다는 문제점을 서술하고 있다.

어휘

trivial 사소한 approximation 근사치 distorted 비뚤어진 organization 구성 prefix 접두사 suffix 접미사 adequate 충분한, 적절한

2. 정답 ③

해석

삼림 벌채는 수백만 종의 자연 서식지를 파괴할 수 있다. 구체적으로 말하면, 지구의 육지 동식물의 70%가 숲에 살고 있어서, 다수가 삼림 벌채에서 살아남지 못한다. 또한 삼림 벌채는 낮 동안 태양 광선을 차단하고 밤에 열을 유지하는 숲의 지붕을 빼앗는다. 이러한 파괴는 식물과 동물들에게 해로울 수 있는 더 극단적인 온도 변화로 이어진다. 게다가, 나무는 물을 다시 대기로 돌려보냄으로써 물의 순환을 유지하는 데 도움을 준다. 이러한 역할을 수행하는 나무가 없다면, 이전에 숲이었던 많은 땅은 빠르게 사막이 될 수 있다.

① 사막화에 의한 삼림 벌채 과정
② 전 세계의 삼림 벌채를 막기 위한 노력
③ 삼림 벌채가 환경에 미치는 부정적인 영향
④ 삼림 개발에 대한 격렬한 논쟁

해설

이 글은 두괄식 글의 구조로 앞 부분에 주제문(삼림 벌채는 동식물의 서식지를 파괴한다)을 제시하고, 삼림 벌채가 환경에 미치는 부정적인 영향을 예시(숲의 지붕을 제거하고, 육지를 사막화한다)를 들어서 설명하고 있다. 따라서 이 글의 주제는 ③ Negative effects of deforestation on the environment(삼림 벌채가 환경에 미치는 부정적인 영향)가 적절하다.

어휘

deforestation 삼림벌채 destroy 파괴하다 habitat 서식지 species 종 to illustrate 예를 들면 forest 숲, 산림 survive 살아남다 deprive A of B A에게서 B를 canopy 지붕, 덮개 ray 광선 block 차단하다 hold 유지하다 disruption 파괴 lead to ~를 야기하다 swing 변동, 변화 harmful ~에 해로운 maintain 유지하다 atmosphere 대기 fill 수행하다, 이행하다 desertification 사막화 negative 부정적인 bitter 격렬한, 쓴 controversy 논쟁

3. 정답 ④

해석

20세기 후반 사회주의는 서구와 개발도상국의 넓은 지역에서 후퇴하고 있었다. 시장 자본주의 진화의 새로운 국면에서, 세계 무역 패턴은 점점 더 상호 연결되었고, 정보 기술의 발전은 규제가 철폐된 금융 시장이 몇 초 만에 국가 경계를 넘어 거대한 자본의 흐름을 바꿀 수 있다는 것을 의미했다. '세계화'는 무역을 활성화시키고, 생산

성 향상을 장려하고, 가격을 낮췄지만, 비판자들은 그것이 저임금 노동자들을 착취하고, 환경 문제에 무관심하며 제3세계를 독점적인 형태의 자본주의에 종속시켰다고 주장했다. 이 과정에 반대하고자 했던 서구 사회 내의 많은 급진주의자들은 좌파의 뒤처진 정당들보다는 자발적 단체, 자선단체, 그리고 다른 비정부기구들에 가입했다. 환경 운동 자체는 세계가 서로 연결되어 있다는 인식에서 비롯되었으며, 운동이 확산된 경우 분노한 국제적 이익 연합이 출현했다.

① 과거 개발도상국에서의 세계화의 긍정적 현상
② 사회주의의 쇠퇴와 20세기 자본주의의 출현
③ 세계 자본시장과 좌파 정치조직 사이의 갈등
④ 세계 자본주의의 착취적 특성과 그에 대한 다양한 사회적 반응

해설

이 글은 20세기 후반 시장 자본주의의 특성과 그 반향에 대한 글이다. 주제문은 critics alleged that it exploited the low-paid, was indifferent to environmental concerns and subjected the Third World to a monopolistic form of capitalism(비판가들은 저임금 노동자들을 착취하고, 환경 문제에 무관심하며 독점적인 형태의 자본주의에 종속시켰다고 주장했다)이고, 이에 대한 반항으로 자발적 단체, 자선단체, 비정부 기구 등이 환경운동을 일으켰고 분노한 국제적 이익 연합이 출현했다고 했으므로 글의 주제는 ④ '세계 자본주의의 착취적 특성과 그에 대한 다양한 사회적 반응'이 가장 적절하다.

어휘

socialism 사회주의 retreat 후퇴, 국면 market capitalism 시장 자본주의 interlinked 상호 연결된 advance 발전 deregulate 규제를 철폐하다 national boundaries 국경 boost 북돋우다 allege 주장하다 exploit 착취하다 subject 종속시키다 monopolistic 독점적인 radical 급진주의자 charity 자선단체 marginalize 소외시키다 political parties 정당 recognition 인식 diffuse 퍼뜨리다, 퍼지다 coalition 연합 affirmative 긍정적인

4. 정답 ③

해석

해양의 온난화와 산소 손실이 참치와 농어에서 연어, 환도상어, 해덕, 대구까지 수백 종의 어종을 이전에 생각했던 것보다 더 많이 감소시킬 것이라고 새로운 연구는 결론 내렸다. 따뜻한 바다는 물고기들의 신진대사를 가속화하기 때문에 물고기, 오징어 그리고 다른 수중 호흡 생물들은 바다에서 더 많은 산소를 끌어내야 할 것이다. 이와 동시에, 바다가 따뜻해지면서 이미 바다의 많은 부분에서 산소의 이용 가능성이 줄고 있다. University of British Columbia의 한 쌍의 과학자들은 물고기의 몸통이 아가미보다 더 빨리 자라기 때문에, 이 동물들은 결국 정상적인 성장을 지속하기에 충분한 산소를 얻을 수 없는 지경에 이르게 될 것이라고 주장한다. "우리가 발견한 것은 물고기의 몸통 크기가 수온이 섭씨 1도 증가할 때마다 20에서 30퍼센트씩 줄어든다는 것입니다."라고 저술가인 William Cheung은 말한다.

① 이제 물고기는 그 어느 때보다 더 빨리 자란다
② 산소가 해양 기온에 미치는 영향
③ 기후 변화가 세계의 어류를 감소시킬 수 있다
④ 낮은 신진대사로 바다 생물들이 살아남는 방법

해설

이 글은 해양의 온난화로 인해 다양한 어종들과 수중 호흡 생물들이 감소할 것이라는 내용이다. 이에 대한 부연 설명으로 과학자들과 William Cheung의 주장을 제시하고 있다. 따라서 글의 제목으로 가장 적절한 것은 ③ '기후 변화가 세계의 어류를 감소시킬 수 있다'이다.

어휘

oxygen 산소 shrink 줄어들게 하다, 감소시키다 tuna 참치 grouper 농어 salmon 연어 thresher shark 환도상어 haddock 해덕 cod 대구 metabolism 신진대사 squid 오징어 water-breathing creatures 수중 호흡 gill 아가미 sustain 지속시키다 Celsius 섭씨

7. 일반-구체 구조(General-Specific)

1) 특징

- 큰 주장 → 사례, 실험, 근거로 좁혀 들어가는 구조

처음에 주제를 제시하고 뒤에서 이를 확장, 구체화하는 방식이다. 두괄식과 매우 유사하지만 예시 비중이 높다는 점이 차이점이다.

- ① 일반적 주장(General Statement) → ② 근거, 설명 → ③ 사례, 예시(Specific) → ④ 결론(주제 재강조)

2) 문제풀이 순서

step 1. 첫 문장에서 '일반 주장(General Idea)'을 찾는다.

일반-구체 구조의 70%는 첫 문장이 주제문이다.

첫 문장의 특징

- 핵심 개념을 바로 제시
- 글 전체의 방향을 결정
- "일반적 원리/개념/주장"을 소개

step 2. 두 번째 문단에서 '설명, 근거'을 읽으면 주제를 확신하기

설명 문장은 주제에 대한 확인용이므로 단순히 주제를 강화한다는 느낌으로 읽는다.

step 3. 구체적 예시(Specific Examples)를 구조적으로 정리하기

일반-구체 지문의 절정은 예시, 사례이다. 주제를 더 명확하게 이해시키는 장치로, 기본 주장과 같은 방향으로 제시된다.

step 4. 역접(However 등)이 나와도 주제가 바뀌지 않음을 확인

일반-구체 구조의 주제는 첫 문장에서 이미 결정된 것이므로, 역접이 나와도 주제를 바꾸지는 않는다.

역접은 보통, 예시의 예외 상황, 주제의 한계, 부분적 보완 설명 정도로 등장한다.

step 5. 마지막 문단에서 주제 재강조

일반-구체 지문은 General → Specific → General 패턴을 가진다.

마지막 문단의 역할

- 주제를 다시 강조
- 예시 전체를 요약
- 글의 의미를 재확인

예시

1. 다음 글의 요지로 적절한 것은?

Effective teamwork depends on a clear understanding of individual roles, yet many groups underestimate the importance of explicitly defining responsibilities. When roles are vague, members may duplicate tasks or overlook essential duties, leading to inefficiency and frustration. A recent study illustrates this problem: a group of engineering students was assigned to design a prototype, but because the team failed to establish who was responsible for research, budgeting, and testing, they spent excessive time debating minor issues while neglecting critical steps. As a result, the project fell behind schedule and required significant revisions. This case demonstrates how clarifying roles at the beginning of a project can prevent confusion and improve group performance.

① Team members should be selected based on their previous project experience.
② Clear role definition is essential for preventing inefficiency in group work.
③ Technical projects require more planning than creative projects.
④ Conflicts within a team are unavoidable regardless of preparation.
⑤ Budget management is the most important part of teamwork.

정답 ②

해석

효과적인 팀워크는 개개인의 역할을 명확히 이해하는 것에 달려 있지만, 많은 집단은 책임을 구체적으로 정하는 것의 중요성을 과소평가한다. 역할이 모호하면 구성원들은 업무를 중복해서 수행하거나 중요한 일을 놓칠 수 있으며, 이는 비효율과 좌절을 초래한다. 최근 연구는 이러한 문제를 잘 보여 준다. 한 그룹의 공학도들이 시제품 설계를 과제로 부여받았으나, 누가 조사, 예산 편성, 실험을 담당하는지 정하지 않았기 때문에, 그들은 핵심 단계를 소홀히 한 채 사소한 문제를 두고 과도한 시간을 토론하는 데 썼다. 그 결과 프로젝트는 일정에 크게 뒤처졌고 상당한 수정 작업이 필요했다. 이 사례는 프로젝트 초기 단계에서 역할을 명확히 하는 것이 혼란을 막고 팀의 성과를 향상시키는 데 도움이 된다는 점을 보여 준다.

① 팀 구성원은 이전 프로젝트 경험을 기준으로 선발되어야 한다.
② 그룹 작업에서 비효율을 막기 위해서는 명확한 역할 규정이 필수적이다.
③ 기술적 프로젝트는 창의적 프로젝트보다 더 많은 계획이 필요하다.
④ 준비 여부와 상관없이 팀 내 갈등은 피할 수 없다.
⑤ 예산 관리는 팀워크에서 가장 중요한 부분이다.

해설

① 일반 주장: 역할을 명확히 하지 않으면 팀워크 문제가 생긴다.
② 구체적 사례: 공학도 팀이 역할 분담을 못해 비효율과 일정 지연 발생
③ 결론: 따라서 초기 역할 설정이 필수적

연습문제

1. 다음 글의 제목으로 가장 적절한 것은?

Drama is doing. Drama is being. Drama is such a normal things. It is something that we all engage in every day when faced with difficult situations. You get up in the morning with a bad headache or an attack of depression, yet you face the day and cope with other people, pretending that nothing is wrong. You have an important meeting or an interview coming up, so you talk through the issues with yourself beforehand and decide how to present a confident, cheerful face, what to wear, what to do with your hands, and so on. You've spilt coffee over a colleague's papers, and immediately you prepare an elaborate excuse. Your partner has just run off with your best friend yet you cannot avoid going in to teach a class of inquisitive students. Getting on with our day-to-day lives requires a series of civilized masks if we are to maintain our dignity and live in harmony with others.

① Dysfunctions of Drama
② Drama in Our Daily Lives
③ Drama as a Theatrical Art
④ Dramatic Changes in Emotions

2. 다음 글의 주제로 가장 적절한 것은?

In addition to controlling temperatures when handling fresh produce, control of the atmosphere is important. Some moisture is needed in the air to prevent dehydration during storage, but too much moisture can encourage growth of molds. Some commercial storage units have controlled atmospheres, with the levels of both carbon dioxide and moisture being regulated carefully. Sometimes other gases, such as ethylene gas, may be introduced at controlled levels to help achieve optimal quality of bananas and other fresh produce. Related to the control of gases and moisture is the need for some circulation of air among the stored foods.

① The necessity of controlling harmful gases in atmosphere
② The best way to control levels of moisture in growing plants and fruits
③ The seriousness of increasing carbon footprints every year around the world
④ The importance of controlling certain levels of gases and moisture in storing foods

3. 다음 글의 제목으로 가장 적절한 것은?

Fear and its companion pain are two of the most useful things that men and animals possess, if they are properly used. If fire did not hurt when it burnt, children would play with it until their hands were burnt away. Similarly, if pain existed but fear did not, a child would bum himself again and again, because fear would not warn him to keep away from the fire that had burnt him before. A really fearless soldier—and some do exist—is not a good soldier, because he is soon killed; and a dead soldier is of no use to his army. Fear and pain are therefore two guards without which human beings and animals might soon die out.

① Obscurity of Fear and Pain in Soldiers
② Indispensability of Fear and Pain
③ Disapproval of Fear and Pain
④ Children's Association with Fear and Pain

4. 다음 글의 요지로 가장 적절한 것은?

Feelings of pain or pleasure or some quality in between are the bedrock of our minds. We often fail to notice this simple reality because the mental images of the objects and events that surround us, along with the images of the words and sentences that describe them, use up so much of our overburdened attention. But there they are, feelings of myriad emotions and related states, the continuous musical line of our minds, the unstoppable humming of the most universal of melodies that only dies down when we go to sleep, a humming that turns into all-out singing when we are occupied by joy, or a mournful requiem when sorrow takes over.

① Feelings are closely associated with music.
② Feelings are composed of pain and pleasure.
③ Feelings are ubiquitous in our minds.
④ Feelings are related to the mental images of objects and events.

5. 글의 제목으로 가장 적절한 것은?

If you're faced with a complicated problem, it is very tempting to chop it up into a lot of simple problems, and then knock them off one by one. It is sometimes claimed that if you have solved all the simple problems you've solved the whole thing. That's reductionism in a nutshell. And as a methodology it works extremely well. In my discipline, which is physics, it's had some amazing successes. Look at the world about us, just see how complicated it is, the richness and diversity of nature. How are we ever to come to understand it? Well, a good way to start is by breaking it up into small bite-sized pieces. One example is atomism. The belief that the entire universe is made up of atoms, or some sort of fundamental particles, and that everything that happens in nature is just the rearrangement of these particles, has proved extraordinarily fruitful. Once you focus down to the level of individual atoms you can work out all the laws and principles that govern them. You can figure out in detail what they are doing. It's then tempting to believe that if you understand individual atoms and the way they interact, you understand everything.

① Application of Reductionism to Problem Solving
② Cooperative Relationships between Reductionism and Atomism
③ Importance of Taking a Comprehensive Approach to Problems
④ Superiority of Physics over Other Science Disciplines

6. 다음 글의 제목으로 가장 적절한 것은?

With the help of the scientist, the commercial fishing industry has found out that its fishing must be done scientifically if it is to be continued. With no fishing pressure on a fish population, the number of fish will reach a predictable level of abundance and stay there. The only fluctuation would be due to natural environmental factors, such as availability of food, proper temperature, and the like. If a fishery is developed to take these fish, their population can be maintained if the fishing harvest is small. The mackerel of the North Sea is a good example. If we increase the fishery and take more fish each year, we must be careful not to reduce the population below the ideal point where it can replace all of the fish we take out each year. If we fish at this level, called the maximum sustainable yield, we can maintain the greatest possible yield, year after year. If we catch too many, the number of fish will decrease each year until we fish ourselves out of a job. Examples of severely overfished animals are the blue whale of the Antarctic and the halibut of the North Atlantic. Fishing just the correct amount to maintain a maximum annual yield is both a science and an art. Research is constantly being done to help us better understand the fish population and how to utilize it to the maximum without depleting the population.

① Say No to Commercial Fishing
② Sea Farming Seen As a Fishy Business
③ Why Does the Fishing Industry Need Science?
④ Overfished Animals: Cases of Illegal Fishing

수능대비

1. 다음 글의 요지로 가장 적절한 것은?

Commitment is the glue holding together characteristically human forms of social life. Commitments make individuals, behavior predictable in the face of fluctuations in their desires and interests, thereby facilitating the planning and coordination of joint actions involving multiple agents. Moreover, commitments make people willing to perform actions that they would not otherwise perform. For example, a taxi driver picks up his clients and transports them to their desired destination because they are committed to paying him afterwards for the service, and a construction worker performs her job every day because her employer has made a credible commitment to pay her at the end of the month. Indeed, the taxi driver and the construction worker are willing to accept money as payment only because a network of other agents (notably the central bank), is committed to taking various measures to sustain the currency in question. Thus, social objects and institutions such as jobs, money, government, scientific collaborations and marriage depend for their origin and stability upon the credibility of commitments.

* fluctuation 동요

① 약속에 대한 신뢰가 사회 체계를 형성하고 지탱한다.
② 사회적 압력이 개인의 비자발적인 행동을 유도한다.
③ 사회가 발전함에 따라 사회 제도가 더 복잡해진다.
④ 사회 구성원들 간의 결속은 인위적으로 유지될 수 없다.
⑤ 위험도에 따른 차등적 보상의 약속이 직업 선택의 기준이 된다.

2. 다음 글의 주제로 가장 적절한 것은?

If the brain has already stored someone's face and name, why do we still end up remembering one and not the other? This is because the brain has something of a two-tier memory system at work when it comes to retrieving memories, and this gives rise to a common yet infuriating sensation: recognizing someone, but not being able to remember how or why, or what their name is. This happens because the brain differentiates between familiarity and recall. To clarify, familiarity (or recognition) is when you encounter someone or something and you know you've done so before. But beyond that, you've got nothing; all you can say is this person/thing is already in your memories. Recall is when you can access the original memory of how and why you know this person; recognition is just flagging up the fact that the memory exists.

* retrieve 꺼내다
** infuriating 짜증 나는

① process of recalling details from partial memories
② impact of emotional responses on memory retrieval patterns
③ dangers of memory loss regarding face and name recognition
④ ways to manage the difficulty of recognizing faces and names
⑤ distinction between recall and familiarity in the memory system

3. 다음 글의 제목으로 가장 적절한 것은?

Since their start in the early 1950s U.S. television sitcoms have charted many of the social conflicts in U.S. society: civil rights, women's rights in the home and in the workplace, children's rights, immigration and multiculturalism, as well as evolving conceptions of the family. Each of these issues has been addressed through humor in a way that has helped to make more progressive values more acceptable than previously. Often a character, usually someone marked as a bigot, resisted one or more of these developments and was then made to appear ridiculous. They were cut down either through their own stupidity, a brief scolding from others, or both. In this way, the humor of sitcoms acted as a cost-effective means to encourage acceptance of a more pluralistic and tolerant society.

* bigot 편견이 아주 심한 사람

** pluralistic 다원적인

① Why Do Sitcoms Criticize Progressive Ideas?

② Acceptability of Humor in Multicultural Society

③ The Decline of U.S. Sitcoms along with Social Change

④ Production Costs* Why TV Commercials Are Necessary

⑤ Humor in Sitcoms Helps Acceptance of Progressive Values

4. 다음 글의 요지로 가장 적절한 것은?

We tend to overrate the impact of new technologies in part because older technologies have become absorbed into the furniture of our lives, so as to be almost invisible. Take the baby bottle. Here is a simple implement that has transformed a fundamental human experience for vast numbers of infants and mothers, yet it finds no place in our histories of technology. This technology might be thought of as a classic time-shifting device, as it enables mothers to exercise more control over the timing of feeding. It can also function to save time, as bottle feeding allows for someone else to substitute for the mother's time. Potentially, therefore, it has huge implications for the management of time in everyday life, yet it is entirely overlooked in discussions of high-speed society.

① 새로운 기술은 효율적인 시간 관리에 도움이 된다.

② 새로운 기술에 비해 기존 기술의 영향력이 간과되고 있다.

③ 현대 사회의 새로운 기술이 양육자의 역할을 대체하고 있다.

④ 새로운 기술의 사용을 장려하는 사회적 인식이 요구된다.

⑤ 기존 기술의 활용은 새로운 기술의 개발에 도움이 된다.

5. 다음 글의 주제로 가장 적절한 것은?

Empathy is frequently listed as one of the most desired skills in an employer or employee, although without specifying exactly what is meant by empathy. Some businesses stress cognitive empathy, emphasizing the need for leaders to understand the perspective of employees and customers when negotiating deals and making decisions. Others stress affective empathy and empathic concern, emphasizing the ability of leaders to gain trust from employees and customers by treating them with real concern and compassion. When some consultants argue that successful companies foster empathy, what that translates to is that companies should conduct good market research. In other words, an "empathic" company understands the needs and wants of its customers and seeks to fulfill those needs and wants. When some people speak of design with empathy, what that translates to is that companies should take into account the specific needs of different populations—the blind, the deaf, the elderly, non-English speakers, the color-blind, and so on—when designing products.

* empathy 공감, 공감 능력

** compassion 동정심

① diverse benefits of good market research
② negative factors in making business decisions
③ difficulties in designing products with empathic concern
④ efforts to build cognitive empathy among employees
⑤ different interpretations of empathy in business

6. 다음 글의 제목으로 가장 적절한 것은?

The most prevalent problem kids report is that they feel like they need to be accessible at all times. Because technology allows for it, they feel an obligation. It's easy for most of us to relate—you probably feel the same pressure in your own life! It is really challenging to deal with the fact that were human and can't always respond instantly. For a teen or tween who's still learning the ins and outs of social interactions, it's even worse. Here's how this behavior plays out sometimes—Your child texts one of his friends, and the friend doesn't text back right away. Now ifs easy for your child to think, "This person doesn't want to be my friend anymore!" So he texts again, and again, and again—"blowing up their phone." This can be stress—inducing and even read as aggressive. But you can see how easily this could happen.

① From Symbols to Bytes: History of Communication
② Parents,Desire to Keep Their Children Within Reach
③ Building Trust - The Key to Ideal Human Relationships
④ The Positive Role of Digital Technology in Teen Friendships.
⑤ Connected but Stressed: Challenges for Kids in the Digital Era

7. 다음 글의 요지로 가장 적절한 것은?

Brands that fail to grow and develop lose their relevance. Think about the person you knew who was once on the fast track at your company, who is either no longer with the firm or, worse yet, appears to have hit a plateau in his or her career. Assuming he or she did not make an ambitious move, more often than not, this individual is a victim of having failed to stay relevant and embrace the advances in his or her industry. Think about the impact personal computing technology had on the first wave of executive leadership exposed to the technology. Those who embraced the technology were able to integrate it into their work styles and excel. Those who were resistant many times found few opportunities to advance their careers and in many cases were ultimately let go through early retirement for failure to stay relevant and update their skills.

* hit a plateau 정체기에 들다

① 다양한 업종의 경력이 있으면 구직 활동에 유리하다.
② 직원의 다양한 능력을 활용하면 업계를 주도할 수 있다.
③ 기술이 발전함에 따라 단순 반복 업무가 사라지고 있다.
④ 자신의 약점을 인정하면 동료들로부터 도움을 얻기 쉽다.
⑤ 변화를 받아들이지 못하면 업계에서의 적합성을 잃게 된다.

8. 다음 글의 주제로 가장 적절한 것은?

What consequences of eating too many grapes and other sweet fruit could there possibly be for our brains? A few large studies have helped to shed some light. In one, higher fruit intake in older, cognitively healthy adults was linked with less volume in the hippocampus. This finding was unusual, since people who eat more fruit usually display the benefits associated with a healthy diet. In this study, however, the researchers isolated various components of the subjects' diets and found that fruit didn't seem to be doing their memory centers any favors. Another study from the Mayo Clinic saw a similar inverse relationship between fruit intake and volume of the cortex, the large outer layer of the brain. Researchers in the latter study noted that excessive consumption of high-sugar fruit (such as mangoes, bananas, and pineapples) may cause metabolic and cognitive problems as much as processed carbs do.

* hippocampus 해마
** carb 탄수화물 식품

① benefits of eating whole fruit on the brain health
② universal preference for sweet fruit among children
③ types of brain exercises enhancing long-term memory
④ nutritional differences between fruit and processed carbs
⑤ negative effect of fruit overconsumption on the cognitive brain

9. 다음 글의 제목으로 가장 적절한 것은?

Winning turns on a self-conscious awareness that others are watching. It's a lot easier to move under the radar when no one knows you and no one is paying attention. You can mess up and be rough and get dirty because no one even knows you're there. But as soon as you start to win, and others start to notice, you're suddenly aware that you're being observed. You're being judged. You worry that others will discover your flaws and weaknesses, and you start hiding your true personality, so you can be a good role model and good citizen and a leader that others can respect. There is nothing wrong with that. But if you do it at the expense of being who you really are, making decisions that please others instead of pleasing yourself, you're not going to be in that position very long. When you start apologizing for who you are, you stop growing and you stop winning. Permanently.

① Stop Judging Others to Win the Race of Life
② Why Disappointment Hurts More than Criticism
③ Winning vs. Losing: A Dangerously Misleading Mindset
④ Winners in a Trap - Too Self-Conscious to Be Themselves
⑤ Is Honesty the Best Policy to Turn Enemies into Friends?

10. 다음 글의 요지로 가장 적절한 것은?

All of the restaurants are using carefully chosen words to evoke vivid mental images of delicious food and rich desserts in order to draw the potential customer to their particular establishment. Just like the restaurants, nature has its own dining establishments. In a fashion similar to the restaurants' financial dependence upon drawing in many customers, the restaurateurs of the natural world(i.e., flowers) must also attract potential diners to sample their offerings. In the natural world, there are no neon signs or flashy words in which to market a potential meal to hungry animals. These restaurants that I am referring to are the world's flowers, and the potential guests are the host of organisms that visit flowers to obtain nectar and other valuable resources. Instead of using a written language or neon sign, they advertise their offerings just as effectively using the language of smell.

* evoke 불러 일으키다

① 음식점은 자연의 색과 향기로 잠재적 고객을 유혹한다.
② 자연 세계에서 꽃은 다양한 종의 생존에 중요한 역할을 한다.
③ 꽃은 생물을 유인하기 위해 냄새라는 광고 수단을 사용한다.
④ 음식점과 꽃은 주변 환경에 생동감을 준다는 공통점이 있다.
⑤ 꽃은 동물의 도움으로 생태계 내에서 번식을 이어 갈 수 있다.

11. 다음 글의 주제로 가장 적절한 것은?

Would you rather receive $1,000 in a year or $1,100 in a year and a month? Most people will opt for the larger sum in thirteen months—where else will you find a monthly interest rate of 10 percent. A wise choice, since the interest will compensate you generously for any risks you face by waiting the extra few weeks. Second question* Would you prefer $1,000 today cash on the table or $1,100 in a month? If you think like most people, you'll take the $1,000 right away. This is amazing. In both cases, if you hold out for just a month longer, you get $100 more. In the first case, it's simple enough. You figure: "I've already waited twelve months; what's one more?" Not in the second case. The introduction of "now" causes us to make inconsistent decisions. Science calls this phenomenon hyperbolic discounting. The closer a reward is, the higher our "emotional interest rate" rises and the more we are willing to give up in exchange for it.

① the impact of reward immediacy on decision-making
② the role of risk perception in weighing economic benefits
③ drawbacks of short-term investment for economic stability
④ the link between money management and future success
⑤ the necessity of balancing financial rewards and emotional ones

12. 다음 글의 제목으로 가장 적절한 것은?

Of central importance for understanding the development of handedness is the answer to the question of when in development it is actually determined whether a child will be left-handed or right-handed. It was long thought that handedness could only be reliably determined in elementary school, when a child learns to write. However, this assumption is incorrect. In fact, scientific studies show that left-handedness is established in many children long before elementary school—interestingly, even before birth in most people. In such studies, the hand and arm movements of unborn children in the womb are recorded using ultrasound images. Using this technique, it was shown that a clear preference for the movement of the right arm exists as early as 10 weeks after fertilization. In this study, ultrasound images of 72 unborn children 10 weeks after fertilization were evaluated and 85% showed more movements of the right arm than the left. This number is already very close to the approximately 89.4% right-handers among adults.

* ultrasound 초음파
** fertilization 수정

① Why Is Handedness Swayed by the Environment?
② Use Your Less-dominant Hand More to Be Creative!
③ Scientific Efforts to Uncover the Root of Intelligence
④ Handedness, the Crucial Determinant of Special Talent
⑤ The Handedness Clock: When Does It Actually Begin?

정답 및 해설

연습문제

1. 정답 ②

해석

드라마는 행해지고 있다. 드라마는 존재한다. 드라마는 평범한 것이다. 우리가 어려운 상황을 마주할 때 매일 참여하는 것이다. 당신은 심한 두통이나 우울증의 공격으로 아침에 일어난다, 하지만 당신은 하루를 마주하고 아무런 일도 없다는 듯 행동하며 다른 사람들을 대한다. 당신은 중요한 미팅이나 다가올 인터뷰가 있다, 그래서 당신은 사전에 당신 스스로 이슈에 대해 이야기하며, 어떻게 자신 있고 유쾌한 얼굴을 보이고, 어떤 옷을 입고, 어떤 손짓을 해야 하는지 등을 결정한다. 당신은 친구의 페이퍼(논문)에 커피를 쏟았고, 즉시 당신은 세련된 사과(변명)를 준비한다. 당신의 파트너가 당신의 가장 친한 친구와 바람이 났다고 해서 당신은 탐구심이 많은 학생들이 있는 반에 가르치러 가는 것을 피할 수 없다. 만약 우리가 우리의 존엄함을 유지하고 다른 사람들과의 조화 속에서 살아가기 위해서는, 매일매일의 삶을 살아 나가는 것은 일련의 문명화된 마스크를 요구한다.

① 드라마의 역기능들
② 우리 일상생활 속의 드라마
③ 연극 예술로서의 드라마
④ 감정의 극적인 변화

해설

첫 단락에서 드라마의 정의(매일 하는 것이다)를 내리고, 이어서는 예시들을 나열하고, 마지막 단락에서 주제문을 재진술(매일의 삶이 문명화된 마스크를 요구한다)을 하고 있다. 따라서 이 글의 제목은 ② Drama in Our Daily Lives(우리 일상생활 속의 드라마)가 적절하다.

어휘

engage in ~에 참여하다 headache 두통 attack of depression 우울증의 공격 cope with 다루다, 대처하다 pretend ~인 척하다 come up 다가오다 talk through 끝까지 이야기하다 beforehand 미리 confident 자신 있는 spill 흘리다, 쏟다 elaborate 정교한, 정성들인 excuse 변명, 여유 run off with ~와 눈이 맞아 달아나다 inquisitive 꼬치꼬치 캐묻는, 탐구심이 많은 day-to-day 나날의 civilized 문명화된 dignity 존엄성. 위엄, 품위 in harmony with ~와 어울려서 dysfunction 역기능, 기능장애 theatrical art 공연예술

2. 정답 ④

해석

신선한 농산물을 취급할 때 온도를 조절하는 것 이외에도 공기의 관리도 중요하다. 보관 중에 건조를 예방하기 위해 약간의 습기가 공기에 필요하지만, 너무 많은 습기는 곰팡이의 성장을 부추길 수 있다. 일부 상업 저장고는 공기를 관리해 왔고, 이산화탄소의 농도와 습도가 신중하게 조절되었다. 때때로, 에틸렌 가스 같은 다른 가스들이 바나나와 다른 신선한 농산물의 최상의 품질을 얻는데 도움이 되도록 조절된 수준으로 유입될 수도 있다. 보관된 식품 사이의 공기 순환에 대한 필요성은 가스와 습기의 조절과 관련이 있다.

① 공기중의 유해가스를 조절할 필요성
② 식물과 과일을 재배할 때 습도를 조절하는 최상의 방법
③ 세계적으로 해마다 증가하는 탄소발자국의 심각성
④ 식품 보관에서 가스 농도와 습도 조절의 중요성

해설

이 글은 첫 단락에서 신선 농산물 보관 시 공기 관리가 중요하다고 말한 후, 이어지는 문장에서 습도와 가스 조절의 필요성을 언급한 후, 마지막 단락에서 주제문 재진술(신선식품의 공기순환을 위해서 가스와 습도 조절이 필요하다)을 하고 있으므로 이 글의 주제는 주제문을 가장 잘 반영한 ④ The importance of controlling certain levels of gases and moisture in storing foods(식품 보관에서 가스 농도와 습도 조절의 중요성)가 적절하다.

어휘

fresh produce 신선 농산물 atmosphere 공기 moisture 습기 dehydration 건조, 탈수 mold 곰팡이 commercial

상업의 carbon dioxide 이산화탄소 regulate 규제하다 ethylene 에틸렌 optimal 최상의 circulation 순환 harmful gases 유해가스 seriousness 심각성 carbon footprint 탄소발자국, 이산화탄소의 배출량

3. 정답 ②

해석

만일 적절하게 이용된다면, 두려움과 동반하는 고통은 인간과 동물이 지닌 가장 유용한 두 가지이다. 만일 불이 탈 때 고통을 주지 않는다면 아이들은 그들의 손이 타서 없어질 때까지 그것을 가지고 놀 것이다. 유사하게 두려움이 이전에 그를 태웠던 불을 멀리하도록 경고하지 않을 것이기 때문에 만일 고통은 있지만 두려움이 없다면 아이는 반복적으로 자신을 태울 것이다. 정말로 두려움이 없는 병사는—일부 그런 병사가 진정으로 존재하는데— 훌륭한 병사가 아니다. 왜냐하면 그는 곧 죽임을 당하기 때문이다. 그리고 죽은 병사는 그의 군대에서 쓸모가 없다. 그러므로 두려움과 고통은 그것이 없다면 인간과 동물이 곧 죽어 없어질 두 개의 보호물이다.

① 병사들의 두려움과 고통의 불명확함
② 두려움과 고통의 불가결함
③ 두려움과 고통에 대한 반감
④ 두려움과 고통과 아이들의 연관성

해설

이 글은 고통과 두려움에 관한 글로써, 첫 단락에 주제문(이것의 동반자인 고통은 인간과 동물이 지닌 가장 유용한 두 가지이다)을 제시하고, 그 예로 아이와 병사를 들고 있다. 그리고 마지막 단락에서 주제문 반복(두려움과 고통은 그것이 없다면 인간과 동물이 곧 죽고 없어지게 될 두 개의 보호물이다)을 통해 주제문을 강조하고 있다. 따라서 이 글의 제목은 주제문을 가장 잘 반영한 ② Indispensability of Fear and Pain(공포와 고통의 불가결함)이 정답이다.

어휘

companion 동반자 possess 소유하다 exist 존재하다 warn 경고하다 keep away from ~을 멀리하다 soldier 병사, 군인 be of no use to ~에게 쓸모 없는 obscurity 모호함 indispensability 필수불가결한 일 disapproval 반감 association 연관성

4. 정답 ③

해석

고통이나 쾌락 또는 그 사이의 어느 특성에 대한 감정들은 우리 마음의 기반이다. 우리는 종종 이 단순한 현실을 알아차리지 못하는데, 우린 주변을 에워싼 사물들과 사건들의 심상들이 그것들을 묘사하는 단어들과 문장들의 심상들과 더불어 과부하가 걸린 우리 주의력의 너무 많은 부분을 소모하기 때문이다. 그러나 거기에 그것들이, 즉 무수한 감성들과 그와 연관된 상태들의 감정들, 계속 이어지는 우리 마음의 노래 가사, 막을 수 없이 나와서 우리가 잠들어야만 겨우 잦아드는 가장 보편적인 선율들의 허밍, 우리가 기쁨에 사로잡힐 때 전력을 다하는 노래가 되거나 슬픔이 점거할 때 애도의 진혼곡이 되는 허밍이 있다.

① 감정들은 음악과 밀접하게 관련이 있다.
② 감정들은 고통과 쾌락으로 구성된다.
③ 감정들은 우리 마음 어디에나 존재한다.
④ 감정들은 사물들과 사건들의 심상과 관련이 있다.

해설

이 글은 감정에 관한 글인데, 앞 부분에 주제문(고통과 쾌락과 같은 감정은 우리 마음의 기반이다)을 제시하고, 우리 주변의 사건들이나 심상으로 인해 많은 주의가 소모적으로 분사되므로 잘 깨닫지 못할 뿐이지 '감정은 항상 거기 있다'라고 마지막에 주제문을 재진술하고 있다. 따라서 이 글의 요지 ③ Feelings are ubiquitous in our minds.(감정들은 우리 마음 어디에나 존재한다.)이다.

어휘

pain 고통 pleasure 즐거움 quality 성질 in between 그 사이에 있는 bedrock 기반 object 사물 event 사건 surround 에워싸다 use up 다 써 버리다 mental image 심상 overburdened 과부하가 걸린 attention 주의 myriad 무수한, 다양한 state 상태 musical line 노래 가사 unstoppable 멈출 수 없는 the most universal of the melodies 가장 보편적인 선율 all-out 총력을 기울인 occupy 차지하다 mournful 애도하는 requiem 진혼곡

sorrow 슬픔 take over 점거하다 be composed of ~로 구성된 ubiquitous 편재하는, 어디에나 존재하는

5. 정답 ①

해석

만약 당신이 복잡한 문제에 직면해 있다면, 그것을 많은 간단한 문제들로 잘게 자르고 나서 그것들을 하나씩 해치우는 것은 매우 구미가 당긴다. 만약 당신이 단순한 문제들을 모두 해결한다면, 당신이 모든 것을 해결했다고 종종 주장될 수 있다. 간단하게 말하면 그것은 환원주의이다. 그리고 방법론으로서 그것은 굉장히 효과가 있다. 물리학인 나의 학문 분야에서, 그것은 몇 가지 놀라운 성공을 이루었다. 우리 주변의 세상을 보아라, 그것이 얼마나 복잡한지를, 자연의 풍요로움과 다양성을 보아라. 어떻게 우리가 그것을 이해할 수 있겠는가? 자, 시작할 한 가지 좋은 방법은 그것을 아주 작은 바이트 크기의 조각들로 쪼개는 것을 통해서이다. 한 가지 예가 원자론이다. 전 우주가 원자, 즉 어떤 종류의 기본적인 입자로 구성되어 있으며 자연에서 발생하는 모든 것은 단지 이러한 입자들의 재배열이라는 생각은 엄청나게 유익한 것으로 증명되어 왔다. 일단 당신이 각각의 원자들 수준에 이르기까지 집중한다면, 그것들을 지배하는 모든 법칙과 원리를 이해할 수 있다. 당신은 그것들이 무엇을 하는지 구체적으로 알아낼 수 있다. 그때 만약 당신이 각각의 원자들과 그것들이 상호작용하는 방식을 이해한다면, 당신은 모든 것을 이해한다고 생각하는 것은 구미가 당긴다.

① 문제 해결을 위한 환원주의의 적용
② 환원주의와 원자론 사이의 협력적인 관계
③ 문제에 대해 포괄적인 접근을 하는 것의 중요성
④ 다른 과학 학문 분야에 비한 물리학의 우월성

해설

이 글은 환원주의에 관한 글이다. 문제를 해결하기 위해 복잡한 문제를 많은 간단한 문제들로 나누는 것이라고 환원주의를 정의하고, 문제해결의 방법론으로 굉장히 효과가 있다고 주제문에서 밝히고 있다. 그리고 이어지는 글에서 환원주의의 방법론에서의 적용 예로 물리학의 원자론을 들고 있다.(우주는 원자로 구성되어 있고, 이 원자들을 지배하는 모든 법칙과 원리를 이해함으로써 우주를 이해한다) 따라서 이 글의 제목은 ① Application of Reductionism to Problem Solving(문제 해결을 위한 환원주의의 적용)이 가장 적절하다.

어휘

be faced with ~와 직면한 complicated 복잡한 tempting 구미가 당기는 chop up 잘게 자르다 knock-off 해치우다 reductionism 환원주의 in a nutshell 간단명료하게 말하다 methodology 방법론 discipline 학문 분야 physics 물리학 atomism 원자론 diversity 다양성 break up into 쪼개다 bite-sized 바이트 크기의 be made up of ~로 구성된 atom 원자 participle 입자 rearrangement 재배열 extraordinarily 엄청나게, 대단히 fruitful 유익한, 생산적인 down to ~에 이르기까지 principle 원칙 govern 지배하다 interact 상호작용하다 application 적용 cooperative 협력적인 comprehensive 포괄적인, 종합적인 superiority 우월성

6. 정답 ③

해석

과학자들의 도움으로, 상업적 어업은 그것이 계속되려면 어업이 과학적으로 이루어져야 한다는 것을 알아냈다. 물고기 개체군에 대한 어업의 압박이 없다면, 물고기의 개체 수는 예측 가능한 풍부한 수준에 도달하여 그 수준을 유지할 것이다. 유일한 변동이 있다면 먹이의 이용 가능성, 적절한 온도 등과 같은 자연환경 요인 때문일 것이다. 만약 이러한 물고기를 잡도록 어장이 개발될 경우, 어획량이 적다면 어장의 개체수는 유지될 수 있다. 북해의 고등어가 좋은 예이다. 만약 우리가 어장을 늘려서 매년 더 많은 물고기를 잡는다면, 우리는 그 어장이 우리가 매년 잡아들이는 모든 물고기를 대체할 수 있는 이상적인 수준 아래로 개체수를 줄이지 않도록 주의해야 한다. 만약 우리가 '최대 유지가능 어획량'이라고 하는 이러한 수준으로 물고기를 잡는다면, 우리는 가능한 최다 어획량을 해마다 유지할 수 있다. 만약 우리가 너무 많이 잡는다면 우리가 어업을 할 수 없을 때까지 물고기의 수는 매년 줄어들 것이다. 과도하게 남획된 동물의 사례로는 남극의 흰긴수염고래와 북대서양의 넙치가 있다. 연 최대 어획량을 유지하기 위해 꼭 정확한 양의 물고기를 잡

는 것은 과학인 동시에 기술이다. 우리가 물고기 개체군을 더 잘 이해하고 개체군을 고갈시키지 않고 최대한 이용하는 방법을 더 잘 이해하도록 돕기 위한 연구는 계속 진행되고 있다.

① 상업적 어업을 거부하라
② 수산업으로 간주되는 양식 어업
③ 왜 어업에 과학이 필요한가?
④ 남획된 물고기들: 불법 어업의 사례들

해설

이 글은 주제문(어업을 계속 유지하려면 과학적으로 이루어져야 한다)을 맨 앞에 위치하는 두괄식 구성의 글이다. 이어지는 글에서 물고기의 개체 유지의 중요성을 설명하고, 남획된 물고기를 예시를 제시하고 있다. 그리고 마지막에서 '연 최대 어획량을 유지하기 위해 정확한 양의 물고기를 잡는 것은 과학인 동시에 기술이다'라고 강조하고 있다. 따라서 이 글의 제목은 ③ Why Does the Fishing Industry Need Science?(왜 어업에 과학이 필요한가?)가 적절하다.

어휘

commercial 상업적인 fishing industry 어업 population 개체군 predictable 예측 가능한 abundance 풍부 fluctuation 변동 availability 이용가능성 fishery 어장, 어업 fishing harvest 어획량 mackerel 고등어 North Sea 북해 maximum sustainable yield 최대 유지 어획량 sustainable yield 유지가능한 어획량 overfish 물고기를 남획하다 blue whale 흰긴수염고래 Antarctic 남극 halibut 넙치 North Atlantic 북대서양 annual 매년의, 연례의 utilize 이용하다 deplete 고갈시키다 sea farming 양식어업 illegal fishing 불법 어업

수능대비

1. 정답 ①

해석

약속은 사회생활에서의 인간 특유의 형태를 결합하는 접착제이다. 약속은 개인의 욕망과 관심이 동요하는 상황에서 그들의 행동을 예측 가능하게 만들고 그렇게 함으로써 여러 주체가 참여하는 공동 행동의 계획과 조정을 용이하게 한다. 게다가, 약속은 사람들이 그렇지 않으면 수행하지 않을 행동을 기꺼이 수행하도록 만든다. 예를 들어, 택시 기사는 고객이 나중에 서비스에 대해 비용을 지불하겠다고 약속했기 때문에 고객을 태워 (고객이) 원하는 목적지로 운송하고, 건설 노동자는 고용주가 월말에 (급여를) 지불하겠다는 신뢰할 만한 약속을 했기 때문에 매일 업무를 수행한다. 사실, 택시 기사와 건설 노동자가 돈을 보수로 기꺼이 받아들이는 것은 오로지 다른 주체(특히 중앙은행)들의 네트워크가 해당 통화를 유지하기 위한 다양한 조치를 취할 것을 약속했기 때문이다. 따라서 일자리, 돈, 정부, 과학적 협력, 그리고 결혼과 같은 사회적 대상(객체)과 제도는 그 시작과 안정성을 위해 약속의 신뢰성에 의존한다.

해설

인간 사회는 약속에 기반하며, 약속은 사람들의 행동을 예측할 수 있게 하고, 그로 인해 공동 행동의 계획과 조정을 쉽게 한다. 따라서 사회적 대상과 제도는 그 안정성을 약속의 신뢰성에 의존한다는 내용의 글이므로 글의 요지로 가장 적절한 것은 ① '약속에 대한 신뢰가 사회 체계를 형성하고 지탱한다.'이다.

어휘

commitment (장기적) 약속, 헌신 hold together 결합하다 predictable 예측가능한 fluctuation 동요 facilitate 용이하게 하다 coordination 조정 joint 공동의 agent 주체, 행위자 transport 운송하다 destination 목적지 afterwards 나중에 credible 신뢰할만한 be willing to 기꺼이 ~하다 notably 특히 take a measure 조치를 취하다 sustain 유지하다, 지탱하다 currency 통화 in question 해당하는, 논의가 되고 있는 institution 제도 collaboration 협력

2. 정답 ⑤

해설

뇌가 이미 누군가의 얼굴과 이름을 저장했다면, 왜 우리는 여전히 하나는 기억하고 다른 하나는 기억하지 못하게 되는 것일까? 이는 기억을 생각해 내는 것에 있어서 뇌가 2단계의 기억 시스템을 가진 무언가를 작동하도

록 만들기 때문이며. 이것이 누군가를 알아볼 수는 있지만 어떻게, 왜 아는지 또는 그 사람의 이름이 무엇인지는 기억하지 못하는. 흔하지만 짜증 나는 감정을 유발한다. 이는 뇌가 친숙함과 회상을 구별하기 때문에 발생한다. 명확하게 하자면, 친숙함(또는 인식)은 누군가 또는 무언가를 마주쳤고 이전에 그런 적이 있다는 것을 아는 경우이다. 하지만 그 이상으로는, 당신이 아는 것이 없고, 당신이 말할 수 있는 것은 이 사람/사물이 이미 기억 속에 있다는 것뿐이다. 회상은 이 사람을 어떻게, 왜 알고 있는지에 대한 원래의 기억에 접근할 수 있는 경우이며, 인식은 단지 기억이 존재한다는 사실만을 표시해 줄 뿐이다.

① 부분 기억에서 세부 사항을 회상하는 과정
② 감정 반응이 기억 회상 패턴에 미치는 영향
③ 얼굴 및 이름 인식과 관련된 기억 상실의 위험성
④ 얼굴과 이름을 인식하는 어려움을 관리하는 방법
⑤ 기억 시스템에서의 회상과 친숙함의 구분

해설

뇌는 친숙함(또는 인식)과 회상이라고 하는 2단계 기억 시스템을 작동시키는데, 친숙함(familiarity)은 어떤 사람이나 사물을 봤을 때 전에 본 적 있다는 느낌은 있지만, 언제, 왜 봤는지 구체적인 기억은 떠오르지 않는 상태이고, 회상(recall)은 그 사람을 언제 어디서, 어떤 이유로 알게 되었는지를 명확히 기억해 내는 상태라는 내용의 글이다. 따라서 글의 주제로 가장 적절한 것은 ⑤ 'distinction between recall and familiarity in the memory system(기억 시스템에서의 회상과 친숙함의 구분)'이다.

어휘

end up ~ing 결국 ~하게 되다 two-tier 2단계의 at work 작동하는 retrieve (기억을) 꺼내다 give rise to ~을 유발하다 infuriating 짜증나는 sensation 감정, 기분 familiarity 친숙함 recognition 인식, 인정 recall 회상 clarify 명확하게 하다 encounter 우연히 마주치다 flag up 표시하다

3. 정답 ⑤

해석

1950년대 초반에 시작된 이래로, 미국의 텔레비전 시트콤은 미국 사회의 많은 사회 갈등을 보여 주었는데, (점점) 진화하는 가족 개념뿐만 아니라 시민권, 가정과 직장에서의 여성 권리, 아동권, 이민과 다문화주의와 같은 것들이다. 이 각각의 쟁점은 유머를 통해서 보다 진보적인 가치들이 이전보다 더 수용 가능하도록 하는 데 도움을 주는 방식으로 다루어져 왔다. 종종 등장인물 한 명, 대개는 편견이 아주 심한 사람이라고 특징지어졌던 누군가가 이러한 발전 중 하나 이상에 저항하고 나서 그가 어리석어 보이게 되었다. 이들은 자신의 어리석음이나 다른 사람들의 짧은 비난, 또는 이 두 가지 모두에 의해 배제되었다. 이러한 방식으로, 시트콤의 유머는 더 다원적이고 관용적인 사회의 수용을 장려하는 비용 효율적인 수단으로 작용했다.

① 시트콤은 왜 진보적인 아이디어를 비판하는가?
② 다문화 사회에서 유머 수용성
③ 사회 변화에 따른 미국 시트콤의 쇠퇴
④ 제작 비용: TV 광고가 필요한 이유
⑤ 시트콤의 유머는 진보적 가치의 수용을 돕는다

해설

미국의 시트콤은 유머를 통해서 사회 문제를 다루고 편견을 조롱함으로써 진보적 가치를 대중에게 받아들이게 하고, 관용적인 사회의 수용을 장려하는 수단으로 작용했다는 글이므로 글의 제목으로 가장 적절한 것은 ⑤ 'Humor in Sitcoms Helps Acceptance of Progressive Values(시트콤의 유머는 진보적 가치의 수용을 돕는다)'이다.

어휘

chart 보여 주다, 나타내다 immigration 이민 multiculturalism 다문화주의 evolve 진화하다 progressive 진보적인 acceptable 수용가능한 previously 이전에 mark 특징짓다 bigot 편견이 아주 심한 사람 resist 저항하다 ridiculous 어리석은 cut down 무시하다, 깎아내리다 stupidity 어리석음 scold 비난하다 cost-effective 비용 효율적인 pluralistic 다원적인 tolerant 관용적인

4. 정답 ②

해석

우리는 새로운 기술의 영향을 과대평가하는 경향이 있

는데, 부분적으로 그 이유는 기존 기술이 눈에 거의 보이지 않을 만큼 우리 삶의 일부로 흡수되었기 때문이다. 젖병을 예로 들어 보자. 여기에 수많은 영유아와 엄마들의 인간으로서의 근본적인 경험을 바꿨으나, 기술의 역사에서 그 자리를 찾지 못한 단순한 도구가 있다. 이 기술은 전형적으로 시간을 조절하는 장치라고 여겨지는데 이는 엄마가 수유 시간에 대해 더 많은 통제력을 발휘할 수 있게 하기 때문이다. 또한 젖병 수유는 시간을 절약하는 기능도 하는데 이는 다른 사람이 엄마의 (수유)시간을 대신하도록 허락하기 때문이다. 따라서 잠재적으로 그것(젖병)은 일상생활의 시간 관리에 큰 영향을 미치지만, 빠른 속도의 사회적 논의에서는 완전히 간과되고 있다.

해설

젖병이 엄마의 시간을 통제하고, 절약할 수 있게 해 주었지만, 우리 삶의 일부로 흡수되어 그 중요성이 간과되어 온 것처럼, 기존 기술의 영향력이 눈에 보이지 않았다는 내용의 글이므로, 글의 요지 로 가장 적절한 것은 ② '새로운 기술에 비해 기존 기술의 영향력이 간과되고 있다.'이다.

어휘

overrate 과대평가하다 impact 영향 in part 부분적으로 absorb 흡수하다 so as to ~할 만큼 invisible 눈에 보이지 않는 implement 도구 transform 바꾸다 fundamental 근본적인 classic 전형적인 exercise 발휘하다 function 기능을 하다 bottle feeding 젖병 수유 substitute for ~을 대신하다 potentially 잠재적으로 implication 영향 entirely 완전히 overlook 간과하다

5. 정답 ⑤

해석

'공감'이 무엇을 의미하는지 정확히 밝히지는 않지만, 공감은 고용주나 직원에게 가장 바라는 기술 중 하나로 목록에 종종 오른다. 일부 기업은 인지적 공감을 강조하여 리더가 거래를 협상하고 결정을 내릴 때 직원과 고객의 관점을 이해할 필요성에 중점을 둔다. 다른 기업은 정서적 공감과 공감적 관심을 강조하여 진정한 관심과 동정심으로 직원과 고객을 대함으로써 그들의 신뢰를 얻는 리더의 능력에 중점을 둔다. 일부 자문위원이 성공하려는 기업은 공감 능력을 길러야 한다고 주장할 때, 그것이 의미하는 바는 기업이 시장 조사를 잘 수행해야 한다는 것이다. 다시 말해, '공감적인' 기업은 고객의 필요와 요구를 이해하고, 그 필요와 요구를 충족시키기 위해 노력한다. 일부 사람들이 공감을 담은 디자인을 말할 때, 그것이 의미하는 바는 회사가 제품을 디자인할 때 시각 장애인, 청각 장애인, 노인, 비영어권 화자, 색맹 등 다양한 사람들의 구체적인 필요 사항을 고려해야 한다는 것이다.

① 좋은 시장 조사의 다양한 이점들
② 기업 의사결정에 있어서 부정적인 요소
③ 공감적 관심을 바탕으로 제품을 디자인하는 데 있어서의 어려움
④ 직원들 간의 인지적 공감을 형성하기 위한 노력
⑤ 사업상의 공감에 대한 다양한 해석

해설

이 글은 공감의 중요성과 기업에서 어떻게 다양하게 해석될 수 있는지를 언급하고 있다. 공감을 이해의 도구로써, 신뢰 구축의 수단으로써, 그리고 직원 및 고객들의 필요와 욕구를 충족시키는 방식으로써 논의하고 있다. 따라서 글의 주제로 가장 적절한 것은 ⑤ 'different interpretations of empathy in business(사업상의 공감에 대한 다양한 해석)'이다.

어휘

cognitive 인지적인 perspective 관점 negotiate 협상하다 affective 정서적인 concern 관심 consultant 자문위원 foster 기르다 the blind 시각 장애인 the deaf 청각 장애인 the color-blind 색맹

6. 정답 ⑤

해석

아이들이 이야기하는 가장 일반적인 문제는 그들이 항상 연락될 수 있어야 한다고 느낀다는 것이다. 기술이 그것을 허용하기 때문에, 그들은 의무감을 느낀다. 우리 대부분은 공감하기 쉬운데, 아마 여러분도 자신의 삶에서 같은 압박을 느낄 것이다! 우리가 인간이고 항상 즉각적으로 응답할 수 없다는 사실에 대처하는 것은 매우 힘들다. 아직 사회적 상호 작용의 세부적인 것들을 배우고 있는 십 대(13~19세)나 십 대 초반(10~12세)의 아동에게 상황

은 훨씬 더 심각하다. 때때로 이 행동이 나타나는 방식은 다음과 같다. 예를 들어, 여러분의 자녀가 친구 중 한 명에게 문자 메세지를 보내고, 그 친구가 즉시 답장을 보내지 않는다면, 이제 여러분의 자녀는 "얘는 더 이상 내 친구가 되기를 원하지 않는구나"라고 생각하기 쉽다. 그래서 다시, 다시, 그리고 또 다시 문자 메세지를 보내다가, '전화기를 폭파하는(과부하 상태로 만드는) 것'이다. 이것은 스트레스를 유발하고, 심지어 공격적인 것으로 읽힐 수 있다. 하지만 여러분은 이것이 얼마나 쉽게 일어날 수 있는지 알 수 있다.

① 기호에서 바이트까지: 통신의 역사
② 아이들을 가까이에 두고 싶은 부모들의 바람
③ 신뢰 구축: 이상적인 인간관계의 열쇠
④ 십대들의 우정에 있어서 디지털 기술의 긍정적인 역할
⑤ 연결되어 있지만 스트레스를 받는: 디지털 시대에 아이들이 겪는 도전

해설

현대 디지털 기술이 허용함에 따라 아이들은 친구들과 지속적으로 연결되어 있어야 한다는 압박을 느끼게 되고 이는 스트레스와 불안을 유발하게 되고, 이는 사회적 상호 작용을 배우고 있는 청소년기에 부담을 준다는 내용의 글이다. 따라서 글의 제목으로 가장 적절한 것은 ⑤ 'Connected but Stressed: Challenges for Kids in the Digital Era(연결되어 있지만 스트레스를 받는: 디지털 시대에 아이들이 겪는 도전)'이다.

어휘

prevalent 일반적인 accessible 연락될 수 있는, 연락 가능한 obligation 의무 relate 공감하다 pressure 압박 ins and outs 세부적인 것들 interaction 상호작용 induce 유발하다 aggressive 공격적인

7. 정답 ⑤

해석

성장과 발전에 실패한 브랜드는 그들의 적합성을 잃는다. 한때 여러분의 회사에서 승진 가도에 있었는데 더 이상 회사에 있지 않거나, 더 나쁘게는, 경력의 정체기에 든 것으로 보이는 여러분이 알던 사람을 생각해 보라. 그 사람이 야심에 찬 행동을 하지 않았다고 가정하면, 대개 이 사람은 자기 업계에서 적합성을 유지하고 발전을 포용하는 데 실패한 희생자이다. 개인용 컴퓨터 사용 기술이 이 기술에 노출된 첫 물결의 경영지도자에게 미친 영향을 생각해 보라. 기술을 포용한 이들은 그것을 그들의 작업 스타일에 흡수하여 탁월할 수 있었다. 여러 번 (기술에) 저항한 이들은 자기 경력을 발전시키기 위한 기회를 거의 찾을 수 없었고, 많은 경우 이들은 결국 적합성을 유지하고 기술을 새롭게 하는 데 실패하여 이른 은퇴를 통해 사라지게 되었다.

해설

개인용 컴퓨터 사용 기술에 적응한 경영 지도자는 그것을 그들의 작업 스타일에 적용시켜 남들보다 앞서 나갈 수 있었던 반면에 그러지 못한 사람은 적합성을 유지하지 못하고 결국 사라지게 되었다는 예시를 통해 성장과 발전에 실패하게 되면 적합성을 잃게 된다는 내용의 글이다. 따라서 이 글의 요지로 가장 적절한 것은 ⑤ '변화를 받아들이지 못하면 업계에서의 적합성을 잃게 된다.'이다.

어휘

relevance 적합성, 타당성, 관련성 fast track 승진 가도, 빠른 길 assume 가정하다 ambitious 야심에 찬 victim 희생자 embrace 포용하다, 껴안다 advance 발전; 발전시키다 executive leadership 경영 지도자 integrate 흡수하다, 통합하다 excel 탁월하다 resistant 저항하는 ultimately 결국, 궁극적으로 retirement 은퇴

8. 정답 ⑤

해석

포도와 그 외 달콤한 과일을 너무 많이 먹는 것이 과연 뇌에 어떤 영향을 미칠 수 있을까? 몇 가지 대규모 연구가 (그것에 관한) 새로운 견해를 밝히는 데 도움이 되었다. 한 연구에서는, 더 나이가 많고 인지적으로 건강한 성인에서 더 많은 과일 섭취가 해마의 더 작은 용적과 연관되었다. 이 발견은 특이했는데, 그 이유는 과일을 더 많이 먹는 사람들은 보통 건강한 식단과 관련된 이점을 보여 주기 때문이었다. 하지만 이 연구에서, 연구원들은 피실험자 식단의 다양한 요소들을 분리했고 과일이 그들의 기억 중추에 어떤 도움도 주지 않는 것처럼 보인다는 것을 발견했다. Mayo Clinic의 또 다른 연구에서는 과

일 섭취와 뇌의 커다란 바깥 층인 피질의 용적 사이의 유사한 역관계를 확인했다. 후자의 연구에서 연구원들은 (망고, 바나나, 파인애플 같은) 고당도 과일의 과도한 섭취가 가공된 탄수화물 식품만큼이나 크게 신진대사 문제와 인지적 문제를 일으킬 수 있다는 점에 주목했다.

① 과일을 통째로 먹는 것이 뇌 건강에 미치는 이점
② 아이돌 사이에서 달콤한 과일에 대한 보편적인 선호
③ 장기 기억력을 향상시키는 뇌 운동의 종류
④ 과일과 가공 탄수화물의 영양학적 차이
⑤ 과일 과소비가 인지적 뇌에 미치는 부정적인 영향

해설

일반적으로 과일을 많이 먹는 것이 건강한 식단이라고 생각해 왔지만, 한 연구에서 과일을 많이 먹게 되면 인간의 기억과 관련 있는 해마의 용적이 더 작아지고, 다른 연구에서 과일 섭취와 뇌의 피질의 용적 사이에도 비슷한 역관계를 확인했다는 내용으로 과일을 지나치게 섭취하면 신진대사 문제와 인지적 문제를 일으킬 수 있다고 언급하고 있다. 따라서 글의 주제로 가장 적절한 것은 ⑤ 'negative effect of fruit overconsumption on the cognitive brain(과일 과소비가 인지적 뇌에 미치는 부정적인 영향)'이다.

어휘

grape 포도 be linked with ~과 연관되다 shed light 밝히다]intake 섭취 cognitively 인지적으로 volume 용적 unusual 특이한 associated with ~과 관련된 diet 식단 isolate 분리하다 component 요소 inverse 역의, 반대의 cortex (대뇌)피질 excessive 과도한 consumption 섭취 metabolic 신진대사의 processed 가공된

9. 정답 ④

해석

승리는 다른 사람이 바라보고 있다는 자의식적 인식을 촉발한다. 아무도 여러분을 모르고 집중하고 있지 않으면 눈에 띄지 않게 움직이기가 훨씬 더 쉽다. 여러분은 일을 망치고, 난폭해지며, 비열해져도 되는데, 왜냐하면 여러분이 그곳에 있다는 것을 아무도 심지어 알지 못하기 때문이다. 하지만 여러분이 승리하기 시작하거나, 다른 사람이 알아차리기 시작하는 순간부터, 여러분은 관찰되고 있다는 것을 갑자기 인식한다. 여러분은 평가받고 있다. 여러분은 다른 사람이 여러분의 실수와 약점을 발견할 것이라고 걱정하고, 여러분이 좋은 본보기이자 훌륭한 시민이고 다른 사람이 존경할 수 있는 지도자가 될 수 있도록 여러분 본래의 성격을 숨기기 시작한다. 그것에 문제는 없다. 하지만 자기 자신을 기쁘게 하기보다, 타인을 기쁘게 하는 결정을 내리면서 자신의 진정한 모습이 되는 것을 희생하면서까지 그렇게 한다면, 여러분은 그 지위에 그리 오래 머물지 못할 것이다. 여러분이 누구인지에 대해 사과하기 시작하는 순간, 여러분은 성장을 멈추고, 승리를 멈추게 된다. 영원히.

① 인생의 경쟁에서 이기기 위해 다른 사람들을 판단하는 것을 멈춰라
② 비판보다 실망이 더 상처를 입히는 이유
③ 승리 대 패배: 위험할 정도로 잘못된 사고방식
④ 함정에 빠진 우승자: 너무 자의식이 강해서 자기 자신이 될 수 없다
⑤ 정직이 적을 친구로 만드는 최선의 정책일까요?

해설

승리를 하게 되면 타인의 시선을 의식하게 되고, 그에 따라 좋은 본보기이자 훌륭한 시민이고 존경할 수 있는 지도자가 될 수 있도록 본래의 자신을 속이게 된다. 하지만 타인을 기쁘게 하기 위해 자신의 진정한 모습이 되는 것을 희생하면서 승리를 추구하게 되면, 더 이상 성장하지 못하고 결국 승리하지 못하게 될 것이라는 내용의 글이다. 따라서 글의 제목으로 가장 적절한 것은 ④ "Winners in a Trap: Too Self-Conscious to Be Themselves(함정에 빠진 우승자: 너무 자의식이 강해서 자기 자신이 될 수 없다)"이다.

어휘

self-conscious 자의식의, 자의식이 강한 awareness 인식 mess up 망치다 rough 난폭한, 거친 observe 관찰하다 flaw 실수, 결점 weakness 약점 personality 성격 role model 본보기 at the expense of ~을 희생하면서

10. 정답 ③

해석

모든 레스토랑은 맛있는 음식과 풍성한 디저트의 생생한

이미지를 떠올리게 하는 엄선된 단어들을 사용하여 잠재 고객을 특정 레스토랑으로 끌어들이고 있습니다. 레스토랑처럼 자연에도 고유한 식당들이 있습니다. 레스토랑이 많은 고객을 유치하는 데 재정적으로 의존하는 것처럼(유사한 방식으로), 자연계(즉, 꽃)의 레스토랑 경영자들도 잠재 고객이 음식을 맛보도록 유도해야 합니다. 자연계에는 배고픈 동물들에게 잠재적인 식사를 홍보할 네온사인이나 화려한 단어가 없습니다. 제가 언급하는 이 레스토랑들은 세상의 꽃이며, 잠재 고객은 꽃꿀과 다른 귀중한 자원을 얻기 위해 꽃을 찾는 유기체입니다. 그들은 문자나 네온사인을 사용하는 대신, 후각이라는 언어를 사용하여 자신들의 음식을 효과적으로 홍보합니다.

해설

레스토랑은 고객을 유인하기 위해 맛있는 음식과 풍성한 디저트의 생생한 이미지를 떠올리게 하는 문자나 네온사인을 사용하지만, 꽃은 유기체를 유인하기 위해 후각이라는 언어를 사용하여 자신들의 음식을 홍보한다는 내용의 글이다. 따라서 글의 요지로 가장 적절한 것은 ③ '꽃은 생물을 유인하기 위해 냄새라는 광고 수단을 사용한다.'이다.

어휘

vivid 생생한 evoke 불러일으키다 potential 잠재적인 particular 특정한 establishment 시설, 식당 financial 재정적인 dependence 의존 restaurateur 레스토랑 점주 attract 유혹하다 flashy 화려한 potential 잠재적인 refer to 언급하다 nectar 꽃꿀 valuable 귀중한 resource 자원 instead of ~대신에

11. 정답 ①

해석

당신은 1년 후에 1,000달러를 받을 것인가 아니면 1년 1개월 후에 1,100달러를 받을 것인가? 대부분의 사람들은 13개월 후 더 큰 금액을 선택할 것이다—10퍼센트의 월 이율을 다른 어느 곳에서 찾을 것인가. 현명한 선택인데, 왜냐하면 추가로 몇 주를 기다림으로써 당신이 직면하는 어떤 위험에 대해서도 이자가 당신에게 충분히 보상해 줄 것이기 때문이다. 두 번째 질문: 당신은 오늘 당장 현금 1,000달러를 선호하는가 아니면 한 달 후 1,100달러를 선호하는가? 만약 당신이 대부분의 사람들처럼 생각한다면, 당신은 즉시 1,000달러를 가져갈 것이다. 이는 놀랍다. 두 경우 모두, 당신이 한 달만 더 오래 기다린다면, 100달러를 더 받는다. 첫 번째 경우, 그것은 충분히 간단하다. 당신은 판단한다: "나는 이미 12개월을 기다렸어; 한 달 더가 뭐라고?" 두 번째 경우는 아니다. '지금'의 도입은 우리가 일관되지 않은 결정을 내리게 만든다. 과학은 이러한 현상을 하이퍼볼릭 디스카운팅(hyperbolic discounting)이라고 부른다. 보상이 더 가까울수록, 우리의 '감정적 이율'이 더 높이 상승하고 우리는 그것을 대가로 더 기꺼이 포기하려 한다.

① 보상 즉시성이 의사결정에 미치는 영향

② 경제적 이익을 평가하는 데 있어 위험 인식의 역할

③ 경제 안정을 위한 단기 투자의 단점

④ 자금 관리와 미래 성공 간의 연관성

⑤ 재정적 보상과 정서적 보상의 균형 필요성

해설

사람들은 먼 미래의 보상에 대해서는 기다릴 가치가 있다고 판단하지만, '지금 당장' 받을 수 있는 보상이 등장하면 기다리는 대신에 즉각적인 만족을 선택하는 경향이 있고, 같은 한 달 차이임에도 현재가 개입되면 판단이 달라지는 이유는, 보상이 가까울수록 우리가 적용하는 감정적 이자율이 급격히 상승하기 때문이라는 내용의 글이다. 따라서 글의 주제로 가장 적 절한 것은 ① 'the impact of reward immediacy on decision-making(보상 즉시성이 의사결정에 미치는 영향)'이다.

어휘

opt for ~을 선택하다 sum 금액, 액수 interest rate 이율 compensate 보상하다 generously 충분히, 관대하게 face 직면하다 right away 즉시 hold out 기다리다 figure 판단하다 introduction 도입 inconsistent 일관되지 않은

12. 정답 ⑤

해석

아이가 왼손잡이가 될지 오른손잡이가 될지가 발달 과정에서 언제 실제로 결정되는지에 대한 질문의 답은 잘 쓰

는 쪽 손(handedness)의 발달을 이해하는 데 있어서 매우 중요하다. 잘 쓰는 쪽 손은 아이가 글쓰기를 배우는, 초등학교에서 확실히 결정될 수 있다고만 오랫동안 생각되었다. 그러나, 이 가정은 잘못되었다. 사실, 과학적 연구들은 왼손을 잘 쓰는 것은 많은 아이들에게 초등학교 훨씬 이전에 확립된다는 것을 보여 준다—흥미롭게도, 대부분의 사람에게는 심지어 출생 전에, 그러한 연구들에서, 자궁에서 태아의 손과 팔의 움직임이 초음파 이미지를 사용하여 기록된다. 이 기술을 사용하여, 오른팔 움직임에 대한 명확한 선호가 수정 후 10주만큼 일찍 존재한다는 것이 밝혀졌다. 이 연구에서는, 수정 후 10주가 된 72명의 태아의 초음파 이미지가 평가되었고 85%가 왼팔보다 오른팔의 더 많은 움직임을 보였다. 이 수치는 이미 성인들 중 약 89.4%의 오른손잡이에 매우 근접하다.

① 잘 쓰는 쪽 손은 왜 환경에 의해 영향을 받을까?
② 창의력을 높이려면 덜 사용하는 손을 더 많이 써라!
③ 지능의 근원을 밝히기 위한 과학적 노력
④ 잘 쓰는 쪽 손, 특별한 재능을 결정짓는 핵심 요소
⑤ 잘 쓰는 쪽 손 시계: 실제로는 언제 시작될까?

해설

오랫동안 아이가 오른손잡이가 될지 왼손잡이가 될지는 글쓰기를 배우는 초등학교에서 결정된다고 생각했지만, 과학적 연구에 따르면 자궁 안에 있는 아기들을 대상으로 움직임을 관찰한 결과 수정 후 10주가 되면 아이들이 왼손잡이가 될지, 오른손잡이가 될지 결정된다는 내용의 글이다. 따라서 글의 제목으로 가장 적절한 것은 ⑤ 'The Handedness Clock: When Does It Actually Begin?(잘 쓰는 쪽 손 시계: 실제로는 언제 시작될까?)'이다.

어휘

development 발달, 성장 handedness 잘 쓰는 쪽 손, 손잡이 reliably 신뢰할 수 있게 establish 확립하다 womb 자궁 ultrasound 초음파 preference 선호 evaluate 평가하다 fertilization 수정 approximately 대략

8. 문맥 파악

1) 특징

문맥상 낱말이 적절하지 않은 유형은 수능영어의 30번 문제로, 문장의 논리 흐름, 의미관계, 감정/뉘앙스 중 하나라도 깨지는 단어를 찾는 유형이다.

즉, 전체 맥락 속 앞, 뒤 논리와 톤(tone)이 어긋나는 단어가 정답이다.

핵심: "통하지 않는 단어" = 정답(정답은 '어색한 단어' 하나뿐이다.)

2) 문제풀이 순서

step 1. 어휘의 "뉘앙스"가 문맥과 맞는 지 확인

한 문장만 보지 말고 최소 해당 문장의 앞뒤를 읽고 → 현재 흐름이 "설명인가? 대비인가? 강조인가? 예시인가" 파악

긍정/부정, 강한/약한, 전문적/일상적 톤이 문맥과 일치하는지 비교

- 글은 긍정적 → disastrous는 부적절
- 글은 조심스러운 주장 → obviously같은 확신 표현은 부적절

step 2. 논리관계(인과/역접/나열/비교)를 확인

- however 뒤에는 앞과 반대 관점
- therefore 뒤에는 앞의 원인에 대한 결과
- for example은 앞에 막연한 진술을 뒤에서 구체적으로 설명

step 3. 앞뒤 문단의 흐름을 고려

수능에서는 문장 하나만 보는 것이 아니라 문단 전체의 논지와 어울리는지가 중요

- 문제 제기 → 해결책
- 장점 소개 → 한계 제시
- 통념 → 반박

step 4. "대조 어휘"를 체크하여 비정상 단어를 찾기

- reduce - increase
- strengthen - weaken
- alleviate - aggravate
- facilitate - hinder

예시

1. 다음 글의 밑줄 친 부분 중, 문맥상 낱말의 쓰임이 적절하지 않은 것은?

Those who limit themselves to Western scientific research have virtually ① ignored anything that cannot be perceived by the five senses and repeatedly measured or quantified. Research is dismissed as superstitious and invalid if it cannot be scientifically explained by cause and effect. Many continue to ② object with an almost religious passion to this cultural paradigm about the power of science—more specifically, the power that science gives them. By dismissing non-Western scientific paradigms as inferior at best and inaccurate at worst, the most rigid members of the conventional medical research community try to ③ counter the threat that alternative therapies and research pose to their work, their well-being, and their worldviews. And yet, biomedical research cannot explain many of the phenomena that ④ concern alternative practitioners regarding caring-healing processes. When therapies such as acupuncture or homeopathy are observed to result in a physiological or clinical response that cannot be explained by the biomedical model, many have tried to ⑤ deny the results rather than modify the scientific model.

* acupuncture 침술

** homeopathy 동종 요법

정답 ②

해석

서양의 과학 연구에 국한된 사람들은 오감으로 감지할 수 없고 반복적으로 측정하거나 정량화할 수 없는 것은 무엇이든 거의 무시해 왔다. 연구는, 원인과 결과에 의해 과학적으로 설명될 수 없으면, "미신적이고 무효한 것"으로 일축된다. 많은 사람이 과학의 힘, 더 구체적으로 과학이 그들에게 주는 힘에 대한 이 문화적 패러다임울 거의 종교적 열정을 가지고 계속 ② 반대한다(집착한다). 비서양의 과학적 패러다임을 기껏해야 열등하고 최악의 경우 부정확하다고 일축함으로써, 종래의 서양 의학 연구 단체의 가장 완고한 구성원들은 대체 의학 요법과 연구가 자신들의 연구, 자신들의 행복, 그리고 자신들의 세계관에 가하는 위협에 반격하려 한다. 그럼에도 불구하고, 생물 의학 연구는 돌봄 치료 과정과 관련하여 대체 의학 시술자들과 관련된 현상 중 많은 것에 대해 설명할 수 없다. 침술이나 동종 요법 같은 치료법이 생물 의학적 모델에 의해 설명될 수 없는 생리적 또는 임상적 반응을 초래하는 것이 관찰될 때, 많은 사람이 과학적인 모델을 수정하기보다는 그 결과를 부정하려 애써 왔다.

해설

문맥상 낱말을 적절하지 않은 것을 고르는 유형은 글의 논리적 흐름을 파악하고 그 흐름에 어긋나는 어휘를 찾아야 한다. 서양의 과학자들은 측정 및 설명이 되지 않는 것을 무시하고 이를 미신적이고 무효한 것으로 일축한다는 내용이므로 과학을 맹신하는 경향이 있으므로 이런 문화적 패러다임을 반대하는 것이 아니라 집착한다는 내용이 되어야 한다. 따라서 object to가 아니라 cling(adhere) to로 바꿔야 한다.

연습문제

1. 다음 글의 밑줄 친 부분 중, 문맥상 낱말의 쓰임이 적절하지 않은 것은?

There are reasons why science is not fully trusted and why healthy skepticism and critical thinking are essential. In spite of professional standards, claims of objectivity, and the peer review process, the conduct of science can be ① biased. All experts are not the same, nor do they submit their work to the same scrutiny. Knowing the source of funding can be ② important in evaluating scientific claims. For example, the Harvard researchers who made claims in the late 1960s about the problems with dietary fat, leading the nation away from perceiving sugar as one of the main causes in health problems, were funded in part by the sugar industry. The authors did not reveal their funding source to the New England Journal of Medicine, where their ③ influential article appeared. Their article shaped a generation of changes in eating patterns that appear to have ④ discouraged higher use of sugar, now widely implicated as a source of the rise in obesity and diabetes. Stories such as this one fuel suspicion—but also lead to further safeguards in the scientific process. Funding ⑤ disclosures, although not required five decades ago, have since been made compulsory.

* skepticism 회의주의

** scrutiny 심층 조사

*** implicate 관련이 있음을 알려 주다

2. 다음 글의 밑줄 친 부분 중, 문맥상 낱말의 쓰임이 적절하지 않은 것은?

Emotion socialization—learning from other people about emotions and how to deal with them—starts early in life and plays a foundational role for emotion regulation development. Although extra-familial influences, such as peers or media, gain in importance during adolescence, parents remain the ① primary socialization agents. For example, their own responses to emotional situations serve as a role model for emotion regulation, increasing the likelihood that their children will show ② similar reactions in comparable situations. Parental practices at times when their children are faced with emotional challenges also impact emotion regulation development. Whereas direct soothing and directive guidance of what to do are beneficial for younger children, they may ③ cultivate adolescents, autonomy striving. In consequence, adolescents might pull away from, rather than turn toward, their parents in times of emotional crisis, unless parental practices are ④ adjusted. More suitable in adolescence is ⑤ indirect support of autonomous emotion regulation, such as through interest in, as well as awareness and nonjudgmental acceptance of, adolescents, emotional experiences, and being available when the adolescent wants to talk.

3. 다음 글의 밑줄 친 부분 중, 문맥상 낱말의 쓰임이 적절하지 않은 것은?

Robert Blattberg and Steven Hoch noted that, in a changing environment, consistency is not always a virtue and that one advantage of human judgement is the ability to detect change. Thus, in changing environments, it might be ① advantageous to combine human judgment and statistical models. Blattberg and Hoch examined this possibility by having supermarket managers forecast demand for certain products and then creating a composite forecast by averaging these judgments with the forecasts of statistical models based on ② past data. The logic was that statistical models ③ deny stable conditions and therefore cannot account for the effects on demand of novel events such as actions taken by competitors or the introduction of new products. Humans, however, can ④ incorporate these novel factors in their judgments. The composite—or average of human judgments and statistical models—proved to be more ⑤ accurate than either the statistical models or the managers working alone.

* composite 종합적인; 종합된 것

4. 다음 글의 밑줄 친 부분 중, 문맥상 낱말의 쓰임이 적절하지 않은 것은?

Because people tend to adapt, interrupting positive things with negative ones can actually increase enjoyment. Take commercials. Most people hate them, so ① removing them should make shows or other entertainment more enjoyable. But the opposite is true. Shows are actually ② more enjoyable when they're broken up by annoying commercials. Because these less enjoyable moments break up adaptation to the ③ positive experience of the show.

Think about eating chocolate chips. The first chip is delicious; sweet, melt-in-your-mouth goodness. The second chip is also pretty good. But by the fourth, fifth, or tenth chip in a row, the goodness is no longer as pleasurable. We adapt. Interspersing positive experiences with less positive ones, however, can ④ accelerate adaptation. Eating a Brussels sprout between chocolate chips or viewing commercials between parts of TV shows disrupts the process. The less positive moment makes the ⑤ following positive one new again and thus more enjoyable.

* intersperse 흩뿌리다

** Brussels sprout 방울 양배추

5. 다음 글의 밑줄 친 부분 중, 문맥상 낱말의 쓰임이 적절하지 않은 것은?

Over the past several decades, there have been some agreements to reduce the debt of poor nations, but other economic challenges (like trade barriers) ① remain. Nontariff trade measures, such as quotas, subsidies, and restrictions on exports, are increasingly prevalent and may be enacted for policy reasons having nothing to do with trade. However, they have a ② discriminatory effect on exports from countries that lack the resources to comply with requirements of nontariff measures imposed by rich nations. For example, the huge subsidies that ③ poor nations give to their farmers make it very difficult for farmers in the rest of the world to compete with them. Another example would be domestic health or safety regulations, which, though not specifically targeting imports, could ④ impose significant costs on foreign manufacturers seeking to conform to the importer's market. Industries in developing markets may have more ⑤ difficulty absorbing these additional costs.

* nontariff 비관세의

** subsidy 보조금

6. 다음 글의 밑줄 친 부분 중, 문맥상 낱말의 쓰임이 적절하지 않은 것은?

Although empathy is widely praised by scholars and public figures, not everyone is an empathy booster. Critics of empathy argue that empathy will not save us from interpersonal and intergroup conflict. In fact, they argue, empathy makes such conflicts ① worse. These critics maintain that empathy can be exhausting and lead to burnout or insensitivity to suffering. They argue that we tend to empathize strongly with our in-group and ② resist, empathizing with out-groups, and even enjoy the suffering of out-groups in competitive or threatening contexts. Thus, the prescription for more empathy is often ③ efficient in cases of conflict. Empathy, they argue, can further encourage conflict and force us into an us vs. them mentality. Finally, even when we try to empathize with others who are dissimilar from us or in unfamiliar contexts, sometimes we are ④ unable to accurately empathize with their experiences, causing further misunderstandings and frustration. Critics of empathy argue that we should give up on empathy and employ other tools in ⑤ pursuit of social harmony, e.g.,rational compassion or moral emotions like fear, anger, and shame.

7. 다음 글의 밑줄 친 부분 중, 문맥상 낱말의 쓰임이 적절하지 않은 것은?

The first human beings probably evolved in tropical regions where survival was possible without clothing. It is likely that they had very dark skin because light skin would have given ① little protection against the burning rays of the sun. There is a debate about whether these people spread into other parts of the world or, instead, whether people developed independently in various parts of the world. Whichever the case, it is believed that in time they became ② capable of spreading out from Africa, eventually to most of the world. This was probably because their ③ physical characteristics changed. For instance, early hominids probably did not walk upright, but when they developed that ability, they could travel more efficiently. More important, perhaps, was their ④ development of tool making. With tools, they could hunt other animals, so they could consume more protein and fat than their low-energy vegetarian diet would have provided. Not only their bodies but also their brains would have been changed with more energy. The brain needs lots of energy to grow. As their diet ⑤ reduced, hominids could physically and intellectually expand their territory.

* hominid 인류

8. 다음 글의 밑줄 친 부분 중, 문맥상 낱말의 쓰임이 적절하지 않은 것은?

The "jolt" of caffeine does wear off. Caffeine is ① removed from your system by an enzyme within your liver, which gradually degrades it over time. Based in large part on genetics, some people have a more efficient version of the enzyme that degrades caffeine, ② allowing the liver to rapidly clear it from the bloodstream. These rare individuals can drink an espresso with dinner and fall fast asleep at midnight without a problem. Others, however, have a slower-acting version of the enzyme. It takes far ③ longer for their system to eliminate the same amount of caffeine. As a result, they are very ④ insensitive to caffeine's effects. One cup of tea or coffee in the morning will last much of the day, and should they have a second cup, even early in the afternoon, they will find it difficult to fall asleep in the evening. Aging also ⑤ alters the speed of caffeine clearance. The older we are, the longer it takes our brain and body to remove caffeine, and thus the more sensitive we become in later life to caffeine's sleep-disrupting influence.

* jolt 충격

** enzyme 효소

수능대비

1. 다음 글의 밑줄 친 부분 중, 문맥상 낱말의 쓰임이 적절하지 않은 것은?

Near the equator, many species of bird breed all year round. But in temperate and polar regions, the breeding seasons of birds are often sharply ① defined. They are triggered mainly by changes in day length. If all goes well, the outcome is that birds raise their young when the food supply is at its peak. Most birds are not simply ② reluctant to breed at other times but they are also physically incapable of doing so. This is because their reproductive system ③ shrinks, which helps flying birds save weight. The main exception to this rule are nomadic desert species. These can initiate their breeding cycle within days of rain. It's for making the ④ least of the sudden breeding opportunity. Also, different species divide the breeding season up in different ways. Most seabirds raise a single brood. In warm regions, however, songbirds may raise several families in a few months. In an exceptionally good year, a pair of House Sparrows, a kind of songbird, can raise ⑤ successive broods through a marathon reproductive effort.

* nomadic 유목성의

** brood 함께 태어난 새끼들

2. 다음 글의 밑줄 친 부분 중, 문맥상 낱말의 쓰임이 적절하지 않은 것은?

Technology changes how individuals and societies understand the concept of privacy. The fact that someone has a new ability to access information or watch the actions of another does not ① justify doing so. Rather, advances in technology require citizens and policy makers to consider how privacy protections should be expanded. For example, when cameras first became available for commercial and private use, nations and citizens struggled over whether new laws should be enacted to ② protect individuals from being photographed without their permission. The ③ reconsideration of privacy brought about by this new technology re-affirmed a distinction between private and public spaces. It was determined by most cultures that people automatically gave ④ consent to being seen—and thus recorded—once they voluntarily stepped into a public space. Although some people might be uncomfortable with the spread of surveillance cameras, citizens in most cultures have adjusted to the fact that giving up the right not to be observed in these circumstances causes ⑤ more harm to the community than failing to have surveillance.

* surveillance 감시

3. 다음 글의 밑줄 친 부분 중, 문맥상 낱말의 쓰임이 적절하지 않은 것은?

Random errors may be detected by ① repeating the measurements. Furthermore, by taking more and more readings, we obtain from the arithmetic mean a value which approaches more and more closely to the true value. Neither of these points is true for a systematic error. Repeated measurements with the same apparatus neither ② reveal nor do they eliminate a systematic error. For this reason, systematic errors are potentially more ③ dangerous than random errors. If large random errors are present in an experiment, they will manifest themselves in a large value of the final quoted error. Thus, everyone is ④ unaware of the imprecision of the result, and no harm is done—except possibly to the ego of the experimenter when no one takes notice of his or her results. However, the concealed presence of a systematic error may lead to an apparently ⑤ reliable result, given with a small estimated error, which is in fact seriously wrong.

* arithmetic mean 산술 평균

** apparatus 도구

4. 다음 글의 밑줄 친 부분 중, 문맥상 낱말의 쓰임이 적절하지 않은 것은?

One of the most productive strategies to build customer relationships is to increase the firm's share of customer rather than its market share. This strategy involves abandoning the old notions of ① acquiring new customers and increasing transactions to focus instead on more fully serving the needs of existing customers. Financial services are a great example of this. Most consumers purchase financial services from ② different firms. They bank at one institution, purchase insurance from another, and handle their investments elsewhere. To ③ solidify this purchasing pattern, many companies now offer all of these services under one roof. For example, Regions Financial Corporation offers retail and commercial banking, trust, mortgage, and insurance products to customers in a network of more than 1,500 offices. The company tries to more fully serve the financial needs of its ④ current customers, thereby acquiring a larger share of each customer's financial business. By creating these types of relationships, customers have ⑤ little incentive to seek out competitive firms to fulfill their financial service's needs.

5. 다음 글의 밑줄 친 부분 중, 문맥상 낱말의 쓰임이 적절하지 않은 것은?

It's likely that for a very long-time people managed to survive with draped animal pelts and then began roughly sewing these together. Ultimately, though, the ① advantages of using woven fabric for clothing would have become obvious. A fur pelt offers ② inadequate thermal protection if someone is sitting still, but once on the move or in strong winds, this is less true, because pelts aren't shaped close to the body. The more air gets between the body and the clothing, the less effective it is at trapping an insulating layer of air close to the skin. In fact, the insulating properties of clothing ③ decrease very much when walking quickly. Clothing also needs to be breathable, because damp clothes are bad at keeping the wearer warm and become very heavy. Woven fabrics are more breathable than fur and, when specifically tailored to the body, make excellent internal layers, ④ preventing cold air from getting direct access to the skins surface. Thus, the ability to create woven clothing would have offered material advantages to our early ancestors once they had left Africa for ⑤ cooler areas.

* drape 걸치다
** thermal 열의
*** insulate 단열하다

6. 다음 글의 밑줄 친 부분 중, 문맥상 낱말의 쓰임이 적절하지 않은 것은?

In recent years urban transport professionals globally have largely acquiesced to the view that automobile demand in cities needs to be managed rather than accommodated. Rising incomes inevitably lead to increases in motorization. Even without the imperative of climate change, the physical constraints of densely inhabited cities and the corresponding demands of accessibility, mobility, safety, air pollution, and urban livability all ① limit the option of expanding road networks purely to accommodate this rising demand. As a result, as cities develop and their residents become more prosperous, ② persuading people to choose not to use cars becomes an increasingly key focus of city managers and planners. Improving the quality of ③ alternative options, such as walking, cycling, and public transport, is a central element of this strategy. However, the most direct approach to ④ accommodating automobile demand is making motorized travel more expensive or restricting it with administrative rules. The contribution of motorized travel to climate change ⑤ reinforces this imperative.

* acquiesce 따르다
** imperative 불가피한 것
*** constraint 압박

7. 다음 글의 밑줄 친 부분 중, 문맥상 낱말의 쓰임이 적절하지 않은 것은?

Sport can trigger an emotional response in its consumers of the kind rarely brought forth by other products. Imagine bank customers buying memorabilia to show loyalty to their bank, or consumers ① identifying so strongly with their car insurance company that they get a tattoo with its logo. We know that some sport followers are so ② passionate about players, teams and the sport itself that their interest borders on obsession. This addiction provides the emotional glue that binds fans to teams, and maintains loyalty even in the face of on-field ③ failure. While most managers can only dream of having customers that are as passionate about their products as sport fans, the emotion triggered by sport can also have a negative impact. Sport's emotional intensity can mean that organizations have strong attachments to the past through nostalgia and club tradition. As a result, they may ④ increase efficiency, productivity and the need to respond quickly to changing market conditions. For example, a proposal to change club colors in order to project a more attractive image may be ⑤ defeated because it breaks a link with tradition.

* memorabilia 기념품

** obsession 집착

8. 다음 글의 밑줄 친 부분 중, 문맥상 낱말의 쓰임이 적절하지 않은 것은?

Chunking is vital for cognition of music. If we had to encode it in our brains note by note, we'd ① struggle to make sense of anything more complex than the simplest children's songs. Of course, most accomplished musicians can play compositions containing many thousands of notes entirely from ② memory, without a note out of place. But this seemingly awesome accomplishment of recall is made ③ improbable by remembering the musical process, not the individual notes as such. If you ask a pianist to start a Mozart sonata from bar forty-one, she'll probably have to ④ mentally replay the music from the start until reaching that bar—the score is not simply laid out in her mind, to be read from any random point. It's rather like describing how you drive to work: you don't simply recite the names of roads as an abstract list, but have to construct your route by mentally retracing it. When musicians make a mistake during rehearsal, they wind back to the ⑤ start of a musical phrase ('let's take it from the second verse') before restarting.

* chunking 덩어리로 나누기

** bar (악보의) 마디

정답 및 해설

연습문제

1. 정답 ④

해석

왜 과학이 완전히 신뢰받지 못하는지, 그리고 왜 건강한 회의주의와 비판적 사고가 필수적인지에는 이유가 있다. 전문적인 기준, 객관성에 대한 요구, 동료 검토 과정에도 불구하고, 과학의 실행은 편향적일 수 있다. 모든 전문가가 동일하지 않으며, 그들이 자신의 연구를 심층조사를 따르게(거치게) 하는 것도 아니다. 자금 조달의 출처를 아는 것은 과학(분야)의 주장을 평가할 때 중요할 수 있다. 예를 들어, 1960년대 후반에 식용 지방의 문제점에 관하여 설탕이 건강 문제의 주요 원인 중 하나라는 인식을 전 국민이 못 하게 만든 하버드의 연구자들은 설탕 업계로부터 일부 자금을 지원받았다. 그 저자들은 'New England Journal of Medicine'에 자금 출처를 공개하지 않았는데, 거기에 그들의 영향력 있는 논문이 실렸다. 더 많은 설탕의 사용을 ④ 저지한(→ 조장한) 것으로 보이는 그들의 논문은 식습관 변화의 시대를 만들어 냈는데, 지금은 (설탕이) 비만과 당뇨병 증가의 원인으로써 널리 알려졌다. 이와 같은 이야기는 의심을 부채질했을 뿐만 아니라 과학의 절차에 추가적인 안전장치를 이끌어 냈다. 자금 조달의 출처 공개는 비록 50년 전에는 요구되지 않았지만. 이후 의무화되었다.

해설

과학은 객관적이고 전문적인 절차를 따르지만, 실제로는 편향적일 수 있고, 특히 누가 자금을 지원했는지에 따라 결과가 달라질 수도 있다. 예를 들어 1960년대 설탕 산업의 자금 지원을 받은 연구자들이 지방만 문제 삼고, 설탕이 건강 문제의 주요 원인 중 하나라는 인식을 못하게 하는 논문을 작성하게 되었는데 이는 설탕 사용을 저지한 것이 아니라 조장한 것으로 봐야 하므로, ④ 'discouraged(저지한)'를 'fostered(조장한)/encouraged(장려한)' 등의 어휘로 고쳐야 한다.

어휘

skepticism 회의주의 critical 비판적인 professional 전문적인 standard 기준 objectivity peer 동료 객관성 biased 편향적인 scrutiny 심층조사 dietary 식용의 perceive 인식하다 article 논문 implicate 관련이 있음을 알려 주다 obesity 비만 diabetes 당뇨병 fuel 부채질하다, 연료 공급하다 safeguard 안전장치 disclosure 공개 compulsory 의무적인

2. 정답 ③

해석

다른 사람들로부터 감정과 감정을 다루는 방법을 배우는 감정 사회화는 어릴 때부터 시작되며 감정 조절 발달에 기초적인 역할을 한다. 청소년기에는 또래나 미디어와 같은 가족 이외의 영향이 중요해지지만, 부모는 여전히 주된 사회화 주체이다. 예를 들어, 감정적 상황에 대한 부모 자신의 반응이 감정 조절의 롤모델이 되어 자녀가 비슷한 상황에서 유사한 반응을 보일 가능성을 높인다. 자녀가 정서적 어려움에 직면했을 때 부모의 (습관적) 행동 또한 감정 조절 발달에 영향을 미친다. 직접적인 위로와 어떻게 해야 하는지에 대한 지시적 안내가 어린 자녀에게는 도움이 되지만. 청소년의 자율성 추구를 ③ 장려할 수(→ 방해할 수) 있다. 결과적으로 부모의 행동이 조정되지 않는다면, 청소년은 정서적 위기 상황에서 부모에게 의지하기보다 오히려 부모로부터 멀어질 수 있다. 청소년기에 더 적합한 것은 청소년의 정서적 경험에 대한 인식과 무비판적 수용뿐만 아니라 (그에 대한) 관심을 통해서와 같은, 그리고 청소년이 대화하고 싶을 때 곁에 있어 주는 것과 같은 방법으로 자율적 감정 조절을 간접적으로 지원하는 것이다.

해설

다른 사람들로부터 감정과 감정을 다루는 방법을 배우는 감정 사회화는 부모의 영향을 가장 많이 받게 되는데, 아주 어린 자녀에게는 부모의 직접적인 위로와 지시적 안내가 도움이 되지만, 청소년기에는 청소년의 자율성 추구를 방해할 수 있으므로, 부모가 간접적으로 지원하는

것이 필요하다는 내용의 글이다. 따라서 ③ 'cultivate(장려하다)'를 'intrude on(방해하다)' 등의 어휘로 바꿔야 한다.

어휘

socialization 사회화 foundational 기초적인 regulation 조절 extrafamilial 가족 이외의 adolescence 청소년기 primary 주된 agent 주체, 행위자 likelihood 가능성 comparable 비슷한 practice (습관적) 행동 whereas 반면에 soothing 위로 directive 지시적인 beneficial 도움이 되는 autonomy 자율성 striving 추구 turn toward ~에 의지하다 adjust 조정하다 suitable 적합한 awareness 인식 nonjudgmental 무비판적

3. 정답 ③

해석

Robert Blattberg와 Steven Hoch는 변화하는 환경에서 일관성이 항상 장점인지가 분명하지 않다는 것과 인간이 판단하는 것의 이점 중 하나는 변화를 감지하는 능력이라는 것에 주목했다. 따라서 변화하는 환경에서는 인간의 판단과 통계 모델들을 결합하는 것이 유리할 수 있다. Blattberg와 Hoch는 슈퍼마켓 관리자들에게 특정한 제품에 대한 수요를 예측하게 한 다음, 이 판단을 지난 데이터에 근거한 통계 모델의 예측과 평균을 내어 종합적인 예측을 생성해 봄으로써 이러한 가능성을 검토했다. (그들의) 논리는 통계 모델들은 변동이 없는 조건을 ③ 부정하기(→ 가정하기) 때문에 경쟁자들에 의해 취해진 행동이나 신제품의 도입과 같은 새로운 사건이 수요에 미치는 영향을 설명할 수 없다는 것이었다. 그러나 인간은 이러한 새로운 요인들을 자신들의 판단에서 통합할 수 있다. 종합된 것, 즉 인간의 판단과 통계 모델의 평균이 통계 모델이나 관리자들이 단독으로 처리하는 것보다 더 정확하다는 것이 증명되었다.

해설

통계 모델은 과거의 데이터를 근거하여 일관성이 있는 반면에 새로운 사건에 대처할 수 없지만, 인 간은 이러한 새로운 요인들을 판단할 수 있기 때문에, 둘을 각각 단독으로 처리하는 것보다 통계 모델과 인간의 판단을 결합하는 것이 유리하다는 내용의 글이다. 밑줄 친 ③ 뒤에서 '(통계 모델이) 경쟁자들에 의해 취해진 행동이나 신제품의 도입과 같은 새로운 사건이 수요에 미치는 영향을 설명할 수 없다'고 했으므로 통계 모델은 변동이 없는 조건을 부정하는 것이 아니라 가정한다고 해야 하므로 ③ 'deny(부정하다)'를 'assume(가정하다)' 등의 어휘로 바꿔야 한다.

어휘

consistency 일관성 virtue 장점, 미덕 judgment 판단 ability 능력 detect 감지하다 advantageous 유리한 statistical 통계의 examine 조사하다 possibility 가능성 stable 변동이 없는, 안정된 account for ~을 설명하다 novel 새로운 competitor 경쟁자

4. 정답 ④

해석

사람들은 적응하는 경향이 있기 때문에 긍정적인 것을 부정적인 것으로 방해하는 것이 실제로는 즐거움을 향상시킬 수 있다. 광고를 예로 들어 보자. 대부분의 사람들은 그것들을 싫어해서, 그것들을 제거하는 것이 쇼나 다른 오락물을 더 즐겁게 만들 수 있다. 하지만 그 반대가 사실이다. 쇼는 그것들이 성가신 광고들에 의해 중단될 때 실제로 더 즐거워진다. 왜냐하면 이러한 덜 즐거운 순간들이 쇼의 긍정적인 경험에 대한 적응을 깨뜨리기 때문이다. 초콜릿 칩을 먹는 것을 생각해 보라. 첫 번째 칩은 맛있다: 달콤하고, 입안에서 살살 녹는 좋은 맛. 두 번째 칩도 꽤 맛있다. 하지만 네 번째, 다섯 번째, 혹은 열 번째 칩을 연속으로 먹으면 그 좋은 맛은 더 이상 즐겁지 않다. 우리는 적응한다. 그러나, 긍정적인 경험들에 덜 긍정적인 경험들을 간격을 두고 배치하는 것은 적응을 ④ 빠르게 할(→ 늦출 수) 있다. 초콜릿 칩 사이에 방울양배추를 먹거나 TV 쇼의 파트 사이에 광고를 보는 것은 이 과정을 방해한다. 덜 긍정적인 순간은 뒤에 오는 긍정적인 순간을 다시 새롭게 만들어서 더 즐겁게 만든다.

해설

사람들은 적응하는 경향이 있어서 긍정적인 경험도 계속되게 되면 그 즐거움이 덜해지므로, 부정적인 것으로 적응을 방해함으로써, 긍정적인 경험의 즐거움을 더 향상시킬 수 있다는 내용의 글이다. 따라서 긍정적인 경험들

에 덜 긍정적인 경험들을 배치하는 것은 적응을 빠르게 하는 것이 아니라 느리게 할 수 있다고 해야 하므로, ④ 'accelerate(빠르게 하다)'를 'slow down(속도를 늦추다)' 등의 어휘로 바꿔야 한다.

어휘

adapt 적응하다 interrupt 방해하다, 가로막다 commercial (상업)광고 broken up 중단되다 melt-in-your-mouth 입안에서 살살 녹는 adaptation 적응 in a row 연속적으로 pleasurable 즐거운 disrupt 방해하다

5. 정답 ③

해석

지난 수십 년에 걸쳐서 가난한 나라들의 부채를 줄이려는 몇 가지 합의가 있었지만, 다른 경제적 과제(무역 장벽과 같은)는 남아 있다. 할당량, 보조금, 수출 제한과 같은 비관세 무역 조치들이 점점 더 널리 퍼지고 있으며 무역과 무관한 정책적 이유로 제정될 수 있다. 하지만 그것들은 부유한 국가들에 의해 부과된 비관세 조치의 요건을 준수할 자원이 부족한 국가들의 수출에 차별적인 영향을 미친다. 예를 들면, ③ 가난한(→ 부유한) 국가들이 자국의 농부들에게 주는 엄청난 보조금은 전 세계 나머지 국가들의 농부들이 그들과 경쟁하는 것을 매우 어렵게 만든다. 또 다른 예는 국내 보건 혹은 안전 규제인데, 이것은, 구체적으로 수입을 목표로 삼진 않지만, 수입자 시장에 순응하고자 하는 외국 제조업체에 상당한 비용을 부과할 수 있다. 개발도상국 시장의 산업은 이런 추가 비용을 부담하는 많은 어려움을 겪을 수 있다.

해설

비관세 무역 조치들이 부유한 국가들이 부과한 비관세 조치의 요건을 준수할 자원이 부족한 국가들의 수출에 나쁜 영향을 미친다고 했으므로, 부유한 국가가 자국의 농부에게 주는 엄청난 보조금이 나머지 국가들의 농부들이 그들과 경쟁하는 것을 어렵게 만든다고 해야 한다. 따라서 ③ 'poor(가난한)'를 'rich(부유한)'와 같은 낱말로 바꿔 써야 한다.

어휘

decade 10년 barrier 장벽, 장애물 remain 남아 있다 measure 조치 quota 할당량 subsidy 보조금 restriction 제한 export 수출 prevalent 널리 퍼져 있는 enact 제정하다 have nothing to do with ~와 관계가 없다 have an effect on ~에 영향을 미치다 discriminatory 차별적인 lack 부족 impose 부과하다 domestic 국내의 significant 상당한 manufacturer 제조사 conform 따르다, 순응하다 have difficulty ~ing ~에 어려움을 겪다

6. 정답 ③

해석

공감은 학자들과 유명 인사들에 의해 널리 칭송받지만, 모든 사람이 공감을 지지하는 사람인 것은 아니다. 공감에 대해 비판하는 사람들은 공감이 사람 간 그리고 집단 간 갈등으로부터 우리를 구해 주지 않을 것이라고 주장한다. 사실, 그들은 공감이 그러한 갈등을 더 악화시킨다고 주장한다. 이런 비평가들은 공감은 소모적일 수 있으며, 번아웃 또는 고통에 대한 무감각으로 이어질 수 있다고 주장한다. 그들은 우리가 내집단에는 강하게 공감하고 외집단에 대한 공감에는 저항하며, 심지어 경쟁적이거나 위협적인 상황에서는 외집단의 고통을 즐기는 경향이 있다고 주장한다. 따라서, 더 많은 공감을 처방하는 것은 갈등 상황에서 종종 ③ 효율적이다(→ 역효과를 낸다). 그들이 주장하기로는, 공감은 더 나아가 갈등을 조장하고 우리를 우리 대 그들이라는 사고방식으로 몰아넣을 수 있다. 마지막으로, 우리와 다르거나 낯선 상황에 있는 타인에게 공감하려고 할 때조차도, 때때로 우리는 그들의 경험을 정확하게 공감하지 못하고, 그 이상의 오해와 좌절을 유발한다. 공감을 비판하는 사람들은 공감을 포기하고 사회적 조화를 얻기 위해 다른 도구를 이용해야 한다고 주장하는데, 예를 들면 이성적 연민 또는 두려움, 분노, 수치심과 같은 도덕적 감정들이다.

해설

공감이 널리 칭송받지만, 공감에 대해 비판하는 사람들은 공감이 갈등을 해결하지 못하며, 오히려 피로와 둔감함을 유발하고, 갈등 상황에서 종종 역효과를 낸다고 주장한다. 그들은 사회적 조화를 위해 공감 대신 이성적 연민이나 도덕적 감정을 활용해야 한다고 주장한다는 내용의 글이다. 따라서 더 많은 공감을 처방하는 것은 갈등 상황에서 종종 효율적이라는 것은 글의 흐름으로 어색하므로, ③ 'efficient(효율적인)'를 'inefficient(비효율적

인)' 또는 'counterproductive(역효과를 내는)' 등의 어휘로 바꿔야 한다.

어휘

empathy 공감 public figure 유명 인사, 공인 booster 지지자 interpersonal 대인관계의 intergroup 집단 간의 exhausting 지치게 하는 burnout 소진 insensitivity 둔감 suffering 고통 context 문맥 prescription 처방 mentality 사고방식 dissimilar 같지 않은 frustration 좌절 in pursuit of ~을 추구하여 rational 이성적인 compassion 연민, 동정

7. 정답 ⑤

해석

최초의 인간은 아마도 의복 없이 생존이 가능한 열대 지역에서 진화했다. 밝은 피부는 강렬한 태양 광선에 대한 보호를 거의 제공하지 못했을 것이기 때문에 그들은 매우 어두운 피부를 가졌을 가능성이 있다. 이 사람들이 세계의 다른 지역으로 퍼져 나갔는지, 아니면 대신에 사람들이 세계의 다른 지역에서 독립적으로 발생했는지에 대해서는 논쟁이 있다. 어느 경우이든, 언젠가 그들은 아프리카에서부터, 결국 세계 대부분의 지역으로 퍼져 나갈 수 있게 되었다고 믿어진다. 이것은 아마도 그들의 신체적 특성이 바뀌었기 때문일 것이다. 예를 들어, 초기 인류는 아마도 직립 보행을 하지 않았을 것이지만, 그들이 그 능력을 발달시켰을 때, 그들은 더 효율적으로 이동할 수 있었다. 더 중요한 것은 아마도 그들의 도구 제작의 발달이었다. 도구를 이용하여, 그들은 다른 동물을 사냥할 수 있어서, 저에너지 채식 식단이 제공했을 것보다 더 많은 단백질과 지방을 섭취할 수 있었다. 그들의 신체뿐만 아니라 뇌도 더 많은 에너지와 함께 변화되었을 것이다. 뇌는 성장하기 위해 많은 에너지가 필요 하다. 초기 인류의 식단이 ⑤ 축소되면서(→ 확장되면서) 그들은 신체적으로 그리고 지적으로 그들의 영역을 확장할 수 있었다.

해설

최초의 인간은 열대 지역에서 진화하여 세계 대부분의 지역으로 퍼져 나갈 수 있게 되었다고 믿어지는데, 이는 신체적 특성이 바뀌고 도구를 제작할 수 있어서이다. 도구를 이용하여 다른 동물을 섭취할 수 있게 되어서 신체뿐만 아니라 두뇌도 발달하게 되었다는 내용의 글이므로, 인류가 신체적으로 그리고 지적으로 영역을 확장할 수 있었던 것은 인류의 식단이 축소되었기 때문이라는 것은 글의 흐름으로 어색하다. 따라서 ⑤ 'reduced(축소되다)'를 'expanded(확장되다)' 등의 어휘로 바꿔야 한다.

어휘

be capable of ~을 할 수 있다 upright 똑바로 선 efficiently 효율적으로, 능률적으로 consume 섭취하다 intellectually 지적으로

8. 정답 ④

해석

카페인의 '충격'은 확실히 점차 사라진다. 카페인은 여러분의 간 안에 있는 효소에 의해 여러분의 신체로부터 제거되는데, 이 효소는 시간이 지남에 따라 그것을 점진적으로 분해한다. 대체로 유전적 특징 때문에, 어떤 사람들은 카페인을 분해하는 더 효율적인 형태의 효소를 갖고 있는데, 이는 간이 그것을 혈류로부터 더 빠르게 제거할 수 있도록 한다. 이 몇 안 되는 사람들은 저녁과 함께 에스프레소를 마시고도 아무 문제없이 한밤중에 깊이 잠들 수 있다. 그러나 다른 사람들은 더 느리게 작용하는 형태의 효소를 가지고 있다. 그들의 신체가 같은 양의 카페인을 제거하는 데 훨씬 더 오랜 시간이 걸린다. 결과적으로, 그들은 카페인의 효과에 매우 ④ 둔감하다(→ 민감하다) 아침에 마시는 한 잔의 차나 커피는 그날 대부분 동안 지속될 것이고, 심지어 이른 오후라도, 두 번째 잔을 마신다면, 그들은 저녁에 잠드는 것이 어렵다는 것을 알 것이다. 노화는 또한 카페인 제거 속도를 변화시킨다. 즉, 우리가 나이가 들수록 우리의 뇌와 신체가 카페인을 제거하는 것이 더 오래 걸리고, 따라서 우리는 노후에 카페인의 수면을 방해하는 효과에 더 민감해진다.

해설

카페인은 간 안에 있는 효소에 의해 신체로부터 제거되는데 어떤 사람들은 카페인을 분해하는 데 더 효율적인 형태의 효소를 갖고 있어서 간이 이 카페인을 쉽게 제거할 수 있지만, 다른 사람들은 더 느리게 작용하는 효소를 가지고 있어서 카페인을 제거하는 데 더 오랜 시간이

걸리고 결국 이 사람들은 카페인의 효과에 매우 민감하다는 내용의 글이다. 따라서 ④ 'insensitive(둔감한)'를 'sensitive(민감한)' 등의 어휘로 바꿔야 한다.

어휘

caffeine 카페인 wear off 사라지다 remove 제거하다 liver 간 genetics 유전적 특징, 유전학 degrade 분해하다 bloodstream 혈류 eliminate 제거하다 last 지속되다 clearance 제거 disrupt 방해하다

수능대비

1. 정답 ④

해석

적도 근처에서, 새의 많은 종들은 일 년 내내 번식한다. 하지만 온대와 극지방에서는 새들의 번식기들이 대개 뚜렷하게 정해진다. 그것들은 주로 낮의 길이의 변화에 의해 촉발된다. 만약에 모든 것이 잘 진행된다면, 결과는 새들이 먹이 공급이 최고조에 이를 때 새끼들을 기르는 것이다. 대부분의 새들은 다른 때에 번식하기를 단지 꺼리는 것뿐만 아니라 또한 신체적으로 그렇게 할 수 없는 것이다. 이것은 왜냐하면 그들의 번식 기관이 줄어들기 때문이고, 이 사실은 나는 새들이 몸무게를 줄일 수 있도록 도와준다. 유목성 사막 종은 이 규칙의 주요 예외이다. 이들은 비가 오는 날들에 번식 주기를 시작할 수 있다. 그것은 갑작스러운 번식 기회를 ④ 최소한(→ 최대한)으로 활용하기 위한 것이다. 또한, 다른 종들은 번식 기간을 다른 방식으로 나눈다. 대부분의 바닷새들은 한 무리의 함께 태어난 새끼를 기른다. 그러나. 따뜻한 지역에서는, 명금들이 몇 달 안에 여러 자녀들을 기를 수도 있다. 유난히 좋은 해에는 명금의 한 종류인 참새 한 쌍은 마라톤과 같은 번식 노력을 통해 잇따라 태어난 여러 무리의 함께 태어난 새끼들을 기를 수 있다.

해설

이 글은 새들의 번식기에 관한 글로, 적도 근처에서는 일 년 내내 번식하고, 온대와 극지방에서는 낮의 길이에 의해 촉발되지만, 예외적으로 유목성 사막 종은 비가 오는 날들에 번식 주기를 시작하는데 이는 갑작스러운 번식 기회를 활용하기 위한 것이라는 내용이다. 따라서 유목성 사막 종들이 갑작스러운 번식 기회를 최소한으로 활용하기 위해 비 오는 날에 번식 주기를 시작한다는 것은 글의 흐름에 모순된다. 따라서 ④ 'least(최소한)'를 'most(최대한)'로 고쳐야 한다. 'make the most of'의 뜻은 '~을 최대한으로 활용하다'이다.

어휘

equator 적도 breed 번식하다 temperate 온대기후의 polar 극지방의 breeding season 번식기 trigger 촉발하다, 유발하다 reluctant 주저하는 reproductive system 번식 기관 nomadic 유목 생활을 하는, 유목성의 initiate 시작하다 seabird 바닷새 brood 함께 태어난 새끼들 songbird 명금(鳴禽) successive 연속적인, 계속적인

2. 정답 ⑤

해석

기술은 개인들과 사회가 사생활의 개념을 이해하는 방식을 변화시킨다. 누군가가 정보에 접근하거나 다른 사람의 행동을 관찰하는 새로운 능력을 갖추고 있다는 사실은 그렇게 하는 것을 정당화하지 않는다. 오히려, 기술의 발전은 시민들과 정책 입안자들이 어떻게 사생활 보호가 확장되어야 하는지 고려할 것을 요구한다. 예를 들어, 카메라들이 상업적이고 사적인 용도로 처음 사용될 수 있게 되었을 때, 국가들과 시민들은 그들의 허가 없이 개인들이 사진에 찍히는 것으로부터 보호하기 위해 새로운 법들이 제정되어야 하는지에 대해 투쟁했다. 이 새로운 기술이 가져온 사생활에 대한 재고는 사적 및 공적 공간의 구별을 재확인했다. 일단 사람들이 자발적으로 공공장소에 발을 들여놓으면, 보여지고, 따라서 녹화되는 것에 자동적으로 동의하는 것으로 대부분의 문화에서 결정되었다. 일부 사람들은 감시 카메라들의 확산을 불편하게 여길지도 모르지만, 대부분의 문화권에 있는 시민들은 이러한 상황에서 관찰되지 않을 권리를 포기하는 것이 감시받지 못하는 것보다 지역 사회에 ⑤ 더 많은(→ 더 적은) 해를 끼친다는 사실에 순응해 왔다.

해설

기술이 발전함에 따라 사생활 보호에 대한 개념이 변화하게 되었고, 이로 인해 사적 및 공적 공간의 구별이 재

확인되었다. 대부분의 문화에서 사람들이 자발적으로 공공장소에 들어가게 되면 보여지고, 녹화되는 것에 자동적으로 동의하는 것으로 간주되는데 이는 관찰되는 것이 감시받지 못하는 것보다 지역사회에 더 적은 해를 끼친다는 사실에 순응해 왔기 때문이라는 내용의 글이다. 따라서 ⑤의 'more(더 많은)'를 'less(더 적은)'로 고쳐 써야 한다.

어휘

access 접근(하다) justify 정당화하다 struggle 고군분투하다 enact 제정하다 bring about ~을 초래하다 affirm 확인하다 distinction 구별 consent 동의 voluntarily 자발적으로 adjust 적응하다

3. 정답 ④

해석

임의 오차는 측정을 반복함으로써 발견될 수 있다. 그뿐만 아니라, 더욱더 많은 측정값을 구함으로써 우리는 참값에 더욱더 가까운 값을 산술 평균으로부터 얻는다. 이 두 사실 중 어떤 것도 계통 오차에는 적용되지 않는다. 동일한 도구를 가지고 반복적으로 측정해도 계통 오차를 드러내거나 제거하지도 않는다. 이런 이유로 계통 오차는 임의 오차보다 점점 더 위험하다. 만약 어떤 실험에서 큰 임의 오차가 존재하면, 그것은 최종적으로 매겨진 오차의 큰 값으로 드러날 것이다. 따라서 모두가 결과의 부정확함을 ④ 모르게(→ 알게) 되는데, 아무도 실험자의 결과에 주목하지 않을 때는 어쩌면 실험자의 자존심에 가해질 수 있는 해 말고는 어떤 해도 가해지지 않는다. 하지만 계통 오차의 숨겨진 존재는, 추정된 오차가 작다면, 언뜻 믿을만한 결과로 이어질 수 있는데, 이것은 실제로 심각하게 잘못된 것이다.

해설

한 실험에서 큰 임의의 오차가 존재하면 최종적으로 오차의 값이 큰 것으로 드러나기 때문에 모두가 결과의 부정확함을 알게 될 것이므로, ④ 'unaware'는 문맥상 적절하지 않다.

어휘

random error 임의 오차, 무작위 오차 detect 발견하다 measurement 측정 reading 측정값 obtain 얻다 systematic error 계통 오차 eliminate 제거하다 manifest 드러내다 quote (값을) 매기다, 견적을 내다 imprecision 부정확함 ego 자존심, 자아 conceal 숨기다 take notice of ~을 주목하다, ~을 알아차리다 presence 존재 apparently 분명히, 명백히 reliable 신뢰도가 높은

4. 정답 ③

해석

고객과의 관계를 구축하기 위한 가장 생산적인 전략들 중 하나는 회사의 시장 점유율보다 그것의 고객 점유율을 높이는 것이다. 이러한 전략은 대신에 기존 고객들의 요구를 더 완벽히 충족시키는 것에 집중하기 위해 신규 고객들을 확보해서 거래를 늘린다는 오래된 인식을 버리는 것을 포함한다. 금융은 이것의 좋은 예시이다. 대부분의 소비자들은 다른 회사들로부터 금융 서비스를 구입한다. 그들은 한 기관과 은행 거래를 하고, 또 다른 기관으로부터 보험을 구매하며 다른 곳에서 자신들의 투자금을 처리한다. 이런 구매 패턴을 ③ 확고하게 하기(→ 대항하기) 위해서 많은 회사들은 현재 이 모든 서비스한곳에서 제공한들 면, Regions Financial Corporation은 1,500개가 넘는 지사의 네트워크에서 고객들에게 소매 및 상업 은행업, 신탁, 담보 대출, 그리고 보험 상품을 제공한다. 그 회사는 그것의 고객들의 금융적 요구를 더 완벽히 만족시키려고 노력하며, 그것에 각 고객의 금융거래에서 더 큰 점유율을 획득한다. 이런 유형의 관계를 형성함으로써 고객들은 자신들의 금융 서비스 요구를 충족시키기 위해 경쟁 회사를 찾을 동기를 거의 갖지 않는다.

해설

소비자들이 각기 다른 기관에서 은행 거래를 하고 보험을 구매하고 투자금을 처리하는 패턴에 대항하기 위해 많은 회사들이 이 모든 서비스를 한 곳에서 제공하고 있다는 것이 자연스러우므로, ③ 'solidify(확고하게 하다)'를 'counter(대항하다)'와 같은 단어로 바꿔 써야 한다.

어휘

productive 생산적인 strategy 전략 involve 수반하다 acquire 얻다 transaction 거래 financial 금융의 institution 기관 insurance 보험 handle 처리하다, 다루다 investment 투자, 투자금 solidify 확고하게 하다

corporation 기업, 법인 retail 소매 mortgage 대출, 융자 incentive 동기, 장려 책 fulfill 다하다, 이행하다

5. 정답 ②

해석

매우 오랜 시간 동안 사람들은 걸쳐진 짐승의 가죽으로 간신히 살아남았고 그러고 나서 이것들을 대충 꿰매어 잇기 시작했을 것 같다. 그러나 결국에는 옷으로 직물을 사용하는 것의 이점이 명백해졌다 털가죽은 누군가가 가만히 앉아 있다면 ② 불충분한(→ 충분한) 열 보호를 제공하지만, 일단 이동하거나 강한 바람을 맞으면 이것이 덜 그러한데 왜냐하면 가죽은 몸에 밀착하도록 모양이 잡히지 않기 때문이다. 더 많은 공기가 몸과 옷 사이에 들어올수록 그것은 공기의 단열층을 피부와 가까이에 있도록 가둬 두는 데 덜 효과적이다. 실제로는 빠르게 걸을 때 옷의 단열 속성은 매우 많이 줄어든다. 옷은 또한 통기성이 있어야 하는데 이는 축축한 옷이 착용한 사람을 따뜻하게 유지해 주지 못하고 매우 무거워지기 때문이다. 직물은 털보다 더욱 통기가 잘 되고 특히나 몸에 맞게 만들어질 때 우수한 내부의 층을 만들어 내며, 차가운 공기가 피부의 표면에 직접 닿는 것을 막아 준다. 따라서 직물 옷을 만드는 능력은 우리의 선조들에게 그들이 아프리카에서 더 추운 지역으로 떠났을 때 중요 한 이점을 제공했을 것이다.

해설

가죽으로 만든 옷보다 직물로 만든 옷이 여러 가 지 장점이 있다는 내용의 글이다. 'but once on the move or in strong winds, this is less true, because pelts aren't shaped close to the body.(일단 이동하거나 강한 바람을 맞으면 이것이 덜 그러한데 왜냐하면 가죽은 몸에 밀착하도록 모양 이 잡히지 않기 때문이다.)'에서 '덜 그러하다'는 열 보호를 제공하지 못한다는 의미이므로, but 앞의 내용은 사람들이 가만히 앉아 있으면 열 보호가 잘 된다는 것이 되어야 할 것이다. 따라서 ② 'inadequate(불충분한)'을 'adequate(충분한)' 등의 표현으로 고쳐야 한다.

어휘

roughly 대충 sew 꿰매다, 바느질하다 ultimately 궁극적으로 woven fabric 직물 inadequate 불충분한 insulating layer 단열층 property 속성, 특성 breathable 통기성이 있는 internal 내부의 ancestor 조상, 선조

6. 정답 ④

해석

최근 몇 년간 전 세계적으로 도시 교통 전문가들은 도시의 자동차 수요에 부응하기보다는 관리될 필요가 있다는 견해를 대체로 따랐다. 소득의 증가는 필연적으로 자동차 보급의 증가로 이어진다. 기후 변화로 인한 불가피성이 없더라도, 인구 밀도가 높은 도시의 물리적 제약과 그에 상응하는 접근성, 이동성, 안전, 대기 오염. 그리고 도시 거주 적합성에 대한 요구 모두가 단지 이러한 증가하는 수요에 부응하기 위해 도로망을 확장하는 선택권을 그 결과, 도시가 발전하고 도시의 거주자들이 더 부유해짐에 사람들이 자동차를 사용하지 '않기로' 결정하도록 설득하는 것이 도시 관리자와 계획 설계자들의 핵심 중점 사항이 된다. 걷기, 자전거 타기, 대중교통과 같은 대안적인 선택의 질을 향상하는 것이 이 전략의 핵심 요소이다. 그러나 자동차 수요에 ④ 부응하는(→ 관리하는) 가장 직접적인 접근 방법은 자동차 여행을 더 비싸게 만들거나 행정 규칙으로 그것을 제한하는 것이다. 자동차 여행이 기후 변화의 원인을 제공하는 것이 이런 불가피한 것을 강화한다.

해설

최근 도시 교통 전문가들이 도시의 자동차 수요에 부응하기보다는 관리해야 한다는 견해를 따랐고, 사람들이 자동차를 사용하지 않도록 설득하는 것이 도시 관리자들과 도시 계획 설계자들의 핵심 중점 사항이 되었다고 했으므로, 자동차 여행을 더 비싸게 만들거나 행정 규칙으로 제한하는 것은 자동차 수요를 관리하는 방법이라고 하는 것이 자연스럽다. 따라서 ④ 'accommodating(부응하는)'은 'managing(관리하는)'과 같은 단어로 고쳐 써야 한다.

어휘

urban 도시의 globally 전세계적으로 demand 수요, 요구 accommodate (요구 등에) 부응하다, 맞추다 income 수입 inevitably 불가피하게 motorization 자동차 보

급, 전동화 densely inhabited 인구 밀도가 높은 corresponding 상응하는 accessibility 접근성, 접근 mobility 이동성 livability 거주 적합성, 살기 좋음 expand 확장하다 purely 단지, 다만 prosperous 번영하는 alternative 대안적인, 대체의 restrict 제한하다 administrative 행정의 reinforce 강화하다

7. 정답 ④

해석

스포츠는 그것의 소비자에게 다른 제품이 좀처럼 생산하지 않는 종류의 정서적 반응을 촉발할 수 있다. 은행 고객이 그들 은행에 대한 충성심을 보여 주기 위해서 기념품을 사거나, 고객이 그들 자동차 보험 회사에 대해 매우 강한 동질감을 가져서 회사 로고로 문신을 한다고 상상해 보라. 우리는 일부 스포츠 팬들이 선수, 팀, 그리고 그 스포츠 자체에 매우 열정적이어서 그들의 관심이 집착에 아주 가깝다는 것을 안다. 이러한 충돌은 팬을 팀과 묶어 주는 정서적 접착제를 제공하고, 심지어 구장에서 일어나는 실패에도 충성심을 유지하게 한다. 대부분의 운영자는 스포츠팬 만큼 그제품에 열정적인 고객을 가지기를 오직 꿈꾸지만, 스포츠로 인해 촉발되는 감정은 또한 부정적인 영향을 끼칠 수 있다. 스포츠의 정서적 격렬함은 조직이 향수와 클럽 전통을 통해 과거에 강한 애착을 가지고 있다는 것을 의미할 수 있다. 그 결과, 그것은 효율성, 생산성 그리고 변화하는 시장 상황에 신속하게 대응해야 할 필요성을 ④ 증가시킬(→ 무시할) 수도 있다. 예를 들면, 더 매력적인 이미지를 투사하기 위해 클럽 색을 바꾸자는 제안은 그것이 전통과의 관계를 끊기 때문에 무산될지도 모른다.

해설

스포츠의 정서적 격렬함은 조직이 과거에 강한 애착을 가지는 것을 의미할 수 있다고 했고 더 매력적인 이미지를 위해 클럽 색을 바꾸자는 제안이 전통과의 관계를 끊기 때문에 무산될 수도 있다고 한 예를 보아, 조직이 효율성, 그리고 변화하는 시장 상황에 신속하게 대응할 필요성을 무시할 수 있다고 하는 것이 자연스럽다. 따라서 ④ 'increase(증가시키다)'를 'ignore(무시하다)' 같은 낱말로 고쳐 써야 한다.

어휘

trigger 촉발시키다 emotional 정서적인 consumer 고객 bring forth ~을 생산하다(낳다) loyalty 충성(심) identify with ~와 동질감을 갖다 insurance company 보험회사 tattoo 문신 follower 팬, 따르는 사람 border on ~에 아주 가깝다 addiction 중독 glue 접착제 maintain 유지하다 passionate 열정적인, 열렬한 intensity 강렬함, 강도 attachment 애착(물) nostalgia 향수 efficiency 효율 project 투사하다 attractive 매력적인 break a link with ~과의 관계를 끊다

8. 정답 ③

해석

덩어리로 나누는 것은 음악의 인식에서 필수적이다. 만약 우리가 그것을 한 음 한 음 우리의 뇌에서 부호화해야 한다면 우리는 가장 간단한 동요보다 더 복잡한 것은 어느 것이나 이해하기 위해 노력하게 될 것이다. 물론, 대부분의 기량이 뛰어난 음악가들은 한 음도 틀리지 않고 수천 개의 음을 포함하는 작품을 완전히 기억으로 연주할 수 있다. 하지만 겉보기에는 굉장한 것 같은 이런 기억의 성취는 보통 말하는 그런 개별적인 음을 기억하는 것이 아닌 음악적인 '과정'을 기억함으로써 ③ 일어날 것 같지 않게 되는(→ 가능해지는) 것이다. 만약 여러분이 피아니스트에게 모차르트 소나타를 41번 마디부터 시작해 달라고 요청하면, 그녀는 아마도 그 음악을 처음부터 머릿속으로 재생해서 그 마디까지 와야 할 것이다. 그 악보는 어떤 읽히도록 그저 그녀의 머릿속에 펼쳐져 있는 것이 아니다. 그것은 흡사 여러분이 운전해서 직장에 가는 방법을 설명하는 것과 같다. 여러분은 추상적인 목록으로 길의 이름을 열거하는 것이 아니고 마음속에서 그것을 되짚어 감으로써 여러분의 경로를 구성해야 한다. 음악가들이 리허설 중에 실수할 때, 그들은 다시 시작하기 전에 한 악구의 시작으로 되돌아간다('2절부터 다시 하죠').

해설

개별 음이 아닌 덩어리로 나누어 과정을 인식하는 방식으로 음악을 기억한다는 내용의 글이므로, 수천 개의 음을 포함하는 작품을 한 음도 틀리지 않고 완전히 기억으

로 연주할 수 있는 것은 한 음 한 음 개별적으로 기억하는 것이 아니라 음악적인 과정을 기억해서 기능해진다고 해야 한다. 따라서 ③ 'improbable(일어날 것 같지 않은)'을 'possible(가능한)'과 같은 낱말로 바꿔 써야 한다.

어휘

vital 필수적인 cognition 인식 encode 부호화 하다 note 음, 음표 struggle 고투하다, 고심하다 make sense of ~을 이해하다 accomplished 기량이 뛰어난 composition 작품 out of place 맞지 않는, 부적절한 seemingly 겉보기에는 awesome 굉장한 recall 기억 as such 보통 말하는 그런 score 악보, 작품 random 임의의, 무작위의 recite 열거하다 abstract 추상적인 retrace 되짚어가다 phrase 악구 verse (노래의) 절

9. 일치/불일치

1) 특징

일치/불일치 문제를 풀기에 앞서 reading skills에 중요한 두 가지 기술을 소개하고자 한다. 시험을 볼 때 지문에 있는 모든 일치/불일치 문제에서의 읽기의 목적은 지문 전체를 모두 이해하는 게 아니라 원하는 정보를 찾기 위함이다(scanning). 단어를 같은 비중으로 꼼꼼히 읽고 나면, 지나치게 많은 정보에 노출이 되어서 다 읽은 후에 어떤 내용이었는지를 파악하지 못하는 경우가 있다. 즉, 영어를 우리말로 해석은 했지만 중요 내용이 무엇인지, 실제 의미하는 바가 무엇인지를 파악하지 못하는 경우이다.

독해의 중요 기술인 skimming과 scanning은 지문에 있는 모든 단어를 꼼꼼히 읽는 것이 아니라, 읽는 목적에 따라 필요한 부분만 꼼꼼히 읽는 기술이다.

① skimming(일반적인 개념을 대략적으로 파악하는 빨리 읽기 방식)

지문의 일반적인 내용, 즉 주제와 요지를 파악하기 위해서 지문의 주제와 요지에 해당하는 주요 문장을 읽음으로써 전체 지문을 개괄적으로 파악하는 방식이다. 앞에서 공부한 주제, 제목 찾기 유형에서 가장 필요한 기술이다.

② scanning(필요한 정보만 찾는 읽기 방식)

지문의 세부 사항인 특정 정보를 찾기 위해 빨리 읽는 방식으로 키워드(명사, 날짜, 숫자, 시간) 등의 세부 사항을 문장에서 빨리 찾는 방법이다. scanning은 일치/불일치 문제 유형에서 가장 필요한 독해 기술로 자세히 설명하면 다음과 같다.

2) 일치/불일치 문제풀이 순서

일치/불일치는 해석 문제가 아니라 '정보 대조 문제'이다. 지문에 있는 정보와 선지의 정보를 1:1로 비교해서 확인하는 유형이다.

step 1. 문제 먼저 읽기

- "일치하지 않는 것은?"/"일치하는 것은?"

실수 1위가 불일치 문제를 일치처럼 푸는 것

step 2. 선지 먼저 읽기

지문이 아니라 선지를 먼저 읽고, 키워드를 체크한다.

- 숫자(연도, 수치, 빈도): many, most, some, rarely, always, exactly
- 동사보다는 명사/고유명사
- 조건: only if, unless
- 원인/결과: because, leads to, results in
- 주체: they, it, this
- 시점: initially, later, currently, before, after

step 3. 지문은 "선지 순서대로" 스캔

지문을 정독하는 게 아니라, 선지의 키워드를 지문에서 해당 부분만 찾고 키워드를 포함한 문장만 정확히 읽는다. 이 일치, 불일치는 문단 전체 요약하는 것이 아니고, 위에서 아래로 읽으면 시간 손해를 본다. 이 유형은 한마디로 "찾기 + 대조 문제"이다. 이해력을 묻는 유형이 아니다.

step 4. 불일치 문제 전용 비법(핵심)

- 지나치게 단정적(always, never, only, just, exclusively, completely, exactly, all이 있으면 무조건 의심)
- 지문에 없는 정보 추가: 지문에 under certain conditions → 선지에 조건 없음
- 원인 결과 바뀜: 지문에 원인 → 결과, 선지에 결과 → 원인
- 주체 바뀜: 지문에 researchers → 선지에 participants
- 비교구문에서 비교 대상 바뀜
- 전/후 관계 바뀜: 지문에 A → B, 선지에 B → A
- 정도 차이: 지문에 some → 선지에 most
- 시점 왜곡: 지문에 initially → 선지에 always

step 5. 마지막 검증은 '지문 문장 ↔ 선지 1:1 대조'

예시

1. James Baldwin에 관한 다음 글의 내용과 일치하지 않는 것은?

James Baldwin was one of the leading African American authors of the past century. Novelist, essayist, poet, dramatist—as a writer, he knew no limits. Born in Harlem in 1924 to an unwed domestic worker from Maryland, Baldwin shouldered a good deal of household responsibility in helping raise his eight siblings. Baldwin found an early outlet in writing. He edited the junior high school newspaper. He graduated from DeWitt Clinton High School and worked in construction in New Jersey until he moved to Greenwich Village in 1944. His first sale was a book review to The Nation in 1946. Baldwin came to know civil rights activists Martin Luther King Jr. and Malcolm X. Baldwin earned a number of awards, including a Guggenheim Fellowship. In 1987, the author died of cancer, leaving unfinished a biography of Martin Luther King Jr. Baldwin appeared on a commemorative U.S. postage stamp in 2004—emblematic of his enduring power for the next generations.

① 아프리카계 미국인 작가였다.
② 1944년에 Greenwich Village로 이사했다.
③ Martin Luther King Jr.의 전기를 완성했다.
④ 2004년 미국 기념우표에 나왔다.

정답 ③

해석

James Baldwin은 지난 세기의 주요한 아프리카계 미국인 작가 중 한 명이었다. 소설가, 수필가, 시인, 극작가—작가로서, 그는 한계를 알지 못했다. 1924년 Harlem에서 Maryland 출신의 미혼 가정부에게 태어난 Baldwin은 그의 8명의 형제자매를 양육하는 것을 돕는 데 있어서 가정의 상당히 많은 책임을 떠맡았다. Baldwin은 글쓰기에서 분출구를 일찌감치 찾았다. 그는 중학교 신문을 편집했다. 그는 DeWitt Clinton 고등학교를 졸업하고 New Jersey에서 건설 일을 하다가 1944년 Greenwich Village로 이사했다. 그의 첫 판매는 1946년 〈The Nation〉지의 서평이었다. Baldwin은 시민권 운동가인 Martin Luther King Jr.와 Malcolm X를 알게 되었다. Baldwin은 Guggenheim Fellowship을 포함한 많은 상을 받았다. 1987년 이 작가는 Martin Luther King Jr.의 전기를 완성하지 못한 채 암으로 세상을 떠났다. Baldwin은 2004년에 미국 기념 우표에 실렸다—이것은 다음 세대에 대한 그의 지속적인 영향력을 상징하는 것이다.

해설

step1. 불일치

step 2. 선지의 키워드

① 아프리카계 미국인
② 1944년 Greenwich Village로 이사
③ Martin Luther King Jr.의 전기 완성
④ 2004 미국 기념우표

step 3. 지문과 대조

① one of the leading African American authors(○)
② until he moved to Greenwich Village in 1944(○)
③ the author died of cancer, leaving unfinished a biography of Martin Luther King Jr.(x)
④ Baldwin appeared on a commemorative U.S. postage stamp in 2004(○)

연습문제

1. 다음 글의 내용과 일치하지 않은 것은?

Dear Sales Associates,

The most recent edition of The Brooktown Weekly ran our advertisement with a misprint. It listed the end of our half-price sale as December 11 instead of December 1. While a correction will appear in the papers next issue, it is to be expected that not all of our customers will be aware of the error. Therefore, if shoppers ask between December 2 and 11 about the sale, first apologize for the inconvenience and then offer them a coupon for 10 % off any item they wish to purchase, either in the store or online. Thank you for your assistance in this matter.

General manager

① The Brooktown Weekly에 잘못 인쇄된 광고가 실렸다.
② 반값 할인 행사 마감일은 12월 1일이 아닌 12월 11일이다.
③ 다음 호에 정정된 내용이 게재될 예정이다.
④ 10% 할인 쿠폰은 구매하고자 하는 모든 품목에 적용된다.

2. 다음 글의 내용과 일치하지 않는 것은?

Langston Hughes was born in Joplin, Missouri, and graduated from Lincoln University, in which many African-American students have pursued their academic disciplines. At the age of eighteen, Hughes published one of his most well-known poems, "Negro Speaks of Rivers." Creative and experimental, Hughes incorporated authentic dialect in his work, adapted traditional poetic forms to embrace the cadences and moods of blues and jazz, and created characters and themes that reflected elements of lower-class black culture. With his ability to fuse serious content with humorous style, Hughes attacked racial prejudice in a way that was natural and witty.

① Hughes는 많은 미국 흑인들이 다녔던 대학교를 졸업하였다.
② Hughes는 실제 사투리를 그의 작품에 반영하였다.
③ Hughes는 하층 계급 흑인들의 문화적 요소를 반영한 인물을 만들었다.
④ Hughes는 인종 편견을 엄숙한 문체로 공격하였다.

3. 다음 글의 내용과 가장 일치하는 것은?

The 2010 US Census shows that Americas ethnic and racial makeup is changing. Compared to 2000, the percentage of the population identified as white shrank, from 75.1% to 72.4%. Every other ethnic category increased, except for Native Americans, which remained unchanged at 0.9%. The biggest growth came from the Hispanic population, which grew from 12.5% in 2000 to 16.3% of the population ten years later. Those identified as belonging to two or more racial categories also climbed to 2.9% in 2010 from 2.4% ten years earlier.

① 미국 원주민 인구 비율은 2000년과 2010년 사이에 0.9%p(퍼센트포인트) 증가했다.
② 히스패닉 인구 비율은 2000년과 2010년 사이에 16.3%p(퍼센트포인트) 증가했다.
③ 둘 이상의 인종 범주에 속하는 인구 비율은 2010년에 미국 인구의 2.4%였다.
④ 백인 인구 비율은 2000년에 미국 인구의 75.1%였다.

4. 다음 글의 내용과 가장 일치하지 않는 것은?

An idea came to me, and I turned off the lights in the studio. In the darkness, I put the cellos spike into a loose spot on the carpet, tightened the bow and drew it across the open strings. I took off my shirt and tried it again; it was the first time in my life I'd felt the instrument against my bare chest. I could feel the vibration of the strings travel through the body of the instrument to my own body. I'd never thought about that; music scholars always talk about the resonating properties of various instruments, but surely the performers own body must have some effect on the sound. As I dug into the notes I imagined that my own chest and lungs were extensions of the sound box; I seemed to be able to alter the sound by the way I sat, and by varying the muscular tension in my upper body.

① 화자는 어둠 속에서 첼로 연주를 했다.
② 화자는 태어나서 처음으로 첼로를 연주했다.
③ 음악 학자들은 여러 악기들이 가진 공명의 특성들을 말한다.
④ 화자는 연주할 때 본인의 자세가 첼로 소리에 영향을 준다고 생각했다.

5. 다음 글의 내용과 가장 일치하는 것은?

Child psychologists concentrate their efforts on the study of the individual from birth through age eleven. Developmental psychologists study behavior and growth patterns from the prenatal period through maturity and old age. Many clinical psychologists specialize in dealing with the behavior problems of children. Research in child psychology sometimes helps shed light on work behavior. For example, one study showed that victims of childhood abuse and neglect may suffer long-term consequences. Among them are lower IQs and reading ability, more suicide attempts, and more unemployment and low-paying jobs. Many people today have become interested in the study of adult phases of human development. The work of developmental psychologists has led to widespread interest in the problems of the middle years, such as the mid-life crisis. A job-related problem of interest to developmental psychologists is why so many executives die earlier than expected after retirement.

① 아동심리학의 연구대상은 주로 사춘기 이후의 아동이다.
② 발달심리학자들은 인간의 일생의 행동과 성장을 연구한다.
③ 아동기에 학대받은 성인의 실업률이 더 낮은 경향이 있다.
④ 임원들의 은퇴 후 조기 사망이 최근 임상심리학의 관심사이다.

6. 다음 글의 내용으로 가장 적절한 것은?

I was surprised to learn that the notion of a bedtime is not the norm around the world, even among other industrialized societies. For example, in Southern European countries like Italy, Spain, and Greece, children are typically allowed to participate in the family's late evening life, falling asleep in cars or laps instead of their own rooms, and there is no specified time for going to bed. The same is often true for families in Central and South America. In many tribal cultures, such as the Mayan or the Balinese, infants and toddlers are held, carried, or accompanied continuously by a series of caretakers. They are able to doze, fall asleep, stir, and waken under many circumstances, even in the middle of noisy, all-night ritual observances, with little need for special sleep aids like pacifiers, blankets, or stuffed animals.

① 많은 부족 문화권에서는 아이들의 숙면을 위해 담요와 같은 특별한 수면 보조 도구를 주로 활용한다.
② 남부 유럽 국가 아이들은 가족의 늦은 저녁 생활에 참여할 수 있지만 잠은 반드시 자신의 방에서 자는 것이 원칙이다.
③ 남아메리카의 아이들은 명시된 취침 시간이 없다.
④ 그리스 아이들은 명시된 취침 시간을 갖고 있다.

7. Spencer Stanhope에 관한 다음 글의 내용과 일치하지 않는 것은?

Spencer Stanhope came from a middle-class family and was educated at Rugby and Christchurch, Oxford. He began to study art with G. E Watts in 1850, visiting Italy with him in 1853. He became one of the circle of young artists around the Pre—Raphaelites in the mid—1850s and was particularly friendly with Burne-Jones, who influenced his painting and became a lifelong friend. He first exhibited at the Royal Academy in 1859 and later at the Grosvenor Gallery. Like his artist friends, he had a sympathy for ordinary people and often chose subjects showing them at work, though often in an idealized manner. Washing Day in which the women wash the clothes while the men get on with the business of fishing, is typical of Stanhope's work.

① 1853년에 G. F. Watts와함께 이탈리아를 방문했다.
② Burne-Jones가그의 그림에 영향을 주었다.
③ 1859년에 Grosvenor Gallery에서 첫 전시회를 열었다.
④ Washing Day는 그의 작품의 전형적인 특징을 보여준다.

일치/불일치(영어 선택지)

1. 다음 글의 내용과 일치하지 않는 것은?

Carbonate sands, which accumulate over thousands of years from the breakdown of coral and other reef organisms, are the building material for the frameworks of coral reefs. But these sands are sensitive to the chemical make-up of sea water. As oceans absorb carbon dioxide, they acidify—and at a certain point, carbonate sands simply start to dissolve. The world's oceans have absorbed around one-third of human-emitted carbon dioxide. The rate at which the sands dissolve was strongly related to the acidity of the overlying seawater, and was ten times more sensitive than coral growth to ocean acidification. In other words, ocean acidification will impact the dissolution of coral reef sands more than the growth of corals. This probably reflects the corals' ability to modify their environment and partially adjust to ocean acidification, whereas the dissolution of sands is a geochemical process that cannot adapt.

① The frameworks of coral reefs are made of carbonate sands.
② Corals are capable of partially adjusting to ocean acidification.
③ Human-emitted carbon dioxide has contributed to the world's ocean acidification.
④ Ocean acidification affects the growth of corals more than the dissolution of coral reef sands.

2. 다음 글의 내용과 일치하는 것은?

Prehistoric societies some half a million years ago did not distinguish sharply between mental and physical disorders. Abnormal behaviors, from simple headaches to convulsive attacks, were attributed to evil spirits that inhabited or controlled the afflicted person's body. According to historians, these ancient peoples attributed many forms of illness to demonic possession, sorcery, or the behest of an offended ancestral spirit. Within this system of belief, called demonology, the victim was usually held at least partly responsible for the misfortune. It has been suggested that Stone Age cave dwellers may have treated behavior disorders with a surgical method called trephining, in which part of the skull was chipped away to provide an opening through which the evil spirit could escape. People may have believed that when the evil spirit left, the person would return to his or her normal state. Surprisingly, trephined skulls have been found to have healed over, indicating that some patients survived this extremely crude operation.

① Mental disorders were clearly differentiated from physical disorders.
② Abnormal behaviors were believed to result from evil spirits affecting a person.
③ An opening was made in the skull for an evil spirit to enter a person's body.
④ No cave dwellers survived trephining.

3. 다음 글의 내용과 일치하지 않는 것은?

The coffee tree has smooth, ovate leaves and clusters of fragrant white flowers that mature into deep red fruits about 1/2 inch. The fruit usually contains two seeds, the coffee beans. Arabica Coffee yields the highest-quality beans and provides the bulk of the world's coffee, including 80% of the coffee imported into the United States. The species is thought to be native to Ethiopia, where it was known before 1000. Coffees earliest human use may have been as a food; a ball of the crushed fruit molded with fat was a day's ration for certain African nomads. Later, wine was made from the fermented husks and pulps. Coffee was known in 15th-century Arabia; from there it spread to Egypt and Turkey, overcoming religious and political opposition to become popular among Arabs. At first proscribed by Italian churchmen as a heathen's drink, it was approved by Pope Clement VIII, and by the mid-17th century coffee had reached most of Europe. Introduced in North America in 1668, coffee became a favorite American beverage after the Boston Tea Party made tea unfashionable.

① Coffee tree has white flowers that grow into deep red fruits.
② Most of the world's coffee is believed to originate from Ethiopia.
③ Coffee was popular in America after the Boston Tea Party.
④ Coffee was considered to be profane by Pope Clement VIII.

4. 다음 글의 내용과 일치하지 않는 것은?

Louis Braille was born in Coupvray, France, on January 4,1809. He attended the National Institute for Blind Youth in Paris, France, as a student. At that time, books were created using raised print which was laborious to produce, hard to read, and difficult for individuals to write. While attending the Institute, Braille yearned for more books to read. He experimented with ways to create an alphabet that was easy to read with the fingertips. The writing system he invented, at age fifteen, evolved from the tactile "Ecriture Nocturne" (night writing) code invented by Charles Barbier for sending military messages that could be read on the battlefield at night, without light.

① Books with raised print were hard to read with fingertips.
② Louis Braille was eager to read many books.
③ Charles Barbier's system was invented for the blind.
④ Louis Braille's system was inspired by Ecriture Nocturne code.

5. 다음 글의 내용과 일치하는 것은?

If you look around, there are probably many coffeehouses near you. Coffee is big, big business. According to the International Coffee Organization, the world drinks about $70 billion in coffee each year. Although coffee is one of the world's most popular drinks, many people believe it isn't healthy. It has been blamed for high heart rates, high blood pressure, and stomach problems. Coffee can make you feel more stress and it can result in sleep problems. Medical research, however, has started suggesting that coffee might actually be good for us. In addition to giving us energy and keeping us alert, coffee is thought to be helpful for headaches. As coffee also contains antioxidants, it can protect our bodies against harmful substances in things like smoke and pollution. Recent studies have found that coffee helps to prevent certain types of cancer. One study in Tokyo, for example, discovered that coffee drinkers were half as likely as nondrinkers to have liver cancer. Overall, the research shows that coffee is far more healthful than it is harmful.

① Coffee drinkers are less likely to have sleeping problems.

② Antioxidants in coffee give rise to some diseases in our bodies.

③ According to recent studies, coffee is effective in the prevention of some types of cancer.

④ A study from Japan shows that coffee causes liver cancer.

6. 다음 글의 내용과 일치하는 것은?

Sharks are covered in scales made from the same material as teeth. These flexible scales protect the shark and help it swim quickly in water. A shark can move the scales as it swims. This movement helps reduce the water's drag. Amy Lang, an aerospace engineer at the University of Alabama, studies the scales on the shortfin mako, a relative of the great white shark. Lang and her team discovered that the mako shark's scales differ in size and in flexibility in different parts of its body. For instance, the scales on the sides of the body are tapered—wide at one end and narrow at the other end. Because they are tapered, these scales move very easily. They can turn up or flatten to adjust to the flow of water around the shark and to reduce drag. Lang feels that shark scales can inspire designs for machines that experience drag, such as airplanes.

① A shark has scales that always remain immobile to protect itself as it swims.

② Lang revealed that the scales of a mako shark are utilized to lessen drag in water.

③ A mako shark has scales of identical size all over its body.

④ The scientific designs of airplanes were inspired by shark scales.

7. 다음 글의 내용과 일치하지 않은 것은?

When the gong sounds, almost every diner at Beijing restaurant Duck de Chine turns around. That's because one of the city's greatest culinary shows is about to begin—the slicing of a Peking duck. Often voted by local guides in China as the best Peking duck in the city, the skin on Duck de Chine's birds is crispy and caramelized, its meat tender and juicy. "Our roasted duck is a little different than elsewhere," says An Ding, manager of Duck de Chine. "We use jujube wood, which is over 60 years old, and has a strong fruit scent, giving the duck especially crispy skin and a delicious flavor." The sweet hoisin sauce, drizzled over sliced spring onions and cucumbers and encased with the duck skin in a thin pancake, is another highlight. "The goal of our service is to focus on the details'" says Ding. "It includes both how we present the roasted duck, and the custom sauces made for our guests." Even the plates and the chopsticks holders are duck-shaped. Duck de Chine also boasts China's first Bollinger Champagne Bar. Though Peking duck is the star, there are plenty of other worthy dishes on the menu. The restaurant serves both Cantonese and Beijing cuisine, but with a touch of French influence.

① The restaurant presents a culinary performance.
② The restaurant is highly praised in Beijing.
③ The restaurant features a special champagne bar.
④ The restaurant only serves dishes from the Beijing region.

8. 다음 글의 내용과 일치하는 것은?

Taste buds got their name from the nineteenth-century German scientists Georg Meissner and Rudolf Wagner, who discovered mounds made up of taste cells that overlap like petals. Taste buds wear out every week to ten days, and we replace them, although not as frequently over the age of forty-five: our palates really do become jaded as we get older. It takes a more intense taste to produce the same level of sensation. A baby's mouth has many more taste buds than an adult's, with some even dotting the cheeks. Children adore sweets partly because the tips of their tongues, more sensitive to sugar, haven't yet been blunted by trying to eat hot soup before it cools.

① Taste buds were invented in the nineteenth century.
② Replacement of taste buds does not slow down with age.
③ Children have more sensitive palates than adults.
④ The sense of taste declines by eating cold soup.

9. 다음 글의 내용과 가장 거리가 먼 것은?

Maps of the world in older times used to fill in the blanks of exploration with an array of fantastic creatures, dragons, sea monsters, fierce winged beasts. It appears that the human mind cannot bear very much blankness—where we do not know, we invent, and what we invent reflects our fear of what we do not know. Fairies are born of that fear. The blank spaces on the village map, too, need to be filled; faced with woods and mountains, seas and streams that could never be fully charted, human beings saw blanks, blanks they hastened to fill with a variety of beings all given different names, yet all recognizable as fairies. Our fairies have become utterly benign only nowadays, when electric light and motorways and mobile phones have banished the terror of the lonely countryside. Used as we are to benign fairies, it is very hard for us to understand the fairies of the past.

① Human beings do not like to see things void and unfilled.
② Fairies reflect the human fear over the indecipherable things in nature.
③ There is not much historical change in our perception of the fairies.
④ The margins of maps are often decorated with fantastic creatures.

10. 다음 글의 내용과 일치하는 것은?

Developed countries have been attempting to alleviate poverty in the world's poorest countries for decades by donating large sums of money to their governments. The money is intended to stimulate the economies of underdeveloped nations and to build up infrastructure such as schools and hospitals. Unfortunately, this money often ended up being used ineffectively or stolen by corrupt officials. Another problem is that poorer countries sometimes become dependent on the donated money. Consequently, a number of experts argue that, in the long run, providing foreign aid doesn't really help underdeveloped countries. Those who believe in foreign aid, on the other hand, argue the fund must just be more carefully monitored to ensure they are used effectively.

① Nobody doubted that the donated money by developed countries was effectively used to build up infrastructure in underdeveloped countries.
② The donated money by developed countries was all stolen by corrupt officials of underdeveloped countries.
③ Foreign aid has encouraged underdeveloped countries to become independent of developed countries.
④ The donated money by developed countries was not always effectively used in underdeveloped countries.

수능대비

1. Friedrich Mohs에 관한 다음 글의 내용과 일치하지 않는 것은?

Friedrich Mohs, a well-known mineralogist, was born on January 29, 1773, in Gernrode, Germany. He displayed a marked interest in science at an early age. He studied chemistry, mathematics, and physics at the University of Halle and also studied mineralogy at the Mining Academy. In his late twenties, he went to Austria and classified minerals by their physical attributes. This new classification system of his led to conflicts with many mineralogists who followed the conventional methods. In 1812, Mohs was appointed Professor of Mineralogy at the Joanneum, where he developed the Mohs Scale of Mineral Hardness. Mohs ended his remarkable career at the Mining University in Leoben and died at the age of 66 in Italy.

* mineralogist 광물학자

① 어린 시절 과학에 뚜렷한 흥미를 보였다.
② University of Halle에서 화학, 수학, 물리학을 공부했다.
③ 전통적인 방식을 따르는 많은 광물학자들과 협력했다.
④ 1812년에 Joanneum의 광물학 교수로 임명되었다.
⑤ 이탈리아에서 66세의 나이로 사망했다.

2. Casting Call for Movie Extras에 관한 다음 안내문의 내용과 일치하지 않는 것은?

Casting Call for Movie Extras

Step into the world of cinema and become an extra in an exciting upcoming movie!

Filming Time - Sunday, April 20th, 2025, 8 a.m~4 p.m.
Place - At the Golden Film Production Studio

Scenes
- Chatting in a hallway
- Dining at a restaurant
- Payment: $100(Lunch provided)

Who Can Apply
- Applicants must be 18 years or older.
- Applicants with previous acting experience will be given priority.

How to Apply
Email the application to goldenstudio@movie.com by Thursday, April 10th, 2025.

① 촬영은 일요일에 진행된다.
② 식사하는 장면이 촬영된다.
③ 점심 식사는 제공되지 않는다.
④ 지원자는 18세 이상이어야 한다.
⑤ 연기 경험이 있는 지원자를 우대한다.

3. Bearford Eco Fashion Workshop에 관한 다음 안내문의 내용과 일치하는 것은?

Bearford Eco Fashion Workshop

Join us for the hands-on event to make a special fashion item using old clothing of yours.

When: Saturday, April 12th (9 a.m.-11 a.m.)
Where: Bearford City Hall
Registration: April 1st to 5th, only on our website
Entry
Fee: $5(12 years and under are free)

Programs
- Listen to a special lecture on sustainable fashion trends.
- Learn to make an eco-friendly bag using old clothing.

Note: You need to bring your own old clothing large enough to make a bag. (Other materials will be provided.)

① 토요일 오후에 진행된다.
② 4월 5일부터 등록할 수 있다.
③ 15세 이하는 참가비가 무료이다.
④ 헌 옷을 이용해 가방을 만드는 법을 배운다.

4. Theodore von Karman에 관한 다음 글의 내용과 일치하지 않는 것은?

Theodore von Karman, a Hungarian-American engineer, was one of the greatest minds of the twentieth century. He was born in Hungary and at an early age, he showed a talent for math and science. In 1908, he received a doctoral degree in engineering at the University of Gottingen in Germany. In the 1920s, he began traveling as a lecturer and consultant to industry. He was invited to the United States to advise engineers on the design of a wind tunnel at California Institute of Technology (Caltech). He became the director of the Guggenheim Aeronautical Laboratory at Caltech in 1930. Later, he was awarded the National Medal of Science for his leadership in science and engineering.

① 어린 시절 수학과 과학에 재능을 보였다.
② University of Gottingen에서 공학 박사 학위를 받았다.
③ 1920년대에 강연자 겸 자문 위원으로 다니기 시작했다.
④ Caltech의 공학자를 초청하여 조언을 구했다.
⑤ National Medal of Science를 받았다.

5. Basic Latte Art Class에 관한 다음 안내문의 내용과 일치하지 않는 것은?

Basic Latte Art Class

Make perfect lattes and present them in the most beautiful way! In this class, you will learn how to steam and pour milk. You will make three latte art designs on your own* heart, tulip, and leaf.

Date: from April 22 to April 24.
Time: 9 a.m. - 1 p.m.
Registration & Fee
- register online at www.camefortcc.com
- $60 per person (cost of ingredients included)

Notes
- Dairy alternatives will be available for non-milk drinkers.
- Students can get a 10% discount.

① 세 가지 라떼 아트 디자인을 직접 만들 것이다.
② 수업은 4시간 동안 진행된다.
③ 등록은 4월 24일부터 시작된다.
④ 비용에 재료비가 포함되어 있다.
⑤ 우유를 마시지 않는 사람은 대체 유제품을 사용할 수 있다.

6. Family Night-hiking Event에 관한 다음 안내문의 내용과 일치하는 것은?

Family Night-hiking Event

Join us for a fun-filled night of hiking and family bonding!

Date: Saturday, May 4
Time: 6 p.m.-9 p.m.
Location: Skyline Preserve

Cost
- Adults: $20
- Children under 19: $10

Guidelines
- Children must be accompanied by legal guardians.
- Bring a flashlight and a bottle of water.
- Follow the instructions of the guides at all times.

Registration
- Visit www.familyhiking.com and register by April 26.
- A free first aid kit is provided for all who register by April 12.

① 토요일과 일요일 이틀간 진행된다.
② 오후 5시에 시작된다.
③ 어른과 어린이의 참가비는 같다.
④ 어린이는 법적 보호자를 동반해야 한다.
⑤ 추첨을 통해 구급상자가 무료로 제공된다.

7. Julia Margaret Cameron에 관한 다음 글의 내용과 일치하지 않는 것은?

British photographer Julia Margaret Cameron is considered one of the greatest portrait photographers of the 19th century. Born in Calcutta, India, into a British family, Cameron was educated in France. Given a camera as a gift by her daughter in December 1863, she quickly and energetically devoted herself to the art of photography. She cleared out a chicken coop and converted it into studio space where she began to work as a photographer. Cameron made illustrative studio photographs, convincing friends and family members to pose for photographs, fitting them in theatrical costumes and carefully composing them into scenes. Criticized for her so-called bad technique by art critics in her own time, she ignored convention and experimented with composition and focus. Later critics appreciated her valuing of spiritual depth over technical perfection and now consider her portraits to be among the finest expressions of the artistic possibilities of the medium.

* chicken coop 닭장

① 인도에서 태어나고 프랑스에서 교육받았다.
② 딸로부터 카메라를 선물로 받았다.
③ 친구들과 가족 구성원에게 연극 의상을 입히고 촬영했다.
④ 능숙한 사진 기술로 자기 시대 예술 비평가에게 인정받았다.
⑤ 정신적 깊이에 가치를 둔 점을 훗날 높이 평가받았다.

8. Have a Good Night App에 관한 다음 안내문의 내용과 일치하지 않는 것은?

Have a Good Night App

This smart app helps you have a refreshing sleep!

FEATURES

- Sounds for Sleep - Providing relaxing sounds for sleep
- Sleep Recorder - Recording sounds such as coughing or snoring while sleeping
- Sleep Pattern Tracker - Checking and analyzing the users sleep pattern
- Stress-Free Alarm Tones - Adjusting alarm tones to the user's sleep pattern

PRICE

- Basic version: Free
- Premium version (extra soundtracks): $30 per year Click HERE to Download the App!

① 수면을 위한 편안한 소리를 제공한다.
② 자는 동안 기침이나 코를 고는 소리를 녹음한다.
③ 이용자의 수면 패턴을 확인하고 분석한다.
④ 수면 패턴에 따라 알람음을 조정한다.
⑤ 기본 버전은 1년에 30달러이다.

9. 2023 Online Talent Show에 관한 다음 안내문의 내용과 일치하는 것은?

2023 Online Talent Show

Show off your amazing talents!

■ Categories: singing, dancing, playing instruments

■ How to Enter - Record a 3

- minute video of your talent and send it to talent@westhigh.edu.
- Submit the entry between March 27 and March 31.

■ How We Select a Winner

1. All the videos will be uploaded on the school website on April 5.
2. Students and teachers will vote for their favorite video.
3. The video that receives the most votes will win.

* The winning video will be played at the school festival. For more information, please visit www.westhigh.edu.

① 참가 부문은 노래와 춤을 포함한 네 가지이다.
② 비디오의 길이에는 제한이 없다.
③ 제출 기간은 3월 27일부터 7일 동안이다.
④ 학생들만 우승작 선정 투표에 참여할 수 있다.
⑤ 우승한 비디오는 학교 축제에서 상영될 것이다.

정답 및 해설

연습문제

1. 정답 ②

해석

〈The Brooktown Weekly〉의 최신호가 우리의 광고를 오타가 난 채로 게재했습니다. 그 광고는 우리의 반값 할인 마감일을 12월 1일이 아니라 12월 11일로 기재했습니다. 정정 내용이 그 신문의 다음 호에 나오겠지만, 우리의 모든 고객들이 그 실수를 인지하는 것은 아니라고 예상됩니다. 따라서 쇼핑객들이 12월 2일과 11일 사이에 할인에 대해 문의한다면, 불편을 끼친 점을 우선 사과하고 나서 매장에서나 온라인으로, 고객들이 구매하기를 바라는 어떤 품목이든 10% 할인 쿠폰을 제공하세요. 이 문제를 도와주셔서 감사합니다.

해설

It listed the end of our half-price sale as December 11 instead of December 1.(그 광고는 우리의 반값 할인 마감일을 12월 1일이 아니라 12월 11일로 기재했습니다.)라고 했으므로 실제 반값 세일 행사일은 12월 1일임을 알 수 있다. 따라서 ② '반값 할인 행사 마감일은 12월 1일이 아닌 12월 11일이다'이 지문의 내용과 일치하지 않는 진술이다.

어휘

edition 판, 호 misprint 오타 correction 수정 aware 알고 있는 apologize 사과하다 inconvenience 불편함 assistance 도움, 지원

2. 정답 ④

해석

Langston Hughes는 Missouri 주의 Joplin에서 태어났고, Lincoln 대학교를 졸업했는데, 그 학교에서는 많은 아프리카계 미국인 학생들이 그들의 학문을 추구했다. 18세의 나이에 Hughes는 'Negro Speaks of Rivers'라는 그의 가장 유명한 시들 중 하나를 출간했다. 창의적이고 실험적인 Hughes는 실제 사투리를 그의 작품에 포함시켰고, 블루스와 재즈의 운율과 분위기를 수용하기 위해 전통적인 시 형식을 개작했으며, 하층 계급 흑인 문화의 요소들을 반영한 인물들과 테마들을 만들었다. 심각한 내용을 해학적인 방식으로 녹일 수 있는 그의 능력으로, Hughes는 자연스럽고 재치 있는 방법으로 인종 편견을 공격했다.

해설

Hughes attacked racial prejudice in a way that was natural and witty.(Hughes는 자연스럽고 재치 있는 방법으로 인종 편견을 공격했다.)라고 했으므로 ④ 'Hughes는 인종 편견을 엄숙한 문체로 공격하였다'는 지문의 내용과 일치하지 않는 진술이다.

어휘

pursue 추구하다 academic discipline 학문 poem 시 negro 흑인 incorporate 포함하다, 통합하다 authentic 실제의, 진짜의 dialect 사투리, 방언 adapt 각색하다 embrace 포용하다 cadence 억양, 리듬 mood 분위기 character 인물, 주인공 theme 주제 reflect 반영하다 fuse 녹이다, 융합시키다 content 내용물 humorous 익살맞은 racial prejudice 인종적 편견 witty 재치 있는

3. 정답 ④

해석

2010년 미국 인구조사는 미국의 민족적, 인종적 구성이 변화하고 있음을 보여 준다. 2000년과 비교했을 때, 백인으로 확인된 인구의 비율은 75.1%에서 72.4%로 줄어들었다. 0.9%로 변하지 않은 미국 원주민을 제외하고, 모든 다른 민족적 범주가 증가했다. 가장 큰 증가는 히스패닉계의 인구에서 나왔는데, 이는 2000년 12.5%에서 10년 뒤 그 인구의 16.3%로 늘어났다. 2개 이상의 인종 범주에 속하는 것으로 확인된 사람들도 10년 전의 2.4%에서 2010년에는 2.9%로 증가했다.

해설

여러가지 연도와 숫자가 비교되고 있으므로 굉장히 주의

해야 하는 문제유형이다. 2000년도와 2010년도의 수치를 비교하고 있으므로, 혼동이 되지 않도록 기록하면서 따져 봐야 한다. 백인 인구의 비율은 2000년이 75.1%이고 2010년이 72.4%이므로 ④ '백인 인구 비율은 2000년에 미국 인구의 75.1%였다'은 내용과 일치하는 진술이다.

어휘

census 인구조사 ethnic 민족의 racial 인종의 makeup 구성, 구조 shrink 줄어들다 category 범주

4. 정답 ②

해석

어떤 생각이 나에게 떠올랐고 나는 스튜디오 안의 불을 껐다. 어둠 속에서 나는 첼로의 스파이크를 카펫의 올이 성글게 짜인 지점 위에 놓았고, 첼로 활을 팽팽하게 당긴 후, 개방현을 가로질러 그것을 그었다. 나는 셔츠를 벗었고 다시 시도했다; 그것이 내가 처음으로 나의 맨 가슴 위에서 악기를 느꼈던 때였다. 나는 현들의 진동이 악기의 몸통을 지나 나의 몸으로 이동하는 것을 느낄 수 있었다. 나는 한번도 그것에 대해 생각한 적이 없었다; 음악학자들은 다양한 악기들의 공명하는 특징들에 대해 항상 이야기하지만, 분명 연주자 자신의 몸은 소리에 어떤 영향을 미친다. 음표를 탐구하면서 나는 나의, 가슴과 폐가 울림통의 연장이라고 상상했다; 나는 내가 앉았던 방식, 그리고 내 상반신의 근육의 긴장을 달리하면서 소리를 바꿀 수 있는 것 같았다.

해설

it was the first time in my life I'd felt the instrument against my bare chest.(그것이 내가 처음으로 나의 맨 가슴 위에서 악기를 느꼈던 때였다.)라고 했으므로 맨 가슴 위에 악기를 느꼈던 것이 처음이지 화자가 태어나서 처음으로 첼로로 연주한 것이 처음은 아니다. 따라서 ② '화자는 태어나서 처음으로 첼로를 연주했다'이 일치하지 않는 진술이다.

어휘

turn off 끄다 in the darkness 어둠 속에서 spike 첼로를 바닥에 고정시키는 뾰족한 부분 loose 올이 성긴, 느슨한 spot 점, 위치 tighten 팽팽하게 하다 bow 활 draw 당기다 string (악기의) 현 take off 벗다 instrument 악기, 기구 bare 벗은 chest 가슴 vibration 진동 resonate 공명하다, 울려 퍼지다 property 특성, 재산 dig into 파고들다, 탐구하다 note 음표 extension 연장 sound box 울림통

5. 정답 ②

해석

아동심리학자들은 출생부터 11살까지의 개인에 대한 연구에 그들의 노력을 집중한다. 발달심리학자들은 태어나기 전부터 성장기와 노년이 되는 동안의 행동과 성장 패턴을 연구한다. 많은 임상심리학자들은 어린이들의 행동 문제를 다루는 것을 전문으로 한다. 아동심리학의 연구는 때때로 근로 행동에 대해 설명하는 것을 돕는다. 예를 들면, 한 연구는 어린 시절 학대와 방치의 희생자들이 장기적인 결과를 겪을지도 모른다는 것을 보여 주었다. 그것 들 중에는 낮은 IQ와 낮은 독해 능력, 더 많은 자살 시도, 그리고 더 많은 실직과 저임금의 직업이 있다. 오늘날 많은 사람들이 인간 발달의 성인 단계에 대한 연구에 관심을 갖게 됐다. 발달심리학자들의 연구는 중년의 위기와 같은 중년의 문제에 대한 폭넓은 관심을 야기했다. 발달심리학자들이 관심을 가지는 직업 관련 문제는 왜 그렇게 많은 임원들이 은퇴 후에 예상한 것보다 더 일찍 사망하는 가이다.

해설

Developmental psychologists study behavior and growth patterns from the prenatal period through maturity and old age.(발달심리학자들은 태어나기 전부터 성장기와 노년이 되는 동안의 행동과 성장 패턴을 연구한다.)에서 발달심리학자들은 태어나기 전부터 노년까지의 일생의 행동과 성장 패턴을 연구한다고 했으므로 ② '발달심리학자들은 인간의 일생의 행동과 성장을 연구한다'은 내용과 일치하는 진술이다.

어휘

child psychologist 아동 심리 학자 developmental psychologist 발달심리학자 prenatal 태어나기 전의 maturity 성숙 clinical psychologist 임상심리학자 specialize in ~을 전문으로 하다 shed light on 밝히다, 해명하다 work behavior 근로 행동 abuse 학대 neglect 방치 suicide attempt 자살시도 executive 임원 retirement 은퇴

6. 정답 ③

해석

나는 전 세계에서, 심지어 다른 산업화된 사회에서도 취침 시간이라는 개념이 표준적이 아니라는 것을 알고서 놀랐다. 예를 들어, 이탈리아, 스페인 그리고 그리스와 같은 남부 유럽 국가에서 아이들은 가족의 늦은 저녁 삶에 참여하는 것이 흔히 허용되어서, 그들 자신의 방 대신 자동차나 무릎에서 잠이 들게 되고, 잠자리에 드는 정해진 시간대도 없다. 중앙아메리카와 남아메리카의 가족들에게도 보통 마찬가지다. 마야나 발리와 같은 많은 부족 문화에서는 신생아들과 유아들은 일련의 보호자들에 의해 끊임없이 안기거나 데리고 다녀지거나 혹은 동행된다. 그들은 많은 상황에서, 심지어 시끄럽고 밤새 진행되는 종교행사 중에서도 공갈 젖꼭지, 담요, 또는 봉제 인형과 같은 특별한 수면 보조 도구를 거의 필요로 하지 않은 채로 졸고, 잠들고, 뒤척이고, 잠에서 깰 수 있다.

해설

and there is no specified time for going to bed. The same is often true for families in Central and South America. (잠자리에 드는 정해진 시간대도 없다. 중앙아메리카와 남아메리카의 가족들에게도 보통 마찬가지다.) 앞 부분에서 '남부 유럽 국가들에서는 아이들이 잠자리에 드는 정해진 시간이 없다'라고 하고 '중앙아메리카와 남아메리카의 가족들에게도 보통 마찬가지다'라고 했는데 여기서 마찬가지라는 표현은 '남부 유럽 국가들과 마찬가지로 아이들이 잠자리에 드는 정해진 시간이 없다'라는 것을 의미하므로 글의 내용과 일치하는 진술이다.

어휘

notion 개념, 관념 fall asleep 잠들다 lap 무릎 specified 특정된 tribal 부족의 Balinese 발리섬의 toddler 걸음마 시기의 아기 accompany 동반하다 caretaker 보호자, 관리자 doze 꾸벅꾸벅 졸다 stir 뒤척이다 ritual observances 종교의식 pacifier (유아용) 공갈 젖꼭지 stuffed animal 봉제인형

7. 정답 ③

해석

Spencer Stanhope는 중산층 가정 출신이고 Oxford의 Rugby와 Christchurch에서 교육받았다. 그는 1850년 G. F. Watts와 함께 미술을 공부하기 시작하였고 1853년 그와 함께 이탈리아를 방문하였다. 그는 1850년대 중반 라파엘로 전파 주변의 젊은 예술가 동아리의 일원이 되었고, 특히 그의 회화에 영향을 끼친 Burne-Jones와 친했으며, 평생 친구가 되었다. 그는 1859년 왕립학교에서 처음으로 전시하였으며 그 이후 Grosvenor 미술관에서 전시를 하였다. 그의 예술가 친구들처럼 그는 평범한 사람들에게 동정심을 가지고 있었으며, 비록 이상화된 방식으로였지만 그들이 일하는 모습을 보여 주는 주제를 종종 선택하였다. 남성들은 낚시에 열중하고 여성들은 빨래를 하는 〈Washing Day(빨래하는 날)〉는 Stanhope의 대표적인 작품이다.

해설

He first exhibited at the Royal Academy in 1859 and later at the Grosvenor Gallery. (그는 1859년 왕립학교에서 처음으로 전시하였으며 그 이후 Grosvenor 미술관에서 전시를 하였다.)에서 1859년에 왕립학교에서 처음으로 전시회를 열었다고 했으므로 ③ '1859년에 Grosvenor Gallery에서 첫 전시회를 열었다'는 글의 내용과 일치하지 않는 진술이다.

어휘

come from ~출신이다 Pre-Raphaelites 라파엘전파: 19세기 중엽 영국에서 일어난 예술운동으로, 라파엘로 이전처럼 자연에서 겸허하게 배우는 예술을 표방하는 유파 exhibit 전시하다 sympathy 연민, 동정 subject 주제 get on with을 계속하다

일치/불일치(영어 선택지)

1. 정답 ④

해석

산호와 다른 암초 유기체들이 붕괴한 뒤 수천 년 동안 축적되는 탄산염 모래는 산호초 뼈대의 구성 재료이다. 그런데 이 모래는 바닷물의 화학적 구성요소에 민감하다. 바다는 이산화탄소를 흡수하면서, 산성화된다—그리고 어떤 시점에, 탄산염 모래가 그냥 용해되기 시작한다. 세

계의 바다는 인간이 배출한 이산화탄소의 대략 3분의 1을 흡수했다. 모래가 용해되는 속도는 상부 바닷물의 산성과 크게 관련이 있었고, 산호의 성장보다 바다의 산성화에 열 배 더 민감하다. 달리 말하면, 바다의 산성화는 산호의 성장보다 산호초 모래의 용해에 영향을 미칠 것이다. 이것은 아마도 자신의 환경을 바꾸고 바다의 산성화에 부분적으로 적응하는 산호초의 능력을 반영하는 데 비해, 모래의 용해는 적용할 수 없는 지구화학적 과정이다.

① 산호초의 뼈대는 탄산염 모래로 구성된다.

② 산호는 바다의 산성화에 부분적으로 적응할 수 있다.

③ 인간이 배출한 이산화탄소는 세계 바다의 산성화에 기여했다.

④ 바다의 산성화는 산호초 모래의 용해보다 산호의 성장에 영향을 미친다.

해설

ocean acidification will impact the dissolution of coral reef sands more than the growth of corals. (바다의 산성화는 산호의 성장보다 산호초 모래의 용해에 영향을 미칠 것이다.)에서 바다의 산성화는 산호초의 성장보다 산호초 모래의 용해에 더 영향을 미친다고 했으므로 ④ Ocean acidification affects the growth of corals more than the dissolution of coral reef sands. (바다의 산성화는 산호초 모래의 용해보다 산호의 성장에 영향을 미친다.)는 사실과 반대되는 진술이다.

어휘

carbonate sand 탄산염 모래 accumulate 축적되다 breakdown 붕괴 coral 산호 reef 암초 building material 건축재료 framework 뼈대 be sensitive to -에 민감한 make-up 구성요소 absorb 흡수하다 carbon dioxide 이산화탄소 acidify 산성화되다 dissolve 용해되다 human-emitted 인간이 배출한 acidity 산성 overlying 상부의 seawater 해수 acidification 산성화 dissolution 용해 reflect 반영하다 geochemical 지구 화학적인

2. 정답 ②

해석

오십만 년 전쯤의 선사시대의 사회들은 정신과 신체의 장애들을 선명하게 구분하지 않았다. 단순한 두통에서 경련성 발작에 이르는 비정상적인 행동은 고통받는 사람의 몸에 거주하거나 이를 통제하는 악령들의 탓으로 돌려졌다. 역사가들에 따르면, 이 고대 사람들은 많은 형태의 질병들을 악령 빙의, 주술, 또는 화가 난 조상의 명령 탓으로 돌렸다. '귀신학'이라는 불리는 이런 신념 체계 내에서, 희생자는 그 불행에 대해 적어도 부분적으로 책임이 있었다. 석기시대의 동굴 거주자들은 '두개골 천공'이라고 하는 수술방법으로 행동장애를 치료했을지도 모른다는 점이 제기되었는데, 이 수술에서 악령이 빠져나갈 수 있는 구멍을 제공하기 위해 두개골의 일부가 잘라 내어졌다. 사람들은 악령이 떠나면, 그 사람이 그 혹은 그녀의 정상적인 상태로 돌아온다고 믿었는지도 모른다. 놀랍게도, 두개골 천공시술을 받은 두개골들이 치유된 것으로 밝혀졌는데, 이는 일부 환자들이 이렇게 극도로 잔인한 수술을 견뎌 냈었다는 것을 나타낸다.

① 정신 장애들은 명확히 신체장애와 구분되었다.

② 비정상적 행동들은 사람에게 영향을 미치는 악령으로부터 기인한다고 믿어졌다.

③ 두개골에는 악령이 들어올 수 있도록 구멍이 만들어졌다.

④ 어떤 동굴 거주자들도 두개골 천공을 견뎌 내지 못했다.

해설

Abnormal behaviors, from simple headaches to convulsive attacks, were attributed to evil spirits that inhabited or controlled the afflicted person's body. (단순한 두통에서 경련성 발작에 이르는 비정상적인 행동은 고통받는 사람의 몸에 거주하거나 이를 통제하는 악령들의 탓으로 돌려졌다.)에서 ②은 글의 내용과 일치함을 알 수 있다.

어휘

prehistoric 선사시대의 sharply 분명하게 mental 정신적인 physical 신체적인 disorder 장애 abnormal 비정상적인 evil spirit 악마의 영혼 inhabit 거주하다 afflicted 고통받는, 괴로워하는 attribute A to B A를 B의 탓으로 돌리다 demonic possession 악령 빙의 sorcery 마술 behest 지령 ancestral spirit 조상의 영혼 demonology 귀신학 misfortune 불행 dweller 거주자 surgical

수술의 trephine 두개골을 천공하다 skull 두개골 chip away 조금씩 잘라내다 crude 미숙한 operation 수술 differentiate 구분하다 abnormal 비정상적인

3. 정답 ④

해석

커피나무는 부드럽고 달걀 모양인 잎과 약 1/2인치의 짙은 붉은색 열매로 자라는 향기로운 흰 꽃송이를 가지고 있다. 그 열매는 보통 커피콩인 두 개의 씨앗을 가지고 있다. 아라비카 커피는 최고 품질의 원두를 생산하며, 미국으로 수입되는 커피의 80%를 포함하여 세계 커피의 대부분을 제공한다. 이 종은 에티오피아가 원산지라고 여겨지며, 이곳에서 그것은 1000년 전에 알려졌었다. 인간이 가장 처음 사용한 커피는 음식이었을지도 모른다; 지방으로 만들어진 으깬 열매 한 뭉치는 어떤 아프리카 유목민들에게 하루치 식량이었다. 후에, 발효된 겉껍질과 과육으로 와인이 만들어졌다. 커피는 15세기 아라비아에서 알려졌다; 그곳에서 커피는 이집트와 터키로 퍼졌으며, 종교적, 정치적 반대를 극복하고 아랍인들 사이에서 인기를 얻었다. 처음에 커피는 이교도의 음료라고 이탈리아 성직자에 의해 금지됐지만, 교황 클레멘트 8세에 의해 승인을 받았으며, 17세기 중반 즈음에 커피는 유럽 대부분에 알려졌다. 1668년 북미에 소개되어, 커피는 보스턴 차 사건이 차를 평판이 좋지 않게 만든 후 미국인이 가장 좋아하는 음료가 되었다.

① 커피나무는 짙은 붉은색 열매로 자라는 흰 꽃을 가지고 있다.
② 세계 커피의 대부분은 에티오피아에서 유래된 것으로 여겨진다.
③ 커피는 보스턴 차 사건 이후에 미국에서 유명해졌다.
④ 커피는 교황 클레멘트 8세에 의해 불경한 것으로 여겨졌다.

해설

profane은 '신성 모독적인, 불경한'이라는 단어인데, 이 단어의 정확한 뜻을 알아야 풀 수 있는 문제이다. it was approved by Pope Clement VIII.(교황 클레멘트 8세에 의해 승인을 받았다.)에서 ④은 내용과 반대임을 알 수 있다.

어휘

ovate 달걀 모양의 cluster 송이 fragrant 향기로운 seed 씨앗 coffee bean 커피콩 bulk 대부분 crushed 뭉갠 molded 틀에 넣어 만든 fat 지방 ration 식량, 배급량 nomad 유목민 ferment 발효시키다 husk 겉껍질 pulp 과육 proscribe 금지하다 churchmen 교회인 heathen 이교도 unfashionable 평판이 좋지 않은, 유행에 뒤떨어진 profane 불경한

4. 정답 ③

해석

Louis Braille는 1809년 1월 4일에 프랑스 Coupvray에서 태어났다. 그는 학생의 신분으로 프랑스 파리에 있는 시각 장애인 청년을 위한 국립 기관을 다녔다. 그 당시에 책들은 만들기 힘들고, 읽기 어렵고 개인이 쓰기에 어려운 돋음 인쇄법을 이용하여 만들어졌다. 그 기관에 다니면서 Braille는 더 많은 책들을 읽기를 갈망했다. 그는 손가락 끝으로 쉽게 읽을 수 있는 철자를 만드는 방법들을 실험했다. 그가 15살에 발명한 문자 체계는 밤에 전쟁터에서도 불빛 없이 읽을 수 있는 군사 메시지를 보내기 위해 Charles Barbier에 의해 발명된 촉감을 이용한 "Ecriture Nocturne"(야간 문자 체계) 코드로부터 진화했다.

① 돋음 인쇄로 된 책들은 손가락 끝으로 읽기 어려웠다.
② Louis Braille는 많은 책을 읽기를 간절히 원했다.
③ Charles Barbier의 체계는 시각 장애인들을 위해 만들어졌다.
④ Louis Braille의 체계는 Ecriture Nocturne 코드에 의해 영감을 얻었다.

해설

Charles Barbier가 만든 야간 문자 체계인 Ectiture Nocturne은 밤에 전쟁터에서도 불빛 없이 읽을 수 있는 군사 메시지를 보내기 위해 만들어졌으므로 시각 장애인을 위해 만든 것은 내용과 일치하지 않는다.

어휘

institute 기관, 협회 blind 눈이 먼 raised print 돋음 인쇄 laborious 힘든 yearn for ~을 갈망하다 fingertip 손가락 evolve 진화하다 tactile 촉각의 Ecriture Nocturne

전쟁터에서 어두운 밤에 군사용 작전 명령문을 읽을 수 있는 야간문자 code 암호, 체계 battlefield 싸움터

5. 정답 ③

해석

주위를 둘러보게 된다면, 당신 근처에 아마 많은 커피숍이 있을 것이다. 커피는 정말로 큰 사업이다. International Coffee Organization에 따르면, 세계는 매년 약 700억 달러어치의 커피를 마신다. 비록 커피가 세계에서 가장 인기 있는 음료 중 하나이지만, 많은 사람들은 커피가 건강에 좋지 않다고 믿는다. 이것은 높은 심박수, 고혈압, 위장 장애의 원인으로 비난받아 왔다. 커피는 여러분이 스트레스를 더 많이 느끼게 하고 수면 문제를 일으킬 수 있다. 하지만 의학 연구는 커피가 실제로 우리에게 좋을 수도 있다는 것을 보여 주기 시작했다. 커피는 우리에게 에너지를 주고 정신을 초롱초롱하게 유지시켜 줄 뿐만 아니라 두통에 도움이 된다고 여겨진다. 커피는 또한 항산화물질를 함유하고 있기 때문에, 그것은 담배 연기나 공해와 같은 것들 안의 해로운 물질로부터 우리 몸을 보호할 수 있다. 최근의 연구는 커피가 특정 종류의 암을 예방하는 데 도움이 된다는 것을 발견했다. 예를 들어, 도쿄의 한 연구는 커피를 마시는 사람들이 커피를 마시지 않는 사람보다 간암에 걸릴 확률이 절반 정도밖에 되지 않는다는 것을 발견했다. 전반적으로, 이 연구는 커피가 해롭다기 보다는 훨씬 더 건강에 좋다는 것을 보여 준다.

① 커피를 마시는 사람들은 수면 장애를 가질 가능성이 적다.
② 커피에 들어있는 항산화물질는 우리 몸에 몇몇 질병들을 일으킨다.
③ 최근의 연구에 따르면, 커피는 몇몇 종류의 암을 예방하는 데 효과적이라고 한다.
④ 일본의 한 연구는 커피가 간암을 유발한다는 것을 보여 준다.

해설

Recent studies have found that coffee helps to prevent certain types of cancer.(최근의 연구는 커피가 특정 종류의 암을 예방하는 데 도움이 된다는 것을 발견했다.)에서 ③이 지문의 내용과 일치함을 알 수 있다.

어휘

look around 둘러보다 high heat rates 높은 심박수 high blood pressure 고혈압 stomach 위 result in 야기하다 alert 기민한, 정신이 초롱초롱한 headache 두통 antioxidants 항산화물지 liver cancer 간암 healthful 건강에 좋은 harmful 유해한 give rise to 일으키다

6. 정답 ②

해석

상어들은 이빨과 동일한 소재로 만들어진 비늘로 덮여 있다. 이 신축성 있는 비늘은 상어를 보호하고 그것이 물속에서 빠르게 헤엄치도록 돕는다. 상어는 헤엄치면서 비늘을 움직일 수 있다. 이러한 움직임은 물의 항력을 줄이는 것을 돕는다. 앨라배마대학의 항공 우주 공학자 Amy Lang은 백상아리의 친적인 청상아리의 비늘을 연구한다. Lang과 그녀의 팀은 청상아리 몸의 다양한 부분에서 청상아리의 비늘의 크기와 신축성이 다르다는 것을 발견했다. 예를 들어, 몸의 측면의 비늘은 끝이 갈수록 점점 가늘어졌다—한쪽은 넓고, 다른 한쪽 끝은 가늘다. 그것들이 끝이 점점 가늘어지기 때문에, 이 비늘들은 매우 쉽게 움직인다. 그것들은 상어 주변의 물 흐름에 적응하고 항력을 줄이기 위해서 접히거나 펴질 수 있다. Lang은 상어 비늘이 비행기와 같이 항력을 겪는 기계들을 위한 디자인에 영감을 줄 수 있다고 생각한다.

① 상어는 그것이 헤엄치는 동안 스스로를 보호해 주는 항상 움직이지 않는 비늘을 가지고 있다.
② Lang은 청상아리의 비늘이 물속에서 항력을 줄이는 데 사용된다는 것을 밝혀 냈다.
③ 청상아리는 그들 몸 전체에 동일한 크기의 비늘을 가지고 있다.
④ 비행기의 과학적 디자인은 상어 비늘에 의해 영감을 받았다.

해설

They can turn up or flatten to adjust to the flow of water around the shark and to reduce drag.(그것들은 상어 주변의 물 흐름에 적응하고 항력을 줄이기 위해서 접히거나 펴질 수 있다.)에서 they는 scales(비늘)를 지칭하므로 ②은 지문의 내용과 일치하는 진술이 된다.

어휘

scale 비늘 material 성분, 소재 flexible 신축성 있는, 유연한 drag 항력, 끌림 aerospace engineer 항공우주공학자 shortfin mako 청상아리 great white shark 백상아리 tapered 끝이 점점 가늘어진 turn up 위로 접히다 flatten 펴지다, 평평하게 하다 inspire 영감을 주다 immobile 움직일 수 없는, 부동의 utilize 사용하다 identical 동일한 lessen 줄이다, 완화하다

7. 정답 ④

해석

종이 울리면, 베이징에 있는 음식점 Duck de Chine에서 식사하는 사람 거의 모두가 돌아본다. 그것은 왜냐하면 그 도시의 가장 훌륭한 요리 쇼 중 하나인 북경오리 자르기가 막 시작되려 하기 때문이다. 중국의 현지 가이드들에 의해 그 도시의 최고 북경오리로 종종 뽑히는 Duck de Chine의 오리의 껍질은 바삭하고 설탕에 졸여지며, 고기는 부드럽고 육즙이 풍부하다. "우리의 오리구이는 다른 곳과는 약간 다릅니다."라고 Duck de Chine의 매니저 An Ding은 말한다. "우리는 대추나무를 사용하는데, 이것은 60년이 넘었고, 강한 과일 향이 나며, 오리가 특별히 바삭한 껍질과 좋은 맛을 갖도록 합니다." 얇은 팬케이크 안에 얇게 썬 파와 오이 위에 뿌려지고 오리 껍질과 함께 둘러지는 달콤한 호이신 소스는 또 다른 볼거리이다. "우리 서비스의 목표는 섬세함에 초점을 두는 것입니다."라고 Ding은 말한다. "그것은 우리가 오리구이를 선보이는 방식과 우리 손님들을 위해 만드는 맞춤 소스를 포함합니다." 심지어 접시와 젓가락 받침도 오리 모양이다. Duck de Chine 또한 중국 최초의 Bollinger Champagne Bar를 자랑한다. 비록 북경오리가 유명하지만 메뉴에는 다른 먹어 볼 가치 있는 메뉴들이 많이 있다. 그 음식점은 프랑스 영향이 살짝 가미된 광둥과 베이징 요리를 제공한다.

① 그 음식점은 요리 공연을 선보인다.
② 그 음식점은 중국에서 아주 높이 평가받는다.
③ 그 음식점은 특별한 샴페인 바를 포함한다.
④ 그 음식점은 베이징 지역의 음식만 제공한다.

해설

The restaurant serves both Cantonese and Beijing cuisine, but with a touch of French influence.(그 음식점은 프랑스 영향이 살짝 가미된 광둥과 베이징 요리를 제공한다.)에서 알 수 있듯이 광둥뿐만 아니라 베이징 요리도 제공하므로 ④은 일치하지 않는 진술이다.

어휘

gong 종 diner 식사하는 사람 turn around 돌아보다 culinary 요리의 slice 자르다 Peking duck 북경오리 vote 투표하다 crispy 바삭거리는 caramelize 설탕에 졸이다 tender 부드러운 juicy 육즙이 풍부한 roasted 훈제한 jujube wood 대추나무 scent 향 flavor 맛 hoisin sauce 호이신 소스 drizzle 뿌리다 sliced 얇게 썬 spring onion 파 cucumber 오이 encase 싸다, 집어넣다 custom 맞춤의, 주문의 chopsticks holder 젓가락 받침 suck-shaped 오리 모양의 boast 자랑하다 feature ~을 특징으로 하다

8. 정답 ③

해석

미뢰는 꽃잎처럼 겹쳐진 미각 세포들로 구성된 더미를 발견한 19세기 독일 과학자 Georg Meissne와 Rudolf Wagner에 의해 그것의 이름을 갖게 되었다. 미뢰는 일주일에서 10일 간격으로 닳아 버리며, 비록 45세를 넘으면 그렇게 자주는 아니더라도 우리는 그것들을 대체한다. 우리의 미각은 실제로 우리가 나이 듦에 따라 감퇴한다. 같은 수준의 감각을 만들기 위해 더욱 강한 맛을 필요로 한다. 아이의 입은 어른의 입보다 더 많은 미뢰를 가지고 있으며, 몇몇은 심지어 뺨에도 산재해 있다. 아이들은 단 것을 좋아하는데 부분적으로는 설탕에 더욱 민감한 그들의 혀끝이 식기도 전에 뜨거운 수프를 먹으려 시도함으로써 둔해지지 않았기 때문이다.

① 미뢰는 19세기에 발명되었다.
② 미뢰의 대체물(재생산된 미뢰)은 나이와 함께 둔화되지 않는다.
③ 아이들은 어른들보다 더욱 민감한 미각을 가지고 있다.
④ 미각은 차가운 수프를 먹음으로써 저하된다.

해설

A baby's mouth has many more taste buds than an

adult's, with some even dotting the cheeks.(아이의 입은 어른의 입보다 더 많은 미뢰를 가지고 있으며, 몇몇은 심지어 뺨에도 산재해 있다.)에서 ③은 글의 내용과 일치하는 사실임을 알 수 있다.

어휘

taste bud 미뢰, 미각세포 mound 더미, 무더기 made up of ~로 구성된 cell 세포 overlap 겹쳐지다 petal 꽃잎 wear out 떨어지다 palate 미각, 입천장 jaded 감퇴한, 지친 intense 강렬한 sensation 감각 dot 산재해 있다, 흩어져 있다 cheek 뺨 adore 좋아하다 tips of the tongues 혀끝 blunt 둔하게 하다

9. 정답 ③

해석

옛날에 세계의 지도들은 환상적인 생물들, 용들, 바다의 괴물들, 사나운 날개 달린 짐승들의 나열로 탐사의 공백을 채우곤 했다. 인간의 마음은 너무 많은 공백을 견딜 수 없는 듯하다. 우리가 알지 못하는 곳에서, 우리는 만들어 내고, 우리가 만든 것은 우리가 모르는 것에 대한 우리의 두려움을 반영한다. 요정들은 그 두려움에서 유래한다. 마을 지도에 있는 여백들 또한 채워질 필요가 있다. 절대 완전히 지도화 될 수 없는 숲들, 산들, 바다들, 그리고 강들에 직면하여, 인간들은 공백들, 모두 다른 이름이 주어졌음에도 불구하고 모두 요정들로 인식할 수 있는 다양한 존재들로 그들이 채우려고 서둘렀던 공백들을 보았다. 우리의 요정들은 전등과 고속도로들 그리고 휴대폰들이 고립된 시골 지역의 공포를 제거한 오늘날이 되어서야 완전히 상냥해졌다. 우리가 상냥하 요정들에 익숙해졌기 때문에, 우리가 과거의 요정들을 이해하는 것은 매우 어렵다.

① 인간은 텅 비어 있고 채워지지 않은 것들을 보고 싶어하지 않는다.

② 요정들은 자연에서의 이해할 수 없는 것들에 대한 인간의 두려움을 반영한다.

③ 요정들에 대한 우리의 인식에 역사적인 변화는 많지 않다.

④ 지도들의 여백들은 종종 환상적인 생명체들로 꾸며진다.

해설

Used as we are to benign fairies, it is very hard for us to understand the fairies of the past.(우리가 과거의 요정들을 이해하는 것은 매우 어렵다.)에서 요정에 대한 우리의 인식이 역사적으로 많이 변해 왔음을 알 수 있으므로 ③은 지문의 내용과 거리가 멀다.

어휘

fill in ~을 채우다 exploration 탐사 creatures 생물들 dragon 용 fierce winged bests 사나운 날개 달린 짐승들 reflect 반영하다 fairies 요정 stream 강 chart 도식화하다 hasten to R 서둘러서 ~하다 recognizable 인식 가능한 utterly 완전히 benign 상냥한, 친절한 electric light 전등 motorway 고속도로 banish 추방하다, 사라지게 하다 void 텅 빈 unfilled 채워지지 않은 indecipherable 해독할 수 없는, 이해할 수 없는 perception 인식, 지각 margin 여백 benevolent 친절한. 호의적인

10. 정답 ④

해석

선진국은 그들의 정부에 많은 액수의 돈을 기부함으로써 수십 년간 세계에서 가장 가난한 나라들의 빈곤을 완화하려고 시도해 왔다. 그 돈은 저개발 국가들의 경제를 활성화하고 학교와 병원과 같은 사회기반시설을 만들기 위한 것이다. 불행하게도, 이 돈은 결국 종종 부패한 공무원들에 의해 헛되게 사용되거나 도난당했다. 또 다른 문제점은 가난한 나라들이 때때로 기부된 돈에 의존하게 된다는 것이다. 결과적으로, 많은 전문가들은 장기적으로 대외 원조를 제공하는 것이 저개발 국가를 실질적으로 돕지는 못한다고 주장한다. 반면에 대외 원조가 좋다고 생각하는 사람들은 자금이 효과적으로 사용되는지를 보장하기 위해 다만 자금이 더 철저하게 감시되어야 한다고 주장한다.

① 선진국에 의해 기부된 돈이 저개발 국가에서 사회 기반 시설을 구축하는데 효과적으로 사용되었다는 것을 누구도 의심하지 않았다.

② 선진국들에 의해 기부된 돈은 저개발 국가의 부패한 공무원들에 의해 모두 도난당했다.

③ 대외 원조는 저개발 국가들이 선진국으로부터 독립적

이게 되도록 장려해 왔다.

④ 선진국에 의해 기부된 돈이 저개발 국가에서 항상 효과적으로 사용된 것은 아니었다.

해설

this money often ended up being used ineffectively or stolen by corrupt officials.(이 돈은 결국 종종 부패한 공무원들에 의해 헛되게 사용되거나 도난당했다.)에서 선진국에서 기부된 돈이 저개발 국에서 항상 효과적으로 사용된 것은 아님을 알 수 있다.

어휘

alleviate 완화하다 stimulate 촉진시키다 underdeveloped 저 개발된 infrastructure 하구구조, 시설 corrupt 부패한 consequently 결과적으로 aid 원조, 도움 ensure 보장하다

수능대비

1. 정답 ③

해석

잘 알려진 광물학자인 Friedrich Mohs는 1773년 1월 29일 독일의 Gernrode에서 태어났다. 그는 어린 시절 과학에 뚜렷한 흥미를 보였다. 그는 University of Halle에서 화학, 수학, 물리학을 공부했고, 또한 Mining Academy에서 광물학을 공부했다. 20대 후반에, 그는 오스트리아로 가서 물리적 속성에 따라 광물을 분류했다. 그의 이러한 새로운 분류 체계는 전통적인 방식을 따르는 많은 광물학자들과의 갈등으로 이어졌다. 1812년에, Mohs는 Joanneum의 광물학 교수로 임명되었고, 그곳에서 모스 굳기계를 개발했다. 그는 Leoben의 Mining University에서 그의 훌륭한 경력을 마무리했고 이탈리아에서 66세의 나이로 사망했다.

해설

'This new classification system of his led to conflicts followed with the many conventional mineralogists who methods.'에서 전통 적인 방식을 따르는 많은 광물학자들과 갈등을 겪었다고 했으므로, 글의 내용과 일치하지 않는 것은 ③이다.

어휘

mineralogist 광물학자 physics 물리학 classify 분류하다 attribute 속성, 특성 conventional 전통적인, 관습적인 appoint 임명하다

2. 정답 ③

해석

영화 엑스트라 모집 공고

영화계에 발을 내딛고, 곧 개봉할 흥미진진한 영화의 엑스트라가 되어 보세요!

행사 기간: 2025년 4월 20일 일요일, 오전 8시~오후 4시

장소: Golden 영화 제작 스튜디오

장면

- 복도에서 대화하기
- 레스토랑에서 식사하기

보수: $100(점심 식사 제공)

지원 자격

- 지원자는 18세 이상이어야 합니다.
- 이전의 연기 경험이 있는 지원자를 우대합니다.

지원 방법

지원서를 25년 4월 10일 목요일까지 goldenstudio@movie.com에 이메일로 보내 주세요.

해설

'Payment: $100(Lunch provided)'에서 점심 식 사가 제공된다고 하였으므로 ③은 안내문의 내용과 일치하지 않는다.

어휘

dine 식사하다 applicant 지원자 priority 우대, 우선권

3. 정답 ④

해석

Bearford 에코 패션 워크숍

여러분의 헌 옷을 이용해 특별한 패션 소품을 직접 만드는 행사에 참여해 보세요.

날짜: 4월 12일, 토요일(오전 9시~ 11시)

장소: Bearford 시청

등록: 4월 1일부터 5일까지, 웹사이트에서만 가능

참가비: $5(12세 이하는 무료)

프로그램

- 지속 가능한 패션 경향에 관한 특별 강연을 듣는다.
- 헌 옷을 이용해 친환경 가방을 만드는 법을 배운다.

참고: 가방을 만들기에 충분히 큰 헌 옷을 가져와야 합니다. (다른 재료들은 제공됩니다.)

해설

'Leam to make an eco-friendly bag using old clottog.'에서 헌 옷을 이용해 친환경 가방을 만드는 법을 배운다고 하였으므로 ④가 안내문의 내용과 일치한다.

어휘

hands-on 직접 해 보는, 실습의 entry 참가 sustainable 지속가능한 eco-friendly 친환경적인

4. 정답 ④

해석

Theodore von Karman은 헝가리계 미국인 공학자로, 20세기의 가장 위대한 지성인 중 한 명이었다. 그는 헝가리에서 태어나 어린 시절 수학과 과학에 재능을 보였다. 1908년, 독일 University of Gdttingen에서 공학 박사 학위를 받았다. 1920년대에, 관련 분야의 강연자 겸 자문 위원으로 여행을 다니기 시작했다. 미국으로 초청되어 캘리포니아 공과대학(CaHech)에서 공학자들에게 윈드터널 설계에 관한 조언을 하였다. 1930년에 Caltech의 Guggenheim Aeronautical Laboratory의 소장이 되었다. 나중에는 과학과 공학 분야에서의 리더십으로 National Medal of Science를 받았다.

해설

'He was invited to the United States to advise engineers on the design of a wind tunnel at California Institute of Technology(Caltech)'에서 그가 미국으로 초청되어 캘리포니아 공과대 학의 공학자들에게 윈드터널 설계에 관한 조언을 하였으므로, 글의 내용과 일치하지 않는 것은 ④이다.

어휘

mind 지성인 talent 재능 doctoral degree 박사 학위 lecturer 강연자 consultant 자문위원 advise 조언하다 director 소장

5. 정답 ③

해석

기초 라테 아트 수업

완벽한 라테를 만들어 가장 아름다운 방법으로 표현해 보세요! 이 수업에서, 여러분은 우유를 데우고 따르는 방법을 배울 것입니다. 여러분은 세 가지 라테 아트 디자인(하트, 튤립 그리고 나뭇잎)을 직접 만들 것입니다.

날짜: 2024년 4월 27일

시간: 오전 9시~오후 1시

장소: Camefort 커뮤니티 센터

등록 & 비용

- 4월 22일부터 4월 24일까지 www.camefortcc.com에서 온라인으로 등록하세요
- 1인당 60달러 (재료비 포함)

참고

- 우유를 마시지 않는 사람은 대체 유제품을 사용할 수 있습니다.
- 학생은 10% 할인을 받을 수 있습니다.

해설

'Register online at www.camefortcc.com, from April 22 to April 24'에서 등록이 4월 22일부터 시작된다고 하였으므로 ③이 안내문의 내용과 일치하지 않는다.

어휘

present 표현하다 steam 데우다 pour 따르다, 붓다 registration 등록 ingredient 재료 dairy alternative 대체 유제품 available 사용할 수 있는

6. 정답 ③

해석

가족 야간 하이킹 이벤트

하이킹과 가족 간의 유대로 즐거움이 가득한 밤을 함께 하세요!

날짜: 5월 4일, 토요일

시간: 오후 6시~9시

장소: Skyline 보호 구역

비용

- 성인: 20달러
- 19세 미만 어린이: 10달러 지침

• 어린이는 법적 보호자를 동반해야 합니다.
• 손전등과 물 한 병을 가져오세요.
• 항상 안내원의 지시를 따라 주세요.

등록

• www.familyhiking.com에 방문하여 4월 26일까지 등록하세요.
• 4월 12일까지 등록하시는 모든 분께 구급상자가 무료로 제공됩니다.

해설

행사는 토요일 오후 6시부터 9시까지 진행되고, 참가비는 성인이 20달러, 19세 미만의 어린이는 10달러이며 등록하는 모든 참가자에게 구급상자가 무료로 제공된다. 'Children must be accompanied by legal guardians'에서 어린이는 법적 보호자를 동반해야 한다고 하였으므로, ④가 안내문의 내용과 일치한다.

어휘

preserve 보호구역 guideline 지침 be accompanied by ~을 동반하다 legal guardian 법적 보호자 instruction 지시 first aid kit 구급상자

7. 정답 ④

해석

영국인 사진작가인 Julia Margaret Cameron은 19세기의 가장 뛰어난 인물 사진작가 중 한 명으로 여겨진다. 인도 Calcutta의 영국인 가족에서 태어난 Cameron은 프랑스에서 교육받았다. 1863년 12월에 자신의 딸로부터 카메라를 선물로 받고서, 그녀는 곧 활기차게 사진 촬영술에 전념했다. 그녀는 닭장을 비우고 그곳을 스튜디오 공간으로 바꾸어 그곳에서 사진작가로 일하기 시작했다. Cameron은 화보 같은 스튜디오 사진을 찍었는데 사진을 위해 친구들과 가족 구성원이 자세를 취하도록 설득하고 그들에게 연극 의상을 입히고 신중하게 그들을 장면으로 성했다. 그녀의 소위 서투른 기술로 인해 자기 시대 예술 비평가 들로부터 비판받으면서도, 그녀는 관습을 무시하고 구도와 초점을 실험했다. 훗날 비평가들은 그녀가 기술적 완벽함보다 정신적 깊이에 가치를 둔 것을 높이 평가했으며, 오늘날 그녀의 인물 사진을 표현 수단(사진)의 예술적 가능성을 가장 뛰어나게 표현한 작품 중의 하나로 여긴다.

해설

'Criticized for her so-called bad technique by art critics in her own time,'에서 그녀는 자기 시대 예술 비평가들에게 비판을 받았으므로 글의 내용과 일치하지 않는 것은 ④이다.

어휘

consider 여기다 portrait 인물, 초상 energetically 활기차게 devote 전념하다 clear 비우다 convert~ into… ~을 …으로 바꾸다 illustrative 화보 같은 convince 설득하다 pose 자세를 취하다 theatrical 연극의 compose 구성하다 criticize 비판하다 so-called 소위 critic 비평가 convention 관습 experiment 실험하다; 실험 composition focus 초점 구도 appreciate 높이 평가하다 spiritual 정신적인, 정신의 expression 표현 medium (미술의) 표현 수단

8. 정답 ⑤

해석

Have a Good Night 앱
이 스마트앱은 상쾌한 잠을 자도록 도와드립니다.

특징

• 수면을 위한 소리 - 수면을 위한 편안한 소리를 제공함
• 수면 녹음기 - 자는 동안 기침이나 코를 고는 소리와 같은 소리를 녹음함
• 수면 패턴 추적기 - 이용자의 수면 패턴을 확인하고 분석함
• 스트레스가 없는 알람음

가격

• 기본 버전: 무료
• 프리미엄 버전(추가 사운드트랙): 1년에 $30 여기를 클릭해서 앱을 다운로드하세요

해설

'Basic version: Free'에서 기본 버전을 무료라고 하였으므로 ⑤가 안내문의 내용과 일치하지 않는다.

어휘

refreshing 상쾌한 cough 기침하다 snore 코를 골다 analyze 분석하다 adjust 조정하다

9. 정답 ⑤

해석

2023 온라인 재능 경연 대회

여러분의 놀라운 재능을 뽐내세요!

- **부문:** 노래, 춤, 악기 연주
- **참가 방법** - 여러분의 재능을 3분 길이의 비디오로 녹화하여 talent@westhigh.edu로 보내세요.

우승작 선정 방법

1. 모든 비디오는 4월 5일에 학교 웹사이트에 업로드 될 것입니다.
2. 학생과 교사가 가장 좋아하는 비디오에 투표할 것입니다.
3. 가장 많은 표를 받은 비디오가 우승할 것입니다.

- 우승한 비디오는 학교 축제에서 상영될 것입니다. 더 많은 정보를 위해 www.westhigh.edu를 방문하세요. 더 많은 정보를 위해서 커뮤니티 센터 013-234-6114로 연락하세요.

해설

참가 부문은 노래, 춤, 악기 연주 세 가지이고, 비디오의 길이는 3분이며, 제출 기간은 3월 27일부터 31일까지 5일 동안이고, 학생과 교사가 우승작 선정 투표에 참여할 수 있다. 'The winning video will be played at the school festival'에서 우승한 비디오는 학교 축제에서 상영될 것이라고 하였으므로, ⑤가 안내문의 내용과 일치한다.

어휘

talent show 재능 경연 대회 show off 뽐내다 instrument 악기 submit 제출하다

10. 순서배열

1) 특징

글의 흐름 파악하기 유형으로는 순서배열, 문장제거, 문장삽입 유형이 있는데, 하나의 단락을 구성하는 문장들을 논리적인 흐름을 파악하는 유형이다. 이러한 일관성 관련 문제는 주어진 문장에서 제시된 힌트를 파악하고, 뒤의 내용을 예측함으로써 중복해서 여러 번 읽는 시간을 줄일 수 있다.

글쓴이는 논리를 전개함에 있어서 일반적인 사실을 언급한 후 구체적인 사실로 논리를 전개하거나, 자신의 의견을 제시한 후 예시나 부연설명을 통해서 뒷받침한다.
순서배열 문제의 본질은 "**문장 간의 논리적 연결고리**"를 찾는 것이다. 핵심은 담화흐름(맥락)에 있다. "어떤 문장이 먼저 나올 수 없고, 어떤 문장은 반드시 뒤에 와야 하는가?"를 생각하면서 접근해야 한다.

2) 핵심단서

① **지시어** (this, that, such, these, those)
- 앞에 설명이 있어야만 등장 가능
- 지시어가 있는 문장은 **절대 첫 문장 X**
- this change such a system these finding

② **대명사**(he, she, it, they, one)
- 선행 명사가 필수
- 대명사 → 앞 문장 필요

③ **연결어**(however, therefore, for example 등)

④ **시제 및 시간 표현**
- 과거 → 현재 → 미래
- first later eventually
- 시간의 흐름은 순서문제의 강력한 단서이다.

⑤ **일반 → 구체 문제 → 해결**
- 설명문, 정보문의 최다 출제 구조
- 정의 → 설명 → 예시 → 결과

⑥ **관사**
- 부정관사와 사용되는 명사는 처음 등장에 제시되고, 정관사와 사용되는 명사는 앞에서 언급한 명사를 지칭할 때 사용한다.

⑦ full name → part name → 대명사

문제풀이 순서

step 1. 전체지문 스캔

- 언어적 단서(연결어/대명사/지시어) 찾아서 체크

step 2. 선지에서 중복되는 것 찾기

- B가 2개이면 B로 시작할 확률(80%이상)

step3. 첫 문장 찾기(Anchoring Sentence)

다음 조건을 충족하면 1번 후보

- 지시어 x
- 대명사 x
- however therefore 없음
- 주제가 '일반적, 포괄적'
- 첫 문장은 '가장 심심한 문장'(추상, 중립, 객관적 문장)
- "추상적 개념" 뒤에는 "구체적 설명/예시"

step 4. 언어적 단서(연결어/대명사/지시형용사)와 단락별 반복 어구를 찾아서 단락별 전/후 관계를 파악

다음은 무조건 붙여서 생각

패턴	연결
일반 → 예시	A → for example B
주장 → 근거	주장 → therefore/this leads to
문제 → 해결	문제점 → 해결책 제시(질문 → 답변)

예시

1. 주어진 글 다음에 이어질 글의 순서로 가장 적절한 것은?

Past research has shown that experiencing frequent psychological stress can be a significant risk factor for cardiovascular disease, a condition that affects almost half of those aged 20 years and older in the United States.

(A) Does this mean, though, that people who drive on a daily basis are set to develop heart problems, or is there a simple way of easing the stress of driving?
(B) According to a new study, there is. The researchers noted that listening to music while driving helps relieve the stress that affects heart health.
(C) One source of frequent stress is driving, either due to the stressors associated with heavy traffic or the anxiety that often accompanies inexperienced drivers.

① (A) - (C) - (B)
② (B) - (A) - (C)
③ (C) - (A) - (B)
④ (C) - (B) - (A)

정답 ②

해석

과거의 연구는 빈번한 심리적 스트레스를 경험하는 것이 심혈관 질환의 중요한 위험인자가 될 수 있다는 것을 보여 주었는데, 미국의 20세 혹은 그 이상의 성인들 중 거의 절반에 영향을 미치는 질환이다.
(C) 잦은 스트레스의 요인 중 하나가 운전인데, 이는 교통 체증과 연관된 스트레스 요인이거나, 경험이 적은 운전자들에게 종종 나타나는 불안증과 관련된 것들 중 하나이다.
(A) 그러나 이것이 매일 운전하는 사람들이 심장병에 걸릴 수밖에 없는 것이거나 운전의 스트레스를 덜어 낼 간단한 방법이 있다는 것을 의미하는 것일까?
(B) 최신 연구에 따르면, 그렇다. 과학자들은 운전 중 음악을 듣는 것이 심장 건강에 영향을 주는 스트레스를 더는 데 도움이 된다는 사실에 주목한다.

단서

제시문(stress) → (C) stress원인 driving → (A) this 운전스트레스 줄이는 방법 없을까? → (B) there is 음악 듣기

해설

우선 첫 지문(주제문)에서 심리적 스트레스가 심장 질환의 중요 원인이라고 했다. 이어지는 문장은 스트레스와 관련된 문장이어야 한다. (A)는 운전과 관련된 지문이므로 넘어가고, (B)는 운전 중에 음악을 듣는 것이 스트레스를 완화한다는 내용이므로 넘어가면, (C) '잦은 스트레스의 요일 중 하나가 운전이다'가 주제문 바로 뒤에 이어지는 문장이다.
다시 한번 정리하면, 주제문(스트레스는 심혈관 질환의 주요 원인이다)-(C)(잦은 스트레스의 요인 중 하나가 운전이다)-(A)(운전의 스트레스를 덜어 낼 방법이 있을까?)-(B)(운전 중에 음악을 듣는 것이 스트레스 완화에 도움을 준다)가 글의 순서로 올바르다.

연습문제

1. 주어진 글 다음에 이어질 글의 순서로 가장 적절한 것은?

Nowadays the clock dominates our lives so much that it is hard to imagine life without it. Before industrialization, most societies used the sun or the moon to tell the time.

(A) For the growing network of railroads, the fact that there were no time standards was a disaster. Often, stations just some miles apart set their clocks at different times. There was a lot of confusion for travelers.
(B) When mechanical clocks first appeared, they were immediately popular. It was fashionable to have a clock or a watch. People invented the expression "of the clock" or "o'clock" to refer to this new way to tell the time.
(C) These clocks were decorative, but not always useful. This was because towns, provinces, and even neighboring villages had different ways to tell the time. Travelers had to reset their clocks repeatedly when they moved from one place to another. In the United States, there were about 70 different time zones in the 1860s.

① (A) - (B) - (C)
② (B) - (A) - (C)
③ (B) - (C) - (A)
④ (C) - (A) - (B)

2. 주어진 문장 이후에 이어질 글의 순서로 가장 적절한 것은?

South Korea boasts of being the most wired nation on earth.

(A) This addiction has become a national issue in Korea in recent years, as users started dropping dead from exhaustion after playing online games for days on end. A growing number of students have skipped school to stay online, shockingly self-destructive behavior in this intensely competitive society.
(B) In fact, perhaps no other country has so fully embraced the Internet.
(C) But such ready access to the Web has come at a price as legions of obsessed users find that they cannot tear themselves away from their computer screens.

① (A) - (B) - (C)
② (A) - (C) - (B)
③ (B) - (A) - (C)
④ (B) - (C) - (A)

3. 주어진 문장 이후에 이어질 글의 순서로 가장 적절한 것은?

A technique that enables an individual to gain some voluntary control over autonomic, or involuntary, body functions by observing electronic measurements of those functions is known as biofeedback.

(A) When such a variable moves in the desired direction (for example, blood pressure down), it triggers visual or audible displays—feedback on equipment such as television sets, gauges, or lights.
(B) Electronic sensors are attached to various parts of the body to measure such variables as heart rate, blood pressure, and skin temperature.
(C) Biofeedback training teaches one to produce a desired response by reproducing thought patterns or actions that triggered the displays.

① (A) - (B) - (C)
② (B) - (C) - (A)
③ (B) - (A) - (C)
④ (C) - (A) - (B)

4. 주어진 글 이후에 이어질 글의 순서로 가장 적절한 것은?

Through the ages, industrious individuals have continuously created conveniences to make life easier. From the invention of the wheel to the light bulb, inventions have propelled society forward.

(A) In addition, interactive media can be used to question a lecturer or exchange opinions with other students via e-mail. Such computerized lectures give students access to knowledge that was previously unavailable.
(B) One recent modern invention is the computer, which has improved many aspects of people's lives. This is especially true in the field of education. One important effect of computer technology on higher education is the availability of lectures.
(C) As a result of the development of computer networks, students can obtain lectures from many universities in real time. They are now able to sit down in front of a digital screen and listen to a lecture being given at another university.

① (A) - (B) - (C)
② (B) - (C) - (A)
③ (C) - (A) - (B)
④ (C) - (B) - (A)

5. 주어진 글 다음에 이어질 글의 순서로 가장 적절한 것은?

The most innovative of the group therapy approaches was psychodrama, the brainchild of Jacob L. Moreno. Psychodrama as a form of group therapy started with premises that were quite alien to the Freudian worldview that mental illness essentially occurs within the psyche or mind.

(A) But he also believed that creativity is rarely a solitary process but something brought out by social interactions. He relied heavily on theatrical techniques, including role-playing and improvisation, as a means to promote creativity and general social trust.
(B) Despite his theoretical difference from the mainstream viewpoint, Moreno's influence in shaping psychological consciousness in the twentieth century was considerable. He believed that the nature of human beings is to be creative and that living a creative life is the key to human health and wellbeing.
(C) His most important theatrical tool was what he called role reversal—asking participants to take on another's persona. The act of pretending as if' one were in another's skin was designed to help bring out the empathic impulse and to develop it to higher levels of expression.

① (A) - (C) - (B)
② (B) - (A) - (C)
③ (B) - (C) - (A)
④ (C) - (B) - (A)

6. 주어진 글 다음에 이어질 글의 순서로 가장 적절한 것은?

In World War II, Japan joined forces with Germany and Italy. So there were now two fronts, the European battle zone and the islands in the Pacific Ocean.

(A) Three days later, the United States dropped bombs on another city of Nagasaki. Japan soon surrendered, and World War II finally ended.
(B) In late 1941, the United States, Britain and France participated in a fight against Germany and Japan; the U.S. troops were sent to both battlefronts.
(C) At 8:15 a.m. on August 6, 1945, a U.S. military plane dropped an atomic bomb over Hiroshima, Japan. In an instant, 80,000 people were killed. Hiroshima simply ceased to exist. The people at the center of the explosion evaporated. All that remained was their charred shadows on the walls of buildings.

① (A) - (B) - (C)
② (B) - (A) - (C)
③ (B) - (C) - (A)
④ (C) - (A) - (B)

7. 주어진 글 다음에 이어질 글의 순서로 가장 적합한 것은?

Thunderstorms are extremely common in many parts of the world, for example, throughout most of North America. Updrafts of warm air set off these storms.

(A) This more buoyant air then rises and carries water vapor to higher altitudes. The air cools as it rises, and the water vapor condenses and starts to drop as rain. As the rain falls, it pulls air along with it and turns part of the draft downward.
(B) An updraft may start over ground that is more intensely heated by the sun than the land surrounding the area. Bare, rocky, or paved areas, for example, usually have updrafts above them. The air in contact with the ground heats up and thus becomes lighter, more buoyant, than the air surrounding it.
(C) The draft may turn upward again and send the rain churning around in the cloud. Some of it may freeze to hail. Sooner or later, the water droplets grow heavy enough to resist the updrafts and fall to the ground, pulling air in the form of downdrafts with them.

① (A) - (C) - (B)
② (B) - (A) - (C)
③ (B) - (C) - (A)
④ (C) - (A) - (B)

8. 주어진 글 다음에 이어질 글의 순서로 가장 적절한 것은?

As cars are becoming less dependent on people, the means and circumstances in which the product is used by consumers are also likely to undergo significant changes, with higher rates of participation in car sharing and short-term leasing programs.

(A) In the not-too-distant future, a driverless car could come to you when you need it, and when you are done with it, it could then drive away without any need for a parking space. Increases in car sharing and short-term leasing are also likely to be associated with a corresponding decrease in the importance of exterior car design.
(B) As a result, the symbolic meanings derived from cars and their relationship to consumer self-identity and status are likely to change in turn.
(C) Rather than serving as a medium for personalization and self-identity, car exteriors might increasingly come to represent a channel for advertising and other promotional activities, including brand ambassador programs, such as those offered by Free Car Media.

① (A - (C) - (B)
② (B) - (C) - (A)
③ (C) - (A) - (B)
④ (C) - (B) - (A)

9. 주어진 글 다음에 이어질 글의 순서로 가장 적절한 것은?

Do the words we use affect our thoughts and actions? The answer may lie in a remote part of northeastern Australia.

(A) According to Boroditsky, Kuuk Thaayorre, the language of the Cape York Australian aboriginals, relies exclusively on absolute directional references, unlike English. Like English, Kuuk Thaayorre has words for "north," "south," and so on. Unlike English, Kuuk Thaayorre lacks words for relative directional references, such as "left" and "right."
(B) For long distances, an English speaker might say, "Chicago is north of there." But for short distances, the same speaker will shift to a relative reference and might say, "My brother is sitting to my right." In contrast, a speaker of Kuuk Thaayorre always uses absolute directional references, saying things like "My friend is sitting southeast of me."
(C) Cognitive psychologist Lera Boroditsky has reported that aboriginal children from Cape York can accurately point to any compass direction as early as age 5. In contrast, most Americans cannot do this even as adults. But why?

① (A) - (C) - (B)
② (B) - (A) - (C)
③ (B) - (C) - (A)
④ (C) - (A) - (B)
⑤ (C) - (B) - (A)

10. 주어진 글 다음에 이어질 글의 순서로 가장 적절한 것은?

First, what is politics about? One of the classic answers to this question is that politics is about who gets what, when and how. On this view, politics is essentially about settling contestation over the distribution of material goods.

(A) Yet the notion that politics is solely, or ainly, about distribution has been challenged over the past three or more decades. The increasing salience of 'post-ideological' contestation around values and lifestyles suggests that politics is as much, or arguably more, about identity and culture as it is about material resources.
(B) This may have been a fair characterization of politics in the post—World War II era—an era that saw the rolling out of progressive taxation and welfare provision by a relatively centralized state and a party political system based on a traditional left-right ideological cleavage.
(C) Much of our contemporary political debate revolves around issues that are not neatly categorized as left or right, such as the environment, gender and sexual rights, immigration and security.

① (A) - (B) - (C)
② (A) - (C) - (B)
③ (B) - (A) - (C)
④ (B) - (C) - (A)
⑤ (C) - (B) - (A)

11. 다음 내용에 이어질 글의 순서로 가장 적절한 것은?

On November 2, 1988, thousands of computers connected to the Internet began to slow down. Many eventually ground to a temporary halt. No data were destroyed, but a lot of computing time was lost as computer system administrators fought to regain control of their machines.

(A) There it hid itself and passed around misleading information that made it harder to detect and counteract. Within a few days The New York Times identified the hacker as Robert Morris, Jr., a twenty-three-year old graduate student at Cornell University.
(B) The cause turned out to be a mischievous computer program called a "worm" that was spreading from one computer to another on the network, replicating as it went. The worm used an unnoticed "back door" in the system's software to directly access the memory of the computers it was attacking.
(C) He later testified that he had designed and then unleashed the worm to see how many computers it would reach but that a mistake in his programming had caused the worm to replicate far faster than he had expected.

① (A) - (B) - (C)
② (A) - (C) - (B)
③ (B) - (A) - (C)
④ (B) - (C) - (A)

정답 및 해설

연습문제

1. 정답 ③

해석

요즘 시계는 우리의 삶을 너무나 지배하고 있어서 시계가 없는 삶은 상상하기 어렵다. 산업화 이전에 대부분의 사회는 달이나 태양을 이용하여 시간을 알 수 있었다.

(A) 기계식 시계가 처음 등장했을 때, 즉시 인기가 있었다. 시계나 손목시계가 있는 것이 유행이었다. 사람들은 시간을 알려 주는 이 새로운 방법을 언급하기 위해 "of the clock" 또는 "o'clock"라는 표현을 발명했다.

(C) 이 시계들은 장식되어 아름다웠지만 항상 유용한 것은 아니었다. 마을과 지방, 심지어 이웃 마을까지도 시간을 알 수 있는 방법이 달랐기 때문이다 여행자들은 한 장소에서 다른 장소로 이동할 때 시계를 반복적으로 재설정해야 했다. 미국에서는 1860년대에 약 70개의 다른 시간대가 있었다.

(A) 커져 가는 철도망에는 시간 기준이 없다는 사실이 재난과도 같았다. 종종, 몇 마일 떨어져 있는 역들은 다른 시간에 시계를 설정한다. 여행자들에게는 많은 혼란이 있었다.

해설

주제문(시계는 우리 삶을 지배하고 있는데, 산업화 이전에는 달이나 태양을 이용했다.)에 이어지는 문장에는 시계에 관한 내용이 수반되어야 한다. (A)는 시간 기준에 관한 내용이므로 넘어가고, (B)에서 mechanical clocks(기계식 시계)가 처음 등장했다고 했으므로 주제문 바로 뒤에 문장은 (B)가 되어야 한다. 그리고 (C)에서 These clocks가 앞에 제시된 mechanical clocks를 받아 주므로 (B) 다음에는 (C)가 이어지고, (C)에서 마을마다 시간대가 달라서 여행객들이 이동할 때마다 시간을 재설정해야 한다는 내용이 나오므로 그 뒤로 이어지는 문장으로는 '시간대가 없다는 것은 재앙과 같다'라고 부연 설명해 주는 (A)가 가장 적절하다.

어휘

dominate 지배하다 industrialization 산업화 mechanical clock 기계식 시계 fashionable 유행인 clock 시계 watch 손목시계 invent 발명하다, 만들어 내다 refer to ~을 언급하다 decorative 장식용의 province 지방 village 마을 time zone 시간대 time standard 시간 기준 disaster 재앙 confusion 혼동

2. 정답 ④

해석

한국은 지구상에서 가장 인터넷이 잘 연결된 국가임을 자랑한다.

(B) 사실, 아마도 어느 나라도 인터넷을 이렇게 완전히 수용한 나라는 없을 것이다.

(C) 그러나 집착하는 많은 사용자들이 컴퓨터 화면에서 자신을 떼어 낼 수 없다는 것을 알게 되면서 웹에 대한 그러한 쉬운 접근은 대가를 치르게 되었다.

(A) 이 중독은 최근 몇 년 동안 계속해서 온라인 게임을 한 후 이용자들이 탈진으로 급사하기 시작하면서 한국에서 국가적 이슈가 되었다. 점점 더 많은 학생들이 온라인에서 지내기 위해 학교를 빼먹었고, 이것은 이 치열한 경쟁에서 충격적일 정도로 자기 파괴적인 행동이었다.

해설

주제문(한국은 인터넷이 잘 연결된 나라이다) 뒤로 이어지는 문장에서는 주제문을 부연설명하거나 보강하는 문장이 되어야 한다. (A)는 갑자기 지시대명사 This addition이 나올 수 없으므로 넘어가면, (B)에서 In fact와 함께, 주제문을 부연설명하는 내용이 나온다. (사실, 어느 나라도 인터넷을 한국처럼 완전히 수용한 나라는 없다.) (B) 뒤에 이어지는 내용으로는 (C)에서 But과 함께 인터넷의 쉬운 접근의 대가(인터넷 중독)를 설명하고 그 뒤로 This addiction으로 이어받는 (A)가 글의 순서로 가장 적절하다.

어휘

boast 자랑하다 wired 유선의, 네트워크의 on earth 지구상에서 embrace 수용하다 ready access to ~에 대한 쉬운 접근 come at a price 대가를 치르다 legion 군단, 많은 사람들 obsessed 집착하다 tear-away 떼어내다, 분리하다 addiction 중독 drop dead 급사하다 exhaustion 탈진, 기진맥진 self-destructive 자멸적인 intensely 몹시 강렬하게 competitive 경쟁을 하는, 경쟁력 있는

3. 정답 ③

해석

개인이 자율적인, 혹은 비자발적인, 신체 기능에 대해 이러한 기능들에 대한 전자식 측정을 관찰함으로써, 자발적인 통제를 얻게 하는 기술은 '생체 자기 제어'로 알려져 있다.

(B) 전자 센서는 심장 박동수, 혈압, 그리고 피부 온도와 같은 변수들을 측정하기 위해서 신체의 여러 부분에 부착된다.

(A) 심장 박동수, 혈압, 그리고 피부 온도와 같은 그러한 변수들이 원하는 방향으로 움직인다면(예를 들어, 혈압을 낮춘다든지), 이것은 볼 수 있는 혹은 들을 수 있는 표시들—TV 수신기, 측정기, 혹은 전등과 같은 장비에 대한 반응을 유발한다.

(C) 생체 자기 제어 트레이닝은 표시들을 유발하는 생각 패턴들, 혹은 행동들을 재생산함으로써, 원하는 반응을 생산할 수 있도록 가르친다.

해설

주제문에서 생체 자기 제어를 설명하고 있다. (비자발적 신체 기능에 대해서 전자식 측정을 관찰함으로써 자발적 통제를 얻는 기술이다.) 이어지는 문장에서는 생체 자기 제어 기술에 대한 보충 설명하는 지문이 와야 한다. 우선 (A)의 such a variable는 앞에 variable에 대한 내용이 먼저 제시되어야 하므로 넘어가야 한다. (B) 심장 박동, 혈압, 그리고 피부온도와 같은 변수를 측정하기 위해서 전체 센서가 신체에 부착된다고 했으므로 주제문 다음으로 (B)가 와야 한다. 그리고 (B) 다음에는 such a variable가 포함된 (A)가 이어져야 한다. 마지막으로 신체 자기 제어 트레이닝을 설명하는 (C)가 이어져야 글의 순서가 올바르게 된다.

어휘

enable 가능하게 하다 voluntary 자발적인 autonomic 자율적인 involuntary 비자발적인 electronic measurements 전자식 측정 biofeedback 생체 자기 제어(심장 박동처럼 의식적인 제어가 안되는 체내 활동을 전자장치로 측정하고 그 결과를 이용하여 의식적인 제어를 훈련하는 방법) electronic sensor 전자센서 attach 붙이다 variable 변수 heart rate 심장 박동수 blood pressure 혈압 skin temperature 피부 온도 trigger 촉발하다 gauge 측정기

4. 정답 ②

해설

몇 대에 걸쳐, 부지런한 사람들은 지속적으로 삶을 더 쉽게 만들도록 편리한 것들을 만들어 왔다. 바퀴의 발명부터 전구까지, 발명들은 사회를 앞으로 나아가게 해 왔다.

(B) 최근의 현대적 발명 중 하나인 컴퓨터는 사람들의 삶의 많은 양상들을 개선해 왔다. 이것은 특히 교육 분야에서 그렇다. 고등교육에 미친 컴퓨터 기술의 중요한 한 가지 영향은 강의의 이용 가능성이다.

(C) 컴퓨터 네트워크 발달의 결과로, 학생들은 많은 대학들로부터 강의를 실시간으로 들을 수 있다. 그들은 이제 디지털 화면 앞에 앉아서 다른 대학에서 진행되고 있는 강의를 들을 수 있다.

(A) 게다가, 쌍방향 미디어는 이메일을 통해서 강연자에게 질문하거나 다른 학생들과 의견을 교환하는 데에 사용될 수 있다. 이러한 컴퓨터화된 강의들은 학생들에게 이전에는 불가능했던 지식으로의 접근을 제공한다.

해설

이 글의 주제문은 '발명은 사회를 앞으로 나아가게 해 왔다'이다. 이어지는 글에서는 이러한 발명의 구체적인 사례가 들어간 문장이 수반되어야 한다. (A)의 In addition은 앞에 무언가를 설명하고, 추가 나열할 때 사용하는 접속 부사이므로 넘어가야 한다. 주제문 다음 내용으로는 (B)(최근 방명중의 하나인 컴퓨터는 강의에 활용된다)가 적절하고, 그 다음 문장으로는 강의에서 컴퓨터가 어떻

게 활용되는지를 설명하는 (C)(실시간으로 강의를 들을 수 있다)가 적절하고, 마지막으로는 (A)(상호미디어는 소통을 가능하게 한다)가 이어져야 글의 순서가 가장 적절하다.

어휘

industrious 부지런한, 근면한, 노력하는 continuously 지속적으로 wheel 바퀴 light bulb 백열전구 propel 추진하다, ~을 나아가게 하다 interactive media 대화형미디어, 쌍방향 미디어 access 접근, 출입, 이용

5. 정답 ②

해석

가장 혁신적인 집단 치료 접근법은 Jacob L. Moreno가 만든 사이코 드라마이다. 집단 치료의 한 형태로서 사이코 드라마는 정신 질환이 기본적으로 정신 혹은 마음속에서 발생한다는 프로이드 세계관에는 꽤나 생경한 전제를 가지고 시작되었다.

(B) 주류 관점과의 그의 이론적 차이에도 불구하고, 20세기 심리학적 인식의 형성에 있어서 Moreno의 영향력은 꽤 컸다. 그는 인간의 천성은 창의적이고자 하고, 창의적인 삶을 사는 것이 인간의 건강과 복지에 핵심이라고 믿었다.

(A) 그러나 그는 창의성은 거의 독립적인 과정이 아니며, 사회적 상호 작용에 의해서 발휘된 무언가라는 것을 또한 믿었다. 그는 창의성과 일반적인 사회적 신뢰를 높이기 위한 수단으로써, 롤플레이나 즉흥연기를 포함하는 연극적 기법에 크게 의존했다.

(C) 그의 가장 중요한 연극적 도구는 그가 역할 바꾸기라고 불렀던 것인데, 참여자들에게 다른 사람의 모습을 하도록 요청하는 것이다. 어떤 사람이 다른 사람의 몸속에 들어가 있는 것처럼 연기하는 행위는 공감적 자극을 끌어내도록 돕고, 이를 보다 높은 수준의 표현으로 발전시키도록 만들어졌다.

해설

이 글의 주제문은 '가장 혁식적인 집단 치료법은 Moreno의 사이코 드라마인데, 이것은 프로이드 세계관에는 꽤나 생경했다'이다. (A)는 But이 포함되어 있는데, 이는 앞 문장과 뒤 문장의 역접의 관계를 나타낼 때 사용하므로 넘어가야 한다. 주제문에서 Moreno의 사이코 드리마는 프로이드 세계관에는 생경했다는 문구를 그대로 받아 주는 (B) Despite his theoretical difference from the mainstream viewpoint(주류 관점과의 그의 이론적 차이에도 불구하고)가 이어져야 한다. (B)에서 창의성이 건강과 복지의 핵심이라 주장했고, 그 뒤로 (A)에서 creativity가 나오므로 바른 연결이 된다. (창의성은 사회적 상호작용에 의해서 발휘되는데, 창의성을 높이기 위해서 연극적 기법에 의존했다.) 그리고 마지막으로 (A)에서의 theatrical techniques(연극적 기법)을 그대로 받아 주는 His most important theatrical tool(그의 가장 중요한 연극적 도구)이 포함된 (C)(가장 중요한 연극적 도구는 역할 바꾸기였다)가 이어져야 가장 적절하다.

어휘

innovative 혁신적인 group therapy 집단 치료 psychodrama 심리극 brainchild 두뇌의 소산 premise 전제 alien 생경한 psyche 마음, 정신 theoretical 이론적인 mainstream viewpoint 주류 관점 psychological 심리적인 consciousness 의식 wellbeing 복지 solitary 혼자의 social interaction 사회적 상호작용 theatrical techniques 연극기법 improvisation 즉흥 연기 role reversal 역할 바꾸기 persona 모습 pretend ~인 체하다 bring out 끌어내다 empathic 감정 이입의 impulse 충동, 자극

6. 정답 ③

해석

제2차 세계 대전에서 일본은 독일과 이탈리아 세력에 동참했다. 그래서 마침내 유럽의 전투 지역과 태평양의 섬들이라는 두 개의 전선이 있게 되었다.

(B) 1941년 후반, 미국과 영국 그리고 프랑스는 독일과 일본에 대항하는 전투에 참여했다; 미국의 군대는 두 군데의 전선에 보내졌다.

(C) 1945년 8월 6일 오전 8시 15분, 미국의 군용기가 일본의 히로시마에 원자폭탄을 투하했다. 순식간에 80,000명의 사람들이 목숨을 빼앗겼다. 히로시마는 그저 더 이상 존재하지 않았다. 폭발의 중심에 있던 사람들은 증발되었다. 남아 있는 것이라고는 건물 벽에 있는 그들의 그을린 그림자뿐이었다.

(A) 3일 후, 미국은 나가사키라는 또 다른 도시에 폭탄을 투하했다. 곧 일본은 항복했고 제2차 세계 대전은 마침내 종식되었다.

해설

이 글의 주제문은 '2차대전에 일본은 독일과 이탈리아 세력에 동참했다'이다. 주제문 다음 지문을 선택하는 것이 중요한데, 이 글은 시간부사가 중요한 단서가 된다. 우선 (A)의 Three year later는 앞에 구체적인 연도가 언급되고 그 뒤에 사용되는 부사이고, another city라는 표현도 앞에 하나의 도시가 언급되고 그 뒤에 '또 다른 도시'라는 표현이 와야 하므로 넘어간다. 남아 있는 (B)와 (C) 중에서 (B)는 시간 부사가 1941년이 포함되어 있고, (C)는 시간 부사가 1945년 이므로 (B)가 앞선다. 따라서 정답은 ③ (B) - (C) - (A)가 된다. 지문의 흐름을 살펴보면, 주제문 다음으로 (B)(1941년 후반에 미국, 영국, 프랑스가 전투에 참여했다)이고 그 다음으로는 (C)(1945년에 미국은 히로시마에 원자폭탄을 투하했다)이고 마지막으로 (A)(3일 후 또 다른 도시인 나가사키에 폭탄을 투하하고 세계대전은 종식되었다)가 이어져야 가장 적절하다.

어휘

force 세력 front 전선, 전쟁터 battle zone 전쟁터 pacific 태평양의 battlefront 전선 atomic bomb 원자폭탄 explosion 폭발 evaporate 증발하다 charred 그을린 surrender 항복하다

7. 정답 ②

해석

뇌우는 세계의 많은 지역에서, 예를 들어 북아메리카 대부분의 전역에서 아주 흔하다. 따뜻한 공기의 상승기류는 이러한 폭풍우들을 유발한다.

(B) 상승기류는 그 지역 주변의 땅보다 태양에 의해 더 강렬하게 데워진 지면 위에서 시작될 수 있다. 예를 들어 헐벗고, 바위가 많거나, 혹은 포장된 지역에는 보통 그 위에 상승기류가 있다. 지면과 접촉한 이 공기는 데워지고 따라서 그 주변의 공기보다 더 가볍고 부력이 있게 된다.

(A) 더 많은 부력이 있는 이 공기는 그 후에 상승하며 수증기를 더 높은 고도로 가지고 간다. 이 공기는 상승하면서 차가워지고, 수증기는 응결되어 비로 떨어지기 시작한다. 비가 떨어지면서 이것은 공기를 함께 끌어당기고 기류의 일부가 아래쪽으로 향하게 한다.

(C) 이 기류는 다시 위쪽으로 향해서 비가 구름 안에서 세차게 움직이게 할 수 있다. 이것들 중 일부는 얼어서 우박이 될 것이다. 머지않아, 물방울은 상승 기류에 저항하기에 충분할 만큼 무거워지고 땅으로 떨어지면서 하강기류의 형태로 있는 공기를 끌어내린다.

해설

주제문에서 따뜻한 공기의 상승기류가 뇌우를 유발한다고 언급했다 주제문 바로 뒤에 이어지는 문장을 찾는 게 중요한데, (A)의 This more buoyant air는 그 지문 앞에 buoyant air에 대한 설명이 나와야 지시 대명사로 받을 수 있으므로 적절하지 않다. 그리고 (B)와 (C) 중에서는 (B)의 An updraft가 (C)의 The draft보다는 앞서야 하므로, 주제문 바로 뒤에 이어지는 지문은 (B)가 되어야 한다. 지문의 흐름을 살펴보면, (B)(상승기류는 주변보다 더 데워진 지면 위에서 시작되고, 공기가 데워지면서 주변 공기보다 더 가볍고 부력이 있게 된다.) (B)다음에 연결되는 지문으로는 (B)의 more buoyant을 받아 주는 This more buoyant air가 있는 (A)(이 부력이 있는 공기는 수증기를 높이 상승시키고, 공기가 상승하면서 차가워져서 비로 떨어진다.)가 적절하다. 그리고 (A)의 마지막의 turns part of the draft downward(이 기류의 일부를 아래쪽으로 향하게 하다)를 받아 주는 The draft을 포함한 (C)(이 기류는 다시 위쪽으로 향해서 그름 안에서 세차게 움직이고, 비의 일부는 우박이 되고 곧 충분히 무거워져서 하강기류의 공기를 아래로 끌어내린다.)로 이어져야 가장 적절하다.

어휘

thunderstorm 뇌우 updraft 상승 기류 set off 유발하다, 일으키다 bare 헐벗은 rocky 바위가 많은 paved 포장된 buoyant 부력이 있는 vapor 수증기 altitude 고도 condense 응결하다 churn 세차게 움직이다 freeze 얼다 hail 우박 droplet 물방울 resist 저항하다 downdraft 하강기류

8. 정답 ①

해석

자동차가 사람에 덜 의존함에 따라, 카셰어링과 단기 임대프로그램에 대한 참여율이 높아지면서 제품이 소비자에 의해 사용되는 수단과 환경 또한 상당한 변화를 겪을 것 같다.

(A) 머지않은 미래에, 당신이 운전자가 없는 차가 필요할 때 그것이 당신에게 올 수 있고, 당신이 그것을 다 쓰면, 주차할 필요 없이 사라질 수 있을 것이다. 카셰어링과 단기 임대의 증가는 또한, 상응하는 자동차 외부 디자인의 중요성의 감소와 관련될 것 같다.

(C) 자동차 외관은 개인화와 자아 정체성을 위한 매개체의 역할을 하기보다는, 점점 더 Free Car Media에서 제공되는 것들과 같은 브랜드 홍보대사 프로그램을 포함해, 광고 및 다른 홍보 활동을 위한 수단에 해당하게 될지도 모른다.

(B) 결과적으로, 자동차에서 파생된 상징적 의미와 소비자의 자아정체성과 지위와 그들(상징적 의미)의 관계는 차례로 변화할 것 같다.

해설

이 글은 주제문(카셰어링과 단기 임대프로그램의 참여도가 높아지면서 자동차가 소비자에 의해 사용되는 수단과 환경도 변화를 겪을 것이다)을 제시하고, 주제문 바로 그 뒤에는 이어지는 지문으로는 주제문에서 사용된 소재인 카셰어링과 단기임대프로그램을 포함하고 있는 (A)(카셰어링과 단기임대의 증가는 자동차 외부 디자인의 중요성의 감소와 관련될 것이다.)가 적절하다. 그리고 그 뒤로는 (A)에서 언급한 자동차 외부 디자인 관한 지문인 (C)(자동차 외관은 광고나 홍보로 사용될 것이다.)가 이어지고, 마지막으로 As a result를 포함하고 있는 (B)(자동차에서 파생된 상징적 의미도 변할 것이다.)가 이어지면 가장 적절하다.

어휘

dependent 의존적인 undergo 겪다 not-too-distant 머지않은 driverless 운전자 없는 be associated with ~와 관련되다 corresponding 상응하는 rather than ~대신에 medium 매체 promotional 홍보용 brand ambassador 브랜드 대사 derive from ~에서 파생하다 self-identity 자아 정체성 status 신분

9. 정답 ④

해석

우리가 사용하는 단어들이 우리의 사고와 행동에 영향을 미칠까? 답은 호주 북동쪽의 외판 지역에 있을지도 모른다.

(C) 인지 심리학자 Lera Boroditsky는 케이프요크 출신의 원주민 아이들이 빠르면 5살에 모든 나침반 방향을 정확하게 가리킬 수 있다는 것을 보고했다. 대조적으로, 대부분의 미국인은 성인일 때조차도 이것을 할 수 없다. 그런데 왜 그런 것일까?

(A) Boroditsky에 따르면 케이프요크 호주 원주민들의 언어인 Kuuk Thaayorre는 영어와 달리 절대적인 방향의 언급에 전적으로 의존한다. 영어와 마찬가지로 Kuuk Thaayorre는 '북쪽', '남쪽' 등의 단어들을 가지고 있다. 영어와 달리 Kuuk Thaayorre는 '왼쪽'과 '오른쪽'과 같은 상대적인 방향의 언급을 위한 단어가 없다.

(B) 영어를 사용하는 사람은 장거리에 대해 "시카고는 그곳의 북쪽에 있다."라고 말할지도 모른다. 하지만 단거리에 대해 동일한 화자는 상대적인 언급으로 바꿀 것이며 "나의 형제는 내 오른쪽에 앉아 있다"라고 말할지도 모른다. 대조적으로 Kuuk Thaayorre를 사용하는 사람은 "내 친구는 나의 남동쪽에 앉아 있다."와 같은 말을 하며, 항상 절대적인 방향의 언급을 사용한다.

해설

주제문에서 우리가 사용하는 단어들이 우리의 사고와 행동에 영향을 미칠지에 대해 의문을 제기하고 그 답이 호주의 북동쪽의 외딴 지역에 있을지도 모른다고 언급했다. 이어지는 지문에서는 호주의 북동쪽의 외딴 지역을 지명인 Cape York가 포함된 (A)와 (C)가 답이 될 수 있다. 이 중에서 (C)에서 케이프요크 지역출신의 원주민들은 빠르면 5살 때 나침반 방향을 가리킬 수 있는데, 미국인들은 성인이 되어도 이것을 할 수 없다. 왜일까? 라는 의문문으로 질문을 던지고 있고, (C)의 질문에 대한 답변으로 (A)에서 케이프요크 원주민들은 영어와 달리 절대적인 방향의 언급에 의존하고, 상대적인 방향을 언급하는 단어가 없다고 했다. 그리고 마지막으로 (B)에서

영어는 단거리에 대해 상대적인 언급을 사용하는 반면, Kuuk Thaayorre를 사용하는 사람은 항상 절대적인 방향의 언급을 사용한다는 것을 예시를 통해 설명하고 있으므로 정답은 (C) - (A) - (B)이다.

어휘

cognitive 인지의 psychologist 심리학자 aboriginal 원주민 point to 가리키다 compass 나침반 in contract 대조적으로 exclusively 전적으로 absolute 절대적인 direction reference 방향 언급 lack 부족하다 relative 상대적인 shift to ~로 옮기다

10. 정답 ③

해석

첫째로, 정치는 무엇에 관한 것인가? 이 질문에 대한 고전적인 대답 중 하나는 정치는 누가 무엇을, 언제, 그리고 어떻게 얻는가에 관한 것이라는 것이다. 이러한 관점에서, 정치는 본질적으로 유형 재화의 분배에 대한 논쟁을 해결하는 것에 관한 것이다.

(B) 이는 비교적 중앙집권화된 국가에 의한 누진세와 복지제공, 그리고 전통적인 좌우 이념적 분열을 기반으로 정당 정치 체제의 시작을 경험했던 시대인, 제2차 세계대전 이후 시대의 정치에 대한 타당한 특징이었을 수도 있다.

(A) 그러나 정치가 오로지, 또는 주로, 분배에 관한 것이라는 관념은 지난 30년 또는 그 이상 동안 도전을 받아왔다. 가치관과 생활양식을 둘러싼 '탈이념적' 논쟁이 점점 두드러지고 있다는 것은 정치가 물적 자원에 관한 것만큼, 혹은 논란의 여지는 있지만, 더욱 정체성과 문화에 관한 것이라는 것을 나타낸다.

(C) 우리의 현대 정치 논쟁의 대부분은 환경, 성별과 성적 권리, 이민, 그리고 안보와 같은 좌 또는 우로 깔끔하게 분류되지 않는 문제를 중심으로 다룬다.

해설

주제문에서 정치는 무엇인가? 라는 화두를 던지고, 정치는 본질적으로 유형재화의 분배에 대한 논쟁을 해결하는 것이라고 정의하고 있다. 이어지는 문장에서는 이러한 정의를 뒷받침하거나 부연 설명하는 글이 와야 한다. (B)에서 This는 앞 문장(politics is essentially about settling contestation over the distribution of material goods)을 받는 대명사이므로 바르게 연결된다. (B)에서 정치를 유형재화의 분배에 대한 논쟁을 해결하는 것으로 보는 생각은 제2차 세계대전 이후 시대의 정치에 대한 타당한 정의라고 했다. 그리고 (A)에서 정치가 분배에 관한 것이라는 것이라는 관념은 도전을 받아 왔고, '탈이념적' 논쟁이 점점 두드러지면서 정치는 정체성과 문화에 관한 것이 되어 가고 있다고 했다. 그리고 마지막으로 (C)에서 현대 정치 논쟁의 대부분은 좌나 우호 깔끔하게 분류되지 않는 문제들을 중심으로 다룬다고 했으므로 올바른 순서는 (B) - (A) - (C)가 되어야 한다.

어휘

politics 정치 classic 고전적인 settle 해결하다 contestation쟁점 material goods유형재화 fair 타당한 characterization 묘사 era 시대, 시기 roll out 시작하다 progressive taxation 누진세 welfare 복지 provision 제공, 공급 ideological 이념적인 cleavage 분열 distribution 분배 salience 돌출, 중요성, 두드러짐 post-ideological 탈이념적인 arguably 주장하건대 identity 정체성 material resources 물질적인 자원 contemporary 현대의 debate 논쟁 revolve around ~을 중심으로 다루다 categorize 분류하다 gender 성별 immigration 이민 security 안보

11. 정답 ③

해석

1988년 11월 2일, 인터넷에 연결된 수천 대의 컴퓨터들이 속도가 떨어지기 시작했다. 많은 컴퓨터들은 마침내 일시적으로 서서히 멈추었다. 데이터는 훼손되지 않았지만, 컴퓨터 시스템 관리자들이기 기계에 대한 통제력을 되찾기 위해 싸우는 동안 많은 계산 시간이 허비되었다.

(B) 그 원인은 가는 곳마다 복제하면서 네트워크상에서 한 컴퓨터에서 다른 컴퓨터로 확산되고 있었던 '웜'이라고 불리는 유해 컴퓨터 프로그램인 것으로 드러났다. 웜은 그것이 공격하고 있었던 컴퓨터의 메모리에 직접적으로 접근하기 위해서 시스템의 소프트웨어 내의 눈에 띄지 않는 '백도어'를 사용했다.

(A) 그곳에서 그것은 자신을 숨기고 그것을 감지하고 대

응하는 것을 더 어렵게 만든 허위 정보를 퍼트렸다. 며칠 이내에 '뉴욕 타임스'는 그 해커가 코넬대학교의 23살 대학원생인 Robert Morris. Jr.라고 밝혔다.

(C) 그는 얼마나 많은 컴퓨터에 그것이 도달할 수 있는지를 보기 위해 웜을 설계한 후 풀어놓았지만, 그의 프로그래밍에서의 실수가 웜이 그가 예상했던 것보다 훨씬 더 빨리 복제하도록 유발했다고 나중에 진술했다.

해설

주제문에서 인터넷에 연결된 수천 대의 컴퓨터들 속도가 느려지고 마침내 멈추었다고 설명했다. (B)에서 그 원인은 '웜'이라는 유해 프로그램이 시스템 소프트웨어에 내에 눈에 뜨지 않는 '백도어'를 사용했다고 설명하고, (A)에서 그것(웜)은 그곳(소프트웨어)에서 자신을 숨기고 허위 정보를 퍼트렸는데, 해커의 정체는 Robert Morris. Jr.로 드러났다고 하고, (C)에서 그 해커는 웜을 설계하고 풀어놓았지만, 프로그래밍에서의 실수로 예상보다 더 빨리 복제되었다고 진술했다고 했으므로 글의 순서는 (B) - (A) - (C)가 가장 적절하다.

어휘

slow down 속도가 느려지다 grind to a halt 서서히 멈추다 administrator 관리자 regain control 통제력을 다시 찾다 mischievous 유해한, 악영향을 미치는 replicate 복제하다, 복사하다 unnoticed 눈에 띄지 않는 access 접근하다 detect 감지하다, 발견하다 counteract 대응하다 identify 밝히다, 확인하다 testify 진술하다, 증언하다 unleash 풀어놓다

11. 문장삽입

1) 특징

글의 흐름 파악하기 유형으로는 순서배열, 문장제거, 문장삽입 유형이 있는데, 하나의 단락을 구성하는 문장들을 논리적인 흐름을 파악하는 유형이다. 이러한 일관성 관련 문제는 주어진 문장에서 제시된 힌트를 파악하고, 뒤의 내용을 예측함으로써 중복해서 여러 번 읽는 시간을 줄일 수 있다.

문장삽입

지문의 흐름이 자연스럽게 이어질 수 있도록 주어진 문장이 들어가 적절한 위치를 고르는 유형이다. 한마디로 제시 문장의 자리를 보는 문제로, 핵심은 제시 문장이 어디에 있어야 가장 자연스럽게 앞/뒤를 잇는가를 결정하는 유형이다.

2) 문제풀이 순서

step 1. 제시문장을 읽고 앞/뒤에 나올 문장을 유추한다.

문장삽입 유형은 제시문장의 분석이 가장 중요하다. 제시 문장에 주어진 signal(연결어, 대명사, 지시형용사, 시간부사)을 활용해서, 제시 문장 앞에 나올 내용과 뒤에 나올 내용을 각각 유추하는 것이 핵심이다. 이 문자이 어떤 역할인지 판단한다. (요약? 정의? 전환? 예시? 도입?)

step 2. 앞 문장으로만 연결되는 자리 찾기

앞문장은 아래 조건을 만족해야 한다.

- 앞 문장이 선행사를 제공하는가?
- This/These/Such가 앞에 이미 등장했는가?
- However/Therefore가 논리상 성립하는가?

step 3. 뒤로 이어지는 자리 확인

- 뒤 문장이 이 문장을 받아서 전개되는가?
- 앞 문장이 뒤 내용을 예고하는가?
- 앞/뒤 양쪽 모두 자연스러워야 정답이 된다.

step 4. 언어적 단서를 찾을 수 없는 경우, 지문에서 "끊김, 전환, 비약"이 있는 부분을 찾는다.

예를 들어, 같은 건강에 관한 같은 내용을 말하는 것 같지만, 소재가, ① 식단 ② 식단 ③ 영양 ④ 영양으로 압축이 된다면 제시문이 들어가야 하는 자리는 "전환"이 있는 ③번 자리이다.

step 5. 선택한 위치에 주어진 문장을 넣었을 때 글의 흐름이 자연스러운지 확인하다.

★ 출제자가 노리는 핵심포인트

- 논리 관계(원인 → 결과/주장 → 근거/일반 → 구체)
- 연결어(However, Therefore, For example, In contrast, Besides 등)
- 지시어(this, that, these, those, such)의 정확한 선행사
- 시점, 범위 일관성(일반론 → 사례, 과거 → 현재)
- 정보 밀도(정의, 요약 문장은 앞, 예시는 뒤)

예시

1. 주어진 문장이 들어갈 위치로 가장 적절한 것은?

And working offers more than financial security.

Why do workaholics enjoy their jobs so much? Mostly because working offers some important advantages. (①) It provides people with paychecks-a way to earn a living. (②) It provides people with self-confidence; they have a feeling of satisfaction when they've produced a challenging piece of work and are able to say, "I made that". (③) Psychologists claim that work also gives people an identity; they work so that they can get a sense of self and individualism. (④) In addition, most jobs provide people with a socially acceptable way to meet others. It could be said that working is a positive addiction; maybe workaholics are compulsive about their work, but their addiction seems to be a safe—even an advantageous—one.

정답 ②

해석

왜 일 중독자들은 그들의 일을 그렇게나 즐기는가? 주로 일하는 것이 몇 가지 중요한 이점들을 제공하기 때문이다. ① 그것은 사람들에게 생계를 유지할 수 있는 방법인 봉급을 지급한다. ② **그리고 일은 재정적 보장 이상을 제공한다.** 그것은 사람들에게 자신감을 준다. 그들이 힘든 작업물을 만들어 내고 "내가 만 든 거야"라고 말할 수 있을 때, 그들은 만족감을 느낀다. ③ 심리학자들은 또한 일은 사람에게 정체성을 준다고 주장한다. 그들은 자의식과 개성을 느낄 수 있도록 일한다. ④ 게다가, 대부분의 직업은 사람들에게 사회적으로 용인되는 다른 사람들을 만나는 방법을 제공한다. 일하는 것은 긍정적인 중독이라고 말할 수 있다. 아마도 일 중독자들은 그들의 일에 대해 강박적일 수 있지만, 그들의 중독은 안전한, 심지어 이로운 것으로 보인다.

해설

제시문장 앞: 재정적 보상이 언급되어야 한다.
제시문장 뒤: 재정적 보상 이상이 제시되어야 한다.
주어진 문장은 일이 재정적 보상 이상을 제공한다는 내용이다. 따라서 제시문 앞에는 재정적 보상을 의미하는 내용이 언급되어야 하고, 제시문 뒤에는 재정적 이상의 보상을 의미하는 내용이 언급되어야 한다. ② 앞에서 재정적 보상을 의미하는 봉급에 관한 내용이 나왔고, ② 뒤에서 자신감을 준다는 내용이 나 왔는데, 바로 이 자신감이 주어진 문장의 재정적 보상 이상을 의미한다. 따라서 주어진 문장이 들어갈 위치로 가장 적절한 것은 ②이다.

연습문제

1. 주어진 문장이 들어갈 곳으로 가장 적절한 것은?

It was then he remembered his experience with the glass flask, and just as quickly, he imagined that a special coating might be applied to a glass windshield to keep it from shattering

In 1903 the French chemist, Edouard Benedictus, dropped a glass flask one day on a hard floor and broke it. (①) However, to the astonishment of the chemist, the flask did not shatter, but still retained most of its original shape. (②) When he examined the flask he found that it contained a film coating inside, a residue remaining from a solution of collodion that the flask had contained. (③) He made a note of this unusual phenomenon, but thought no more of it until several weeks later when he read stories in the newspapers about people in automobile accidents who were badly hurt by flying windshield glass. (④) Not long thereaf-ter, he succeeded in producing the world's first sheet of safety glass.

2. 주어진 문장이 들어갈 위치로 가장 적절한 것은?

But there is also clear evidence that millennials, born between 1981 and 1996, are saving more aggressively for retirement than Generation X did at the same ages, 22~37.

Millennials are often labeled the poorest, most financially burdened generation in modem times. Many of them graduated from college into one of the worst labor markets the United States has ever seen, with a staggering load of student debt to boot. (①) Not surprisingly, millennials have accumulated less wealth than Generation X did at a similar stage in life, primarily because fewer of them own homes. (②) But newly available data providing the most detailed picture to date about what Americans of different generations save complicates that assessment. (③) Yes, Gen Xers, those born between 1965 and 1980, have a higher net worth. (④) And that might put them in better financial shape than many assume.

3. 주어진 문장이 들어갈 위치로 가장 적절한 것은?

Some of these ailments are short-lived; others may be long-lasting.

For centuries, humans have looked up at the sky and wondered what exists beyond the realm of our planet. (①) Ancient astronomers examined the night sky hoping to learn more about the universe. More recently, some movies explored the possibility of sustaining human life in outer space, while other films have questioned whether extraterrestrial life forms may have visited our planet. (②) Since astronaut Yuri Gagarin became the first man to travel in space in 1961, scientists have researched what conditions are like beyond the Earth's atmosphere, and what effects space travel has on the human body. (③) Although most astronauts do not spend more than a few months in space, many experience physiological and psychological problems when they return to the Earth. (④) More than two-thirds of all astronauts suffer from motion sickness while traveling in space. In the gravity-free environment, the body cannot differentiate up from down. The body's internal balance system sends confusing signals to the brain, which can result in nausea lasting as long as a few days.

4. 주어진 문장이 들어갈 위치로 가장 적절한 것은?

In this situation, we would expect to find less movement of individuals from one job to another because of the individual's social obligations toward the work organization to which he or she belongs and to the people comprising that organization.

Cultural differences in the meaning of work can manifest themselves in other aspects as well. (①) For example, in American culture, it is easy to think of work simply as a means to accumulate money and make a living. (②) In other cultures, especially collectivistic ones, work may be seen more as fulfilling an obligation to a larger group. (③) In individualistic cultures, it is easier to consider leaving one job and going to another because it is easier to separate jobs from the self. (④) A different job will just as easily accomplish the same goals.

5. 주어진 문장이 들어갈 위치로 가장 적절한 것은?

And those are qualities you want in any candidate.

If you are trying to decide among a few people to fill a position, take a look at their writing skills. (①) It doesn't matter if that person is a marketer, salesperson, designer, programmer, or whatever; their writing skills will pay off. That's because being a good writer is about more than writing. (②) Clear writing is a sign of clear thinking. Good writers know how to communicate. They make things easy to understand. They can put themselves in someone else's shoes. They know what to omit. (③) Writing is making a comeback all over our society. (④) Look at how much communication happens through instant messaging and blogging. Writing is today's currency for good ideas. Thus, it is essential to welcome people with good writing skills into your organization.

6. 주어진 문장이 들어갈 위치로 가장 적절한 것은?

None of the young people we talked to in focus groups and interviews reported putting care into reviewing these policies regularly.

Young people face a major privacy challenge with respect to information they post about themselves, let alone what other people post about them or what third parties collect about them. (①) For starters, many young people are not aware of the choices they can make as they begin to use online services. (②) And even for those who are aware of the choices, keeping track of privacy settings can be difficult; from a practical standpoint, young people are unlikely to attempt it. (③) There is plenty of evidence to suggest that no one—whether native to digital life or not—reads privacy policies or does much to adjust the default settings for online services. (④) Even the most sophisticated young people made clear that they almost never read these policies or compared the privacy policies among services.

7. 주어진 문장이 들어갈 위치로 가장 적절한 것은?

Therefore, when the days are shorter and darker, the production of this hormone increases.

SAD (Seasonal Affective Disorder) results from a decrease in the amount of sunlight sufferers receive. Doctors know that decreased sunlight increases the production of melatonin, a sleep-related hormone that is produced at increased levels in the dark. (1) Shorter, darker days also decrease production of serotonin, a chemical that helps transmit nerve impulses. (②) Lack of serotonin is known to be a cause of depression. (③) Depression may result from the resulting imbalance of these two substances in the body. (④) Also doctors believe that a decrease in the amount of sunlight the body receives may cause a disturbance in the body's natural clock. Doctors believe that the combination of chemical imbalance and biological clock disturbance results in symptoms such as lethargy, oversleeping, weight gain, anxiety, and irritability—all signs of depression.

8. 주어진 문장이 들어갈 위치로 가장 적절한 것은?

Some remain intensely proud of their original accent and dialect words, phrases and gestures, while others accommodate rapidly to a new environment by changing their speech habits, so that they no longer "stand out in the crowd."

Our perceptions and production of speech change with time. (①) If we were to leave our native place for an extended period, our perception that the new accents around us were strange would only be temporary. (②) Gradually, we will lose the sense that others have an accent and we will begin to fit in—to accommodate our speech patterns to the new norm. (③) Not all people do this to the same degree. (④) Whether they do this consciously or not is open to debate and may differ from individual to individual, but like most processes that have to do with language, the change probably happens before we are aware of it and probably couldn't happen if we were.

9. 주어진 문장이 들어갈 위치로 가장 적절한 것은?

As the work is accomplished, the energy escapes the organism and disperses into the environment as low-quality heat.

The passage of energy in a linear or one-way direction through an ecosystem is known as energy flow. (①) Energy enters an ecosystem as the radiant energy of sunlight, some of which is trapped by plants during the process of photosynthesis. (②) This energy, now in chemical form, is stored in the bonds of organic molecules such as glucose. (③) When the molecules are broken apart by cellular respiration, the energy becomes available to do work such as tissue repair, production of body heat, or reproduction. (④) Ultimately, this heat energy radiates into space. Thus, once energy has been used by organisms, it becomes unavailable for reuse.

10. 주어진 문장이 들어갈 위치로 가장 적절한 것은?

Fortunately, however, the heavy supper she had eaten caused her to become tired and ready to fall asleep.

Various duties awaited me on my arrival. I had to sit with the girls during their hour of study. (①) Then, it was my turn to read prayers to see them to bed. Afterwards I ate with the other teacher. (②) Even when we finally retired for the night, the inevitable Miss Gryce was still my companion. We had only a short end of candle in our candlestick, and I dreaded lest she should talk till it was all burnt out. (③) She was already snoring before I had finished undressing. There still remained an inch of candle. (④) I now took out my letter the seal was an initial F. I broke it; the contents were brief.

11. 다음 문장이 들어갈 위치로 가장 적절한 것은?

We can in consequence establish relations with almost all sorts of them.

Reptiles and fish may no doubt be found in swarms and shoals; they have been hatched in quantities and similar conditions have kept them together. In the case of social and gregarious mammals, the association arises not simply from a community of external forces but is sustained by an inner impulse. They are not merely like one another and so found in the same places at the same times; they like one another and so they keep together. This difference between the reptile world and the world of our human minds is one our sympathies seem unable to pass. (①) We cannot conceive in ourselves the swift uncomplicated urgency of a reptile's instinctive motives, its appetites, fears and hates. (②) We cannot understand them in their simplicity because all our motives are complicated; ours are balances and resultants and not simply urgencies. (③) But the mammals and birds have self-restraint and consideration for other individuals, a social appeal, a self-control that is, at its lower level, after our own fashion. (④) When they suffer they utter cries and make movements that rouse our feelings. We can make pets of them with a mutual recognition. They can be tamed to self-restraint towards us, domesticated and taught.

12. 글의 흐름으로 보아 아래 문장이 들어가기에 가장 적절한 곳은?

Water is also the medium for most chemical reactions needed to sustain life.

Several common properties of seawater are crucial to the survival and well-being of the ocean's inhabitants. Water accounts for 80-90% of the volume of most marine organisms. (①) It provides buoyancy and body support for swimming and floating organisms and reduces the need for heavy skeletal structures. (②) The life processes of marine organisms in turn alter many fundamental physical and chemical properties of seawater, including its transparency and chemical makeup, making organisms an integral part of the total marine environment. (③) Understanding the interactions between organisms and their marine environment requires a brief examination of some of the more important physical and chemical attributes of seawater. (④) The characteristics of pure water and seawater differ in some respects, so we consider first the basic properties of pure water and then examine how those properties differ in seawater.

13. 글의 흐름으로 보아 아래 문장이 들어가기에 가장 적절한 곳은?

The great news is that this is true whether or not we remember our dreams.

Some believe there is no value to dreams, but it is wrong to dismiss these nocturnal dramas as irrelevant. There is something to be gained in remembering. (①) We can feel more connected, more complete, and more on track. We can receive inspiration, information, and comfort. Albert Einstein stated that his theory of relativity was inspired by a dream. (②) In fact, he claimed that dreams were responsible for many of his discoveries. (③) Asking why we dream makes as much sense as questioning why we breathe. Dreaming is an integral part of a healthy life. (④) Many people report being inspired with a new approach for a problem upon awakening, even though they don't remember the specific dream.

14. 글의 흐름으로 보아 아래 문장이 들어가기에 가장 적절한 곳은?

So around about the time we are two, our brains will already have distinct and individual patterns.

When we are babies our brains develop in relationship with our earliest caregivers. Whatever feelings and thought processes they give to us are mirrored, reacted to and laid down in our growing brains. (①) When things go well, our parents and caregivers also mirror and validate our moods and mental states, acknowledging and responding to what we are feeling. (②) It is then that our left brains mature sufficiently to be able to understand language. (③) This dual development enables us to integrate our two brains, to some extent. (④) We become able to begin to use the left brain to put into language the feelings of the right.

15. 글의 흐름으로 보아 아래 문장이 들어가기에 가장 적절한 곳은?

Stereotypes, however, carry a danger in that as categorization occurs, individuals or groups may be reduced in status, identified only by some perceived inadequacy

Stereotypes are not by nature negative. (①) According to Martin, stereotypes are not in themselves evil or pathological but are necessary thinking devices that enable people to avoid conceptual chaos by packaging the world into a manageable number of categories. (②) Identification based on specific features may create blinders to the positive features of the stereotyped individuals and may lead to stigmatization. (③) Stigmas, which are "discrediting marks that are understood by others in social encounters and involve affective responses, such as avoidance, disgust, disgrace, shame or fear," when applied to individuals can alter individuals, own sense of identity and beliefs, causing them to doubt their own self-worth in society. (④) Individuals who become stigmatized in an alien community already understand the difference between what is "normal" and what is "stigmatized" and undergo a reevaluation of themselves that typically entails an identity crisis and a loss of self-esteem.

수능대비

1. 글의 흐름으로 보아 아래 문장이 들어가기에 가장 적절한 곳은?

Knowledge is information that has demonstrated its usefulness.

It is important to recognize that although science is a rule-based procedure, it is very much a creative process. (①) A conjecture is a philosophical invention, cooked up rather mystically by the mind through the mental computation we call careful contemplation. (②) However, until the hypothesis is tested against reality, it is not yet truly knowledge; it is just information that represents speculation. (③) It is what is left over after cycles of experimental testing have eliminated false theories. (④) As scientists continually test their hypotheses and modify their models to account for new and surprising data, a kind of "learning loop" emerges that statisticians call Bayesian updating, (⑤) Based on Bayes' Rule, developed by eighteenth-century English statistician and philosopher Thomas Bayes, Bayesian updating refers to a mathematical process whereby an accepted theory or predictive model gets increasingly accurate through the repetitive testing of competing variants of that theory.

* conjecture 추론

** contemplation 숙고

*** speculation 추측

2. 글의 흐름으로 보아 아래 문장이 들어가기에 가장 적절한 곳은?

For example, we do not have a term in ordinary language that describes a memory that is not necessarily a memory of something the person having it has experienced.

As a general rule, it's better if your definition corresponds as closely as possible to the way in which the term is ordinarily used in the kinds of debates to which your claims are pertinent. (①) There will be, however, occasions where it is appropriate, even necessary, to coin special uses through what philosophers call stimulative definition. (②) This would be the case where the current lexicon is not able to make distinctions that you think are philosophically important. (③) Such a thing would occur, for example, if I could somehow share your memories. I would have a memory-type experience, but this would not be of something that I had actually experienced. (④) To call this a memory would be misleading. (⑤) For this reason, philosophers have coined the special term 'quasi-memory' to refer to these hypothetical memory-like experiences.

* pertinent 관련 있는

3. 글의 흐름으로 보아 아래 문장이 들어가기에 가장 적절한 곳은?

However, there are many lines of evidence to suggest that vagrancy can, on rare occasions, dramatically alter the fate of populations, species or even whole ecosystems

It is a common assumption that most vagrant birds are ultimately doomed, aside from the rare cases where individuals are able to reorientate and return to their normal ranges. (①) In turn, it is also commonly assumed that vagrancy itself is a relatively unimportant biological phenomenon. (②) This is undoubtedly true for the majority of cases, as the most likely outcome of any given vagrancy event is that the individual will fail to find enough resources, and/or be exposed to inhospitable environmental conditions, and perish. (③) Despite being infrequent, these events can be extremely important when viewed at the timescales over which ecological and evolutionary processes unfold. (④) The most profound consequences of vagrancy relate to the establishment of new breeding sites, new migration routes and wintering locations. (⑤) Each of these can occur through different mechanisms, and at different frequencies, and they each have their own unique importance.

* vagrancy 무리에서 떨어져 헤맴

** doomed 죽을 운명의

*** inhospitable 살기 힘든

4. 글의 흐름으로 보아 아래 문장이 들어가기에 가장 적절한 곳은?

Only then are they able to act quickly in accordance with their internalized expertise and evidence-based experience.

Intuition can be great, but it ought to be hard-earned. (①) Experts, for example, are able to think on their feet because they've invested thousands of hours in learning and practice* their intuition has become data-driven. (②) Yet most people are not experts, though they often think they are. (③) Most of us, especially when we interact with others on social media, act with expert-like speed and conviction, offering a wide range of opinions on global crises, without the substance of knowledge that supports it. (④) And thanks to AI, which ensures that our messages are delivered to an audience more inclined to believing it, our delusions of expertise can be reinforced by our personal filter bubble. (⑤) We have an interesting tendency to find people more open-minded, rational, and sensible when they think just like us.

* intuition 직관

** delusion 착각

5. 글의 흐름으로 보아 아래 문장이 들어가기에 가장 적절한 곳은?

In the electric organ the muscle cells are connected in larger chunks, which makes the total current intensity larger than in ordinary muscles.

Electric communication is mainly known in fish. The electric signals are produced in special electric organs. When the signal is discharged the electric organ will be negatively loaded compared to the head and an electric field is created around the fish. (①) A weak electric current is created also in ordinary muscle cells when they contract. (②) The fish varies the signals by changing the form of the electric field or the frequency of discharging. (③) The system is only working over small distances, about one to two meters. (④) This is an advantage since the species using the signal system often live in large groups with several other species. (⑤) If many fish send out signals at the same time, the short range decreases the risk of interference.

6. 글의 흐름으로 보아 아래 문장이 들어가기에 가장 적절한 곳은?

For others, whose creativity is more focused on methods and technique, creativity may lead to solutions that drastically reduce the work necessary to solve a problem.

Creativity can have an effect on productivity. Creativity leads some individuals to recognize problems that others do not see, but which may be very difficult. (①) Charles Darwin's approach to the speciation problem is a good example of this; he chose a very difficult and tangled problem, speciation, which led him into a long period of data collection and deliberation. (②) This choice of problem did not allow for a quick attack or a simple experiment. (③) In such cases creativity may actually decrease productivity (as measured by publication counts) because effort is focused on difficult problems. (④) We can see an example in the development of the polymerase chain reaction (PCR) which enables us to amplify small pieces of DNA in a short time. (⑤) This type of creativity might reduce the number of steps or substitute steps that are less likely to fail, thus increasing productivity.

* speciation 종분화

** polymerase chain reaction 중합 효소 연쇄 반응

7. 글의 흐름으로 보아 아래 문장이 들어가기에 가장 적절한 곳은?

But migration can also be a solution for many preexisting problems.

The word "migration" is almost always reported in the popular media and even in scientific literature as a problem or a crisis. For example, migrants are assumed to overcrowd cities, clog up labor markets, and increase poverty. The other questionable assumption is that most migration is involuntary—people fleeing natural or man-made disasters. (①) The reality, however, is more complex, and many migrants are simply seeking greater economic opportunity. (②) Of course migration can and does create social and economic problems. (③) For example, out-migration generally redistributes workers from places of labor surplus to areas where there is greater demand or more opportunity. (④) Migration is generally selective of persons who are younger, healthier, more flexible, and more willing to endure hardship in hopes of a better life relative to their prospects in their places of origin. (⑤) Most research that examines long-term of migration, including remittances and intergenerational mobility, finds positive "long-term" effects on places of origin and destination.

* clog 막히게 하다

** remittance 송금

8. 글의 흐름으로 보아 아래 문장이 들어가기에 가장 적절한 곳은?

For this reason, many countries have preferred using gold, silver, or some other material that is inherently limited in supply, as money.

The big problem with money created by the government is that those who run the government always face the temptation to create more money and spend it. (①) Whether among ancient kings or modern politicians, this has happened again and again over the centuries, leading to inflation and the many economic and social problems that follow from inflation. (②) It is a way of depriving governments of the power to expand the money supply to inflationary levels. (③) Gold has long been considered ideal for this purpose, since the supply of gold in the world usually cannot be increased rapidly. (④) When paper money is convertible into gold whenever the individual chooses to do so, then the money is said to be "backed up" by gold. (⑤) This expression is misleading only if we imagine that the value of the gold is somehow transferred to the paper money, when in fact the real point is that the gold simply limits the amount of paper money that can be issued.

9. 글의 흐름으로 보아 아래 문장이 들어가기에 가장 적절한 곳은?

> But the Net doesn't just connect us with businesses; it connects us with one another.

The Net replaces in differs from most of an obvious and very the mass media it important way: it's bidirectional. (①) We can send messages through the network as well as receive them, system all exchange the more useful. (②) The information online, which has made the to upload as ability to well as download, has turned the Net into a thoroughfare for search business and commerce. (③) With a few clicks, people can virtual catalogues, place orders, track shipments, and update information in corporate databases. (④) It's a personal broadcasting medium as well as a commercial one. (⑤) Millions of people use it to distribute their own digital creations, in the form of blogs, videos, photos, songs, and podcasts, as well as to critique, edit, or otherwise modify the creations of others.

* bidirectional 두 방향으로 작용하는
** thoroughfare 통로

10. 글의 흐름으로 보아 아래 문장이 들어가기에 가장 적절한 곳은?

> Instead, automation created hundreds of millions of jobs in entirely new fields.

Imagine that seven out of ten working Americans got fired tomorrow. What would they all do? It's hard to believe you'd have an economy at all if you gave pink slips to more than half the labor force. But that is what the industrial revolution did to the workforce of the early 19th century. Two hundred years ago, 70 percent of American workers lived on the farm. (①) Today automation has eliminated all but 1 percent of their jobs, replacing them with machines. (②) But the displaced workers did not sit idle. (③) Those who once farmed were now manning the factories that manufactured farm equipment, cars, and other industrial products. (④) Since then, wave upon wave of new occupations have arrived—appliance repair person, food chemist, photographer, web designer—each building on previous automation. (⑤) Today, the vast majority of us are doing jobs that no farmer from the 1800s could have imagined.

* pink slip 해고 통지서

정답 및 해설

연습문제

1. 정답 ④

해석

1903년 프랑스의 화학자 에두아르 베네딕토스는 어느 날 단단한 바닥에 유리 플라스크를 떨어뜨려 깨뜨렸다. 그 화학자가 놀랍게도 플라스크는 산산조각이 나지 않고, 여전히 원래의 모양 대부분을 유지하고 있었다. 그가 플라스크를 검사했을 때, 플라스크 안에 필름 코팅 플라스크가 함유한 콜라디온 용액의 잔여물이 남아 있는 것을 발견했다. 그런 이런 특이한 현상을 메모했지만, 몇 주 후 신문에서 자동차 사고에서 유리창 날림으로 심하게 다친 사람들에 대한 이야기를 읽을 때까지 더 이상 그런 생각을 하지 않았다. ④ **그때 그는 유리 플라스크에 대한 자신의 경험을 떠올렸고, 바로 그처럼 빨리 유리가 흩어지지 않도록 바람막이 창에 특별한 코팅이 적용될 수 있겠다는 상상을 했다.** 그후 얼마 지나지 않아 그는 세계 최초의 안전 유리를 제조하는 데 성공했다.

해설

제시문 앞: glass flask에 대한 경험이 언급되어야 한다.
제시문 뒤: special coating의 성공이 언급되어야 한다.
주어진 지문에서 his experience with the glass flask를 단서로 앞 부분에는 과거에 glass flask에 대한 경험이 있어야 하고, 또한 시간부사 then을 구체적으로 설명하는 시간을 나타내는 표현이 제시되어야 한다. ④ 앞에 신문에서 자동차 사고에서 flying windshield glass(유리창 날림)로 심하게 다친 사람들에 대한 기사를 읽었을 때라는 것이 언급되고, ④ 뒤에는 최초의 안전 유리 제조에 성공했다는 내용이 제시되고 있으므로 제시 문장은 ④에 들어가는 것이 가장 적절하다.

어휘

glass flask 유리 플라스크 apply 적용하다 windshield 바람막이 창 hard floor 단단한 바닥 to the astonishment 놀랍게도 shatter 산산이 부서지다 film coating 필름 코팅 residue 찌꺼기 solution 용액 collodion 콜로디온 contain 함유하다 make a note of ~를 기록하다 unusual 특이한 phenomenon 현상 automobile 자동차 flying windshield glass 날아가는 유리창 not long thereafter 머지않아 sheet of safety glass 안전 유리(한 장)

2. 정답 ④

해석

밀레니얼 세대는 현대에서 가장 가난하고 경제적으로 가장 부담이 큰 세대라는 꼬리표가 종종 붙었다. 그들 중 많은 수가 대학을 졸업하고, 엄청난 양의, 그것도 엄청난 양의 학자금 부채를 가지고 미국이 본 최악의 노동 시장 중 하나로 진입했다. 놀랄 것도 없이, 밀레니얼 세대는 X세대가 비슷한 시기에 했던 것보다 더 적은 부를 축적해왔다. 왜냐하면 그들 중 더 적은 수의 사람들이 집을 가지고 있기 때문이다. 그러나 여러 세대의 미국인들이 저축하는 것에 대해 현재까지 가장 상세한 그림을 제공하는 새로운 데이터는 그러한 평가를 더 복잡하게 만든다. 그렇다, 1965년에서 1980년 사이에 태어난 X세대들이 순자산이 더 높다. ④ **그러나 1981년부터 1996년 사이에 태어난 밀레니얼 세대는 22~37세의 X세대와 같은 나이에 비해 은퇴를 위해 더 적극적으로 저축하고 있다는 명백한 증거도 있다.** 그리고 그것은 많은 사람들이 추측하는 것보다 더 나은 재정 상태를 만들 수도 있다.

해설

제시문 앞: X세대의 금전적 특징이 언급되어야 한다.
제시문 뒤: 밀레니엄 세대의 금전적 특징 언급되어야 한다. (경제상황이 더 좋다)
주어진 지문은 But으로 시작하므로 역접의 구조임을 알 수 있다. 제시문에서 But 이하에는 밀레니얼 세대가 X세대보다 은퇴를 위해 더 많이 저축하고 있다고 언급되고 있으므로, 이 지문의 앞부분에는 X세대의 금전적 특징(X세대가 순자산이 많다)이 제시되어야 한다. 주어진 문장 뒤에는 밀레니얼 세대의 금전적 특징(재정 상태가 더 좋다)이 오는 것이 자연스럽게 연결되는 것이므로 제시 문장이 들어갈 위치는 ④가 가장 적절하다.

어휘

millennials 밀레니얼 세대 aggressively 공격적으로 Generation X X세대 label 딱지를 붙이다 labor market 구직 시장 staggering 비틀거리는, 엄청난 load 짐 student debt 학자금 부채 to boot 그것도(앞서 한 말에 대해 다른 말을 덧붙일 때) accumulate 축적하다 detailed 자세한 to date 현재까지 complicate 복잡하게 만들다 assessment 평가 net worth 순자산 financial shape 재정 상태 assume 가정하다

3. 정답 ④

해석

수세기 동안 인간은 하늘을 올려다보면 우리 행성의 영역 너머에 무엇이 존재하는지 궁금해했다. 고대의 천문학자들은 우주에 대해 더 많은 것을 배우기를 희망하면서 밤하늘을 조사했다. 더 최근에, 일부 영화들은 우주에서 인간이 생명을 유지할 수 있는 가능성을 탐구했고, 다른 영화들은 외계 생명체들이 지구를 방문했을지도 모른다고 의문을 제기했다. 1961년 우주 비행사 유리 가가린이 최초로 우주 여행을 한 이후 과학자들은 지구 대기권 너머의 환경이 어떤지, 우주 여행이 인체에 어떤 영향을 미치는지를 연구해 왔다. 대부분의 우주 비행사들이 우주에서 몇 달 이상을 보내지는 않았지만, 많은 우주 비행사들이 지구로 돌아올 때 생리적, 심리적 문제를 경험한다. ④ **이러한 질병들 중 일부는 수명이 짧고, 다른 것들은 오래 지속될 수 있다.** 우주 비행사의 3분의 2 이상이 우주 여행을 하는 동안 멀미로 고생한다. 무중력 환경에서는 신체는 아래위를 구분할 수 없다. 인체의 내부 균형 시스템은 뇌에 혼란스러운 신호를 보내는데, 이것은 며칠 동안 메스꺼움을 지속시키는 결과를 초래할 수 있다.

해설

제시문 앞: these ailments가 지칭하는 명사가 제시되어야 한다.

제시문 뒤: these ailments에 대한 부연 설명 또는 예시가 언급되어야 한다.

주어진 지문에서 중요한 단서는 지시형용사 these ailments(이러한 질병들)이다. 이 지문 앞에는 these ailments를 지칭하는 명사가 제시되어야 하고, 뒤에는 these ailments에 대한 부연 설명이나 예시가 제시되어야 한다. 지문을 보면 ①, ②, ③의 위치에는 ailments라고 말할 만한 것들이 전혀 언급되어 있지 않다. 그러나 ④ 앞에는 physiological and psychological problems(신체 및 심리학적인 문제)를 언급하고 있으며, ④ 뒤에 이어지는 글에서도 멀미, 메스꺼움 등의 좀 더 구체적인 증상들을 언급하고 있다. 따라서 주어진 글은 ④에 들어가야 가장 적절하다.

어휘

ailment 질병 short-lived 오래가지 못하는, 단명하는 long-lasting 오래 지속되는 look up at 쳐다보다 wonder 궁금해하다 exist 존재하다 realm 영역, 범위 planet 행성 ancient 고대의, 옛날의 astronomer 천문학자 examine 조사하다, 검사하다 possibility 가능성 sustain 유지하다 universe 우주 outer space 우주 공간 extraterrestrial 지구 밖의, 우주의 atmosphere 대기 physiological 생리학적인 psychological 심리학의, 심리학적인 suffer from ~로 고통받다 motion sickness 멀미 gravity-free 무중력 environment 환경 differentiate 구별하다 internal 내부의 balance 균형 confusing 혼란스러운 signal 신호 result in 결과적으로 ~이 되다 nausea 메스꺼움 lasting 지속적인

4. 정답 ③

해석

직업적 의미에서의 문화적 차이는 다른 측면에서도 명백하다. 예를 들어, 미국 문화에서는 직업을 단순히 돈을 모으고 생계를 꾸리기 위한 수단으로 생각하기 쉽다. 다른 문화, 특히 집단주의적 문화에서 직업은 더 상위 조직에 대한 책임을 달성하는 것으로서 더 여겨질지도 모른다. ③ **이러한 상황에서 우리는 그 또는 그녀가 속한 직장 조직에 대한, 그리고 그 조직을 구성하고 있는 사람들에 대한 개인의 사회적 의무 때문에 한 직장에서 다른 직장으로의 개개인의 이동이 더 줄어들 것으로 기대한다.** 개인주의적 문화에서는 자신과 직업을 분리하기 더 쉽기 때문에 한 직업을 떠나 다른 직업으로 이동하는 것을 고려하는 게 더 쉽다. 다른 직업도 그만큼 쉽게 같은 목표를 달성할 것이다.

해설

제시문 앞: 개인의 사회적 의무 때문에 이직이 적은 상황이 언급되어야 한다.

각 문화마다 직업에 대한 인식이 어떻게 다를 수 있는지를 설명하는 글이다. 미국 문화, 집단주의 문화, 개인주의적 문화라는 세 가지 범주에서 직업에 대한 인식의 차이를 설명하고 있다. 주어진 글에서 대명사를 포함하는 표현인 In this situation이 어떤 문화를 지칭하는지를 파악하는 것이 핵심이다. 주어진 글에서 직장과 직장에 속한 사람들에 대한 individual's social obligations(개인의 사회적 의무)가 강한 문화에서는 이직이 줄어든다고 했다. ③ 앞에 집단주의 문화에서는 직업은 obligation to a larger group(더 상위 조직에 대한 의무)을 달성하는 것으로 여겨진다고 했으므로, 주어진 글이 들어갈 위치로는 ③이 가장 적절하다.

어휘

obligation 의무, 책임 organization 조직, 단체 comprise ~를 구성하다 cultural difference 문화적 차이 manifest oneself 명백하다 accumulate 모으다 make a living 생계를 꾸리다 collectivistic 전체주의적인, 집단주의적인 fulfill 성취하다, 달성하다 individualistic 개인주의적인 separate A from B A와 B를 구분하다 accomplish 달성하다

5. 정답 ③

해석

만약 당신이 자리를 충원할 몇 명의 사람들 중에서 결정하고자 한다면, 그들의 작문 능력을 살펴라. 그 사람이 마케팅 담당자, 영업 사원, 디자이너, 프로그래머, 혹은 무엇이든지 간에 상관없다; 그들의 작문 능력은 성과를 올릴 것이다. 그 이유는 훌륭한 작가라는 것은 작문 이상에 관한 것이기 때문이다. 명료한 작문은 명료한 사고의 표시다. 훌륭한 작가들은 어떻게 의사소통해야 하는지 알고 있다. 그들은 상황들을 이해하기 쉽게 만든다. 그들은 타인의 입장에서 생각할 수 있다. 그들은 무엇을 생략해야 하는지 알고 있다. ③ **그리고 그것들은 당신이 어떤 지원자에게라도 원하는 자질들이다.** 작문은 우리 사회 곳곳에서 다시 인기를 얻고 있다. 즉석 메시지와 블로그를 통해서 얼마나 많은 의사소통이 이루어지는지 보라. 작문은 훌륭한 아이디어를 위한 오늘날의 유행이다. 따라서 훌륭한 작문 실력을 가진 사람들을 당신의 조직으로 환영하는 것이 중요하다.

해설

제시문 앞: 지원자들에게 원하는 자질이 열거되어야 한다.

주어진 지문은 대명사를 포함하고 있다. 따라서 주어진 지문 앞 문장에서는 those를 구체적으로 나타내는 명사들이 열거되어야 한다. ③ 앞에 훌륭한 작가는 의사소통을 잘하고, 상황들을 이해하기 쉽게 만들고, 타인의 입장에서 생각할 수 있고, 무엇을 생략해야 하는지 알고 있다고 했다. 따라서 주어진 지문이 들어갈 위치는 ③이 가장 적절하다.

어휘

quality 자질, 자격 candidate 후보자, 지원자 fill a position 자리를 채우다, 충원하다 matter 중요하다 marketer 마케팅 담당자 pay off 성과를 올리다, 성공하다 put oneself in one's shoes 다른 사람의 입장에서 생각하다 omit 생략하다 make a comeback 다시 인기를 얻다 instant 즉석의 currency 화폐, 통용, 유행

6. 정답 ④

해석

젊은이들은 타인들이 자신에 대해 게시하거나 제3자가 자신에 대해 수집하는 것은 물론이고, 스스로에 대해 그들이 게시하는 정보와 관련해서 중대한 사생 활 침해에 직면해 있다. 우선, 많은 젊은이들이 온라인 서비스를 사용하기 시작할 때 그들이 할 수 있는 선택에 대해 알고 있지 않다. 그리고 심지어 그 선택을 알고 있는 사람들에게도 개인정보 설정을 지속적으로 추적하여 파악하는 것은 어려울 수 있다; 현실적인 관점에서 볼 때, 젊은이들은 그것을 시도할 것 같지 않다. 아무도—디지털 시대 태생이건 아니건—개인 정보 보호 정책을 읽는다거나 온라인 서비스를 위한 초기 설정을 조정하기 위해 많은 것을 하지 않는다는 것을 나타내는 많은 증거들이 있다. ④ **포커스 그룹과 인터뷰에서 우리가 대화했던 젊은이들 중 아무도 이러한 정책들을 정기적으로 자세히 검토한다고 보고하지 않았다.** 심지어 세련된 젊은이들조차도 이러

한 정책들을 거의 읽지 않거나 서비스들 간의 개인 정보 보호 정책을 비교하지 않는다는 것을 분명히 했다.

해설

제시문 앞: 젊은이들이 살피지 않은 정책들이 언급되어야 한다.

주어진 지문은 지시형용사 these를 포함하고 있다. 따라서 주어진 문장 앞에는 these policies(이러한 정책들)를 지칭할 수 있는 명사가 제시되어야 한다. 주어진 문장에서 아무도 이러한 정책들을 자세히 검토하지 않는다고 했다. ④의 앞 문장에서 아무도 privacy policies(개인 정보 보호 정책)를 읽지 않는다고 했고, ④ 뒤에서는 심지어 가장 세련된 젊은이들조차도 이러한 정책들을 거의 읽거나 비교하지 않는다고 했으므로 주어진 문장이 들어가야 할 위치는 ④가 가장 적절하다.

어휘

focus group 포커스 그룹(표적 집단) put care into 신경 쓰다 privacy 사생활, 개인정보 with respect to ~에 대하여 post 게시하다 let alone ~는커녕 collect 수집하다 for starters 우선 첫째로 be aware of ~를 알고 있다 keep track of ~에 대해 계속 알고 있다 standpoint 견지, 관점 attempt 시도하다 native to digital life 디지털 시대 태생인 privacy policy 개인 정보 보호 정책 adjust 조정하다 default (컴퓨터) 초기 설정 sophisticated 세련된

7. 정답 ①

해석

계절성 정서 장애는 장애를 겪는 사람이 받는 햇빛의 양 감소로부터 기인한다. 의사들은 햇빛의 감소가 어둠 속에서 증가된 수준으로 생산되는 수면과 관련된 호르몬인 멜라토닌 생산을 증가시킨다는 것을 알고 있다. ① **그러므로, 낮이 짧아지고 어두워질 때, 이 호르몬의 분비는 증가한다.** 낮이 더 짧고, 더 어두워지는 것은 또한 신경 자극을 전달하는 것을 돕는 화학 물질인 세로토닌의 분비를 감소시킨다. 세로토닌의 결핍은 우울증의 원인으로 알려져 있다. 우울증은 신체 내의 이 두 가지 물질들의 불균형이 초래하는 결과로 일어나는 것으로 보인다. 또한 의사들은 신체가 받는 일조량의 감소가 신체의 자연 시계의 교란을 야기할 수도 있다고 믿고 있다. 의사들은 화학적 불균형과 생체 시계 교란의 결합이 모두 우울증의 신호인 무기력, 수면 과다, 체중 증가, 불안, 그리고 흥분 등과 같은 증상들을 야기한다고 믿고 있다.

해설

제시문 앞: 일조량과 어떤 호르몬과의 관계가 언급되어야 하고, this hormone이 지칭하는 명사 제시되어야 한다.

주어진 문장은 지시형용사 this를 포함하고 있으므로 주어진 문장 앞에는 this hormone이 지칭하는 명사가 제시되어야 하고, 주어진 문장에서 낮이 짧아지고 어두워질 때, 이 호르몬의 분비가 증가한다고 했으므로 앞 문장에서는 일조량과 어떤 호르몬과의 관계를 나타내는 내용이 제시되어야 한다. ① 앞에 계절성 정서 장애는 햇빛의 감소로부터 기인하고, 햇빛의 감소가 melatonin(멜라토닌)의 분비를 증가한다고 했다. 문맥상 주어진 문장의 this hormone은 melatonin을 지칭한다는 것을 알 수 있다. 따라서 주어진 문장이 들어갈 위치는 ①이 가장 적절하다.

어휘

Seasonal Affective Disorder 계절성 정서 장애 melatonin 멜라토닌(수면 조절 호르몬) serotonin 세로토닌(신경 전달 물질) transmit 전달하다 nerve 신경 impulse 지극, 충격 depression 우울증 imbalance 불균형 disturbance 교란, 장애, 방해 natural clock 자연 시계(생체 시계) combination 결합 biological 생체의 lethargy 무기력, 나른함 oversleeping 수면 과다 irritability 흥분

8. 정답 ④

해석

우리의 인지와 언어의 생산은 시간에 따라 바뀐다. 만약 우리가 장기간 동안 우리의 토착 지역을 떠난다면, 우리 주변에서 새로운 악센트가 이상하다는 우리의 인지는 오직 잠시뿐일 것이다. 점차적으로, 우리는 다른 사람이 다른 악센트를 가지고 있다는 인식을 잃어 갈 것이고 우리는 우리의 언어 패턴을 새로운 기준에 적용시킬 것이다. 모든 사람들이 똑같은 수준으로 적응하는 것은 아니다. ④ **어떤 이들은 그들의 오리지널 악센트와 사투리, 관용구 그리고 제스처를 굉장히 자랑스러워하는 반면에 다**

른 사람들은 자신의 언어 습관을 바꿈으로써, 빠르게 새로운 환경을 수용하고, 그래서 그들은 더 이상 "군중 속에서 두드러지지" 않는다. 그들이 이것을 의식적으로 하느냐, 하지 않느냐는 아직 논쟁 중에 있고, 개인마다 다를 수 있다. 그러나 언어와 관련 있는 대부분의 과정과 같이, 아마도 이 변화는 우리가 알아채기 전에 일어난다. 그리고 아마도 우리가 미리 알아챘다면, 그것은 일어나지 않았을 수도 있을 것이다.

해설

제시문 앞: 모든 사람들이 새로운 악센트에 똑같은 수준으로 적응하는 것은 아니라는 내용이 언급되어야 한다.

주어진 문장은 양보접속사 while(반면에)을 이용해서 역접의 구조로 서로 다른 입장에 있는 사람들의 차이를 예시로 보여 주고 있다. 어떤 사람은 자신의 원래 악센트를 고집하는 반면, 다른 사람들은 자신의 언어 습관을 바꿈으로써 빠르게 새로운 환경에 적응한다고 했으므로, 주어진 글 앞에 '모든 사람들이 새로운 악센트에 똑같은 수준으로 적응하는 것은 아니다'라는 취지의 내용이 있으면 자연스럽게 연결될 수 있다. ④ 앞에 Not all people do this to the same degree(모든 사람들이 똑같은 수준으로 적응하는 것은 아니다)가 제시되어 있으므로 주어진 문장이 들어갈 위치로 가장 적절한 것은 ④이다.

어휘

intensely 격렬히, 강렬하게 be proud of ~를 자랑스러워하는 dialect 방언, 지방 사투리 phrase 말, 구절 accommodate 수용하다, 맞추다 rapidly 빠르게, 급속히 habit 습관 stand out 두드러지다 perception 인지 native 원래의, 토착의 extended period 장시간 fit in 적응하다 norm 기준, 표준 degree 정도, 수준 consciously 의식적으로 debate 논쟁 differ 다르다 be aware of ~를 알다

9. 정답 ③

해석

생태계를 통해서 직선 또는 일방향으로의 에너지의 통과는 에너지의 흐름으로 알려져 있다. 에너지는 햇빛의 복사 에너지로 생태계에 들어오고, 일부는 광합성 과정 동안 식물에 의해 가둬지게 된다. 이제 화학적 형태인, 이 에너지는 포도당과 같은 생체 분자의 결합으로 저장된다. 분자가 세포 호흡에 의하여 분해될 때, 이 에너지는 조직 복구, 체열 생산, 혹은 복제와 같은 작용들을 하는 데 이용할 수 있게 된다. ④ **그 일(작용)이 완수되고 나면, 그 에너지는 그 유기 체로부터 벗어나게 되고 낮은 열로서 환경 속으로 흩어진다.** 결국, 이 열에너지는 우주로 방출된다. 그러므로, 일단 에너지가 유기체에 의하여 이용되면, 그것은 재사용이 불가능해지게 된다.

해설

제시문 앞: the work에 대한 설명과, 에너지의 생성 과정에 대한 설명이 언급되어야 한다.

주어진 글에서 'the + 명사'는 대명사와 마찬가지로 앞에 언급된 명사를 지칭하는 것이므로, 주어진 글 앞에는 the work에 대한 구체적인 설명이 제시되어야 한다. 그리고 주어진 글에서 에너지가 유기체에서 벗어나 환경으로 흩어진다고 했으므로, 앞에는 에너지의 생성 과정과 사용 과정에 관한 설명이 제시되어야 한다. 문맥상 the work은 ④ 앞의 work such as tissue repair, production of body heat, or reproduction(조직 복구, 체열 생산, 혹은 복제와 같은 작용)을 받는 것이므로, 주어진 글은 ④에 들어가는 것이 가장 적절하다.

어휘

accomplish 완수하다, 달성하다 organism 유기체 disperse 흩어지다, 해산하다 low-quality heat 낮은 열 passage 통로, 복도 linear 직선의 ecosystem 생태계 known as ~로 알려진 energy flow 에너지 흐름 radiant 복사의 trap 가두다 photosynthesis 광합성 chemical 화학적인 bond 결합 molecule 분자 glucose 포도당 cellular 세포의 respiration 호흡 tissue repair 조직 복구 reproduction 복제, 재생 radiate 내뿜다 reuse 재생

10. 정답 ③

해석

내가 도착하자마자 다양한 업무가 기다리고 있었다. 나는 공부 시간 동안 소녀들과 앉아 있어야 했다. 그리고 나서, 그들이 잠자리에 가는 것을 보고, 기도문을 읽는 것이 나의 차례였다. 그 후에 나는 다른 선생님과 함께 밥을 먹었다. 심지어 우리가 마침내 그날 밤 일을 끝냈

을 때도, 피할 수 없는 Miss Gryce는 여전히 나와 함께 있었다. 우리의 촛대에 짧은 양초가 있었고, 나는 그녀가 그것이 모두 다 탈 때까지 말을 할까 두려웠다. ③ **그러나, 운 좋게도, 너무 많이 먹은 저녁은 그녀를 피곤하게 했고, 그녀가 잠들 준비가 되게 했다.** 그녀는 내가 탈의를 끝내기 전에 이미 코를 골고 있었다. 거기에는 여전히 1인치의 초가 남아 있었다. 나는 내 편지를 꺼냈고, F라는 봉인이 되어 있었다. 나는 그것을 뜯었고; 내용은 간단했다.

해설

제시문 앞: 필자가 불편한 상황이 언급되어야 한다. 제시문 뒤: 필자가 편해진 상황이 언급되어야 한다.

주어진 글은 However(그러나)이라는 역접의 접속부사가 포함되어 있다. 그녀가 저녁을 많이 먹어서 빨리 피곤해졌고 잠이 든 상황이 다행이었다고 했으므로, 주어진 글 앞에는 우려나 필자가 불편한 상황이 묘사되어야 한다. 그리고 뒤로는 그녀가 잠이 들고, 필자가 편한 상황이 이어지면 자연스럽게 연결된다. ③ 앞에 I dreaded lest she should talk till it was all burnt out.(나는 그녀가 그것이 모두 다 탈 때까지 말을 할까 두려웠다.)이 있으므로 주어진 글이 들어갈 위치는 ③이 가장 적절하다.

어휘

supper 저녁 fall asleep 잠들다 duty 의무, 임무, 관세 turn 차례 prayer 기도문 retire 은퇴하다 inevitable 피할 수 없는 companion 동반자, 친구, 동료 candle 초 candlestick 촛대 dread 두려워하다 lest~ should ~할까 봐 burn out 에너지를 소진하다 snoring 코골이 undress 옷을 벗다 seal 도장, 봉인 initial 첫 글자 content 내용 brief 짧은, 잠시 동안의

11. 정답 ④

해석

파충류와 어류는 아마 틀림없이 무리를 이루고 떼지어 있는 채로 발견될 것이다. 그들은 다량으로 부화되어 왔고 유사한 조건들이 그들을 한데 모이게 해 왔다. 무리를 이루고 떼 지어 사는 포유류의 경우, 군집은 그저 외부적 힘의 집단에 의해 일어나는 것이 아니라 내적 욕구에 의해서 유지되는 것이다. 그들은 단순히 서로를 닮아서 같은 시간에 같은 장소에서 발견되는 것이 아니다. 그들은 서로를 좋아해서 한데 모이는 것이다. 파충류 세계와 우리 인간 정신 세계 사이의 이러한 차이는 우리의 공감이 전달될 수 없는 것처럼 보이는 차이이다. 우리는 원래 파충류의 본능적인 동기, 욕구, 두려움과 증오의 빠르고 단순한 긴급성을 이해할 수 없다. 우리의 모든 동기는 복잡하기 때문에 우리는 그들의 단순성에 있어서 그들을 이해할 수 없다. 우리의 것은 균형과 결과이지 단순히 긴급성이 아니다. 하지만, 포유류와 조류에게는 자제력과 다른 개체들에 대한 배려가 있는데, 이는 사회적 호소, 즉 낮은 수준에 있는, 우리의 방식과 닮은 자제력이다. ④ **우리는 그 결과로 거의 모든 그것들의 부류와 관계를 맺을 수 있다.** 그들이 괴로워할 때 그들은 울음소리를 내고 우리의 감정을 깨우는 몸짓을 한다. 우리는 상호 인식을 통해 그들을 애완동물로 삼을 수 있다. 그들은 우리에 대한 자제력을 가지도록 길들여지고, 가축화되며 훈련될 수 있다.

해설

제시문 앞: them이 지칭하는 명사가 제시되어야 하고, 거의 모든 그것들과 관계를 맺을 수 있는 이유가 언급되어야 한다.

주어진 문장에서 부사 in consequence(결과적)가 중요한 단서가 될 수 있다. 우리는 그 결과로 거의 모든 그것들의 부류와 관계를 맺을 수 있다고 했으므로, 주어진 문장 앞에는 대명사 them이 지칭하는 명사가 제시되어야 하고, 거의 모든 그것들과 관계를 맺을 수 있는 이유가 제시되어야 한다. ④ 앞에 But the mammals and birds have self-restraint and consideration for other individuals, a social appeal, a self-control that is, at its lower level, after our own fashion(하지만, 포유류와 조류에게는 자제력과 다른 개체들에 대한 배려가 있는데, 이는 사회적 호소, 즉 낮은 수준에 있는 우리의 방식과 닮은 자제력이다)에서 포유류와 조류에게는 우리의 방식을 닮은 자제력이 있다고 했으므로, 그 결과 우리는 거의 모든 그것들의 부류와 관계를 맺을 수 있다는 흐름이 자연스럽다. 그리고 ④ 뒤에는 그들을 애완동물로 삼을 수 있고, 가축화하며 훈련시킬 수 있다는 내용으로 뒷받침하고 있다.

어휘

reptile 파충류 swarm 무리, 떼 shoal (물고기) 떼, 무리 hatch 부화하다 in quantities 다량으로 gregarious 떼 지어 사는, 군생하는 mammal 포유류 association 군집, 연합 sustain 유지하다 impulse 욕구 merely 단지 sympathy 공감 conceive 이해하다 in oneself 원래, 본질적으로 swift 빠른 uncomplicated 단순한 urgency 긴급성 instinctive 본능적인 appetite 욕구, 식욕 hate 증오 simplicity 단순함 resultant 결과 self-restraint 자제력 consideration 배려 social appeal 사회적 호소 after one's own fashion ~의 방식을 닮은 utter (소리를) 내다 rouse 깨우다 make pets 애완동물로 만들다 recognition 인식 tame 길들이다 domesticate 가축화하다

12. 정답 ②

해석

해수의 여러 공통적인 특징들은 바다의 서식 동물들의 생존과 안녕에 필수적이라는 점이다. 물은 대부분의 해양 생물들의 부피의 80~90퍼센트를 차지한다. 그것은 헤엄치며 떠다니는 생물들에게 부력과 신체 지지력을 제공하고 무거운 골격 구조에 대한 필요성을 줄여 준다. ② **물은 또한 생명을 유지하기 위해 필요한 대부분의 화학 반응의 매개물이다.** 해양 생물들의 삶의 과정은 차례로 해수의 투명도와 화학적 구조를 포함한, 많은 기본적인 물리적이고 화학적 특징들을 바꾸고, 이는 생물들이 전체적인 해양 환경의 필수 요소가 되도록 한다. 생물들과 그들의 해양 환경 사이의 상호작용을 이해하는 것은 해수의 더 중요한 물리적이고 화학적 특징 중 몇몇에 대한 간단한 조사를 필요로 한다. 순수한 물과 바닷물의 특징들은 어떤 점에서는 달라서, 우리는 우선 순수한 물의 기본적인 특징들을 고려하고 나서 바닷물에서 그러한 특징들이 어떻게 다른지 조사한다.

해설

제시문 앞: 해수의 역할이 언급되어야 한다.

제시문 뒤: 생명 유지를 위한 해수의 화학적 반응이 부연 설명되어야 한다.

주어진 문장에서 also가 중요한 단서가 될 수 있다. also는 앞에 중요한 내용이 나오고 뒤에는 추가적인 내용을 나열할 때 사용된다. '해수는 또한 생명 유지를 위한 화학적 반응의 매개체이다'라고 했으므로 앞에는 해수의 중요 역할이 제시되어야 하고, 주어진 글 뒤에는 생명 유지를 위한 해수의 화학적 반응을 부연 설명하는 글이 와야 한다. ② 앞에 해수는 해양 생물에게 부력과 신체 지지력을 제공해서 무거운 골격 구조에 대한 필요성을 줄인다고 했고, 뒤에는 해양 생물의 삶의 과정이 해수의 물리적이고 화학적인 특징을 바꾼다고 했으므로 주어진 문장이 들어갈 위치는 ②가 가장 적절하다.

어휘

medium 매개 sustain 유지하다 property 특징 seawater 해수 crucial 치명적으로 중요한 well-being 안녕, 행복 inhabitants 서식 동물 account for ~를 차지하다 volume 부피 marine 해양의 buoyancy 부력 body support 신체 지지 floating 떠다니는 skeletal 골격의 alter 바꾸다 in turn 차례로 alter 바꾸다 makeup 구성 transparency 투명도 integral part 구성 요소 interaction 상호작용 brief 간단한 attribute 특징 characteristics 특징 pure 순수한 differ 다르다, 차이가 나다 respect 측면

13. 정답 ④

해석

몇몇은 꿈에는 의미가 없다고 믿지만, 밤에 일어나는 이러한 드라마를 무의미한 것으로 일축하는 것은 잘못된 것이다. 기억하는 것에는 얻어지는 것이 있다. 우리는 더 연결되어 있고, 더 완벽하고, 더 제대로 진행되고 있다고 느낄 수 있다. 우리는 영감, 정보, 그리고 편안함을 얻을 수 있다. 알버트 아인슈타인은 그의 상대성 이론이 꿈에서 영감을 받았다고 말했다. 사실, 그는 꿈들로부터 많은 영감을 얻었다고 주장했다. 우리가 왜 꿈꾸는지 물어보는 것은 우리가 왜 숨 쉬는지 질문하는 것만큼 타당하다. 꿈꾸는 것은 건강한 삶의 필수적인 요소이다. ④ **좋은 소식은 우리가 우리의 꿈을 기억하든지 못 하든지와 관계없이 이것이 사실이라는 것이다.** 많은 사람들은 비록 그들이 그 특정한 꿈을 기억하진 못하지만, 깨자마자 어떤 문제에 대한 새로운 접근법의 영감을 얻는다고 말한다.

해설

제시문 앞: this가 지칭하는 대상이나 문장이 언급되어야

한다.

제시문 뒤: 꿈을 기억하지 못하는 상황이 예시로 부연 설명되어야 한다.

주어진 문장에서 대명사 this가 중요한 단서이다. 앞에 문장에서 this가 나타내는 것이 무엇인지 구체적으로 제시되어야 하고, 이어지는 문장에서는 꿈을 기억하지 못하는 상황이 예시로 부연되면 자연스럽게 연결이 된다. ④ 앞에, 꿈을 꾸는 것은 건강한 삶의 필수적인 요소라고 했다. 주어진 문장에서의 대명사 this는 이 앞 문장을 받아 주는 것이고, ④ 뒤에는 사람들이 특정한 꿈을 기억하지 못하지만, 깨어나자마자 어떤 문제에 대한 새로운 접근법의 영감을 얻는다고 했으므로 주어진 문장은 ④에 들어가는 것이 가장 적절하다.

어휘

dismiss 일축하다 nocturnal 밤에 일어나는, 야행성의 irrelevant 무의미한 on track 제대로 진행되고 있는 inspiration 영감 comfort 편안함, 위안 relativity 상대성 inspire 영감을 주다 make sense 타당하다, 이치에 맞다 integral 필수적인 awaken 깨다 specific 구체적인

14. 정답 ②

해석

우리가 아기일 때, 우리의 뇌는 우리를 처음 돌봐 주는 사람과의 관계 속에서 발달한다. 그들이 우리에게 주는 감정과 사고 과정이 무엇이든, 우리의 성장하는 뇌에 반영되고, 반응되고, 그리고 저장된다. 상황이 잘 되어 가면, 우리의 부모님과 돌봐 주는 사랑 또한 우리의 기분과 정신적인 상태를 반영하고 입증하며, 우리가 느끼는 것을 인정하고 대응한다. ② **그래서 우리가 2살 정도가 될 즈음에, 우리의 뇌는 이미 뚜렷하고 개인적인 패턴을 갖게 될 것이다.** 그러고 나서 우리의 좌뇌는 언어를 이해할 수 있을 만큼 충분히 성숙한다. 이러한 이중 발달은 우리가 두 개의 뇌를 어느 정도까지 통합할 수 있게 한다. 우리는 우뇌의 감정을 언어에 표현하기 위해 좌뇌를 사용하는 것을 시작할 수 있게 된다.

해설

제시문 앞: 2살 이전의 뇌 발달 과정(우뇌 발달)이 언급되어야 한다.

제시문 뒤: 2살 이후의 뇌 발달 과정(좌뇌 발달)이 언급되어야 한다.

주어진 문장에서 2살 정도가 되면, 우리의 뇌는 뚜렷하고 개인적인 패턴을 가진다고 했으므로, 앞에는 2살 전의 뇌의 발달(우뇌 발달)에 관한 내용이 나오고, 뒤에는 2살 이후의 뇌의 발달 과정(좌뇌 발달)이 나오면 자연스럽게 연결이 된다. 앞부분에서 아기일 때, 우리의 뇌는 처음 돌봐 주는 사람과의 관계 속에서 발달한다고 했다. ② 앞에서 그들의 감정과 사고 과정이 우리의 성장하는 뇌에 반영이 되고, 그들 또한 우리의 기분과 정신적인 상태에 대응한다고 했다. 그리고 ② 뒤에서 그러고 나서 우리의 좌뇌가 충분히 성숙해서 우뇌의 감정을 언어를 표현하기 위해 좌뇌를 사용한다고 했으므로, 주어진 문장은 ②에 들어가는 것이 가장 적절하다.

어휘

distinct 뚜렷한 caregiver 돌봐 주는 사람 mirror 반영하다 lay down 내려놓다, 저장하다 go well 잘 되어 가다 validate 입증하다 state 상태 acknowledge 인정하다 mature 자라다, 성숙하다 sufficiently 충분히 dual 이중의 enable 가능하게 하다 integrate 통합하다 to some extent 어느 정도까지 put into 표현하다

15. 정답 ②

해석

고정 관념은 본래 부정적인 것이 아니다. Martin에 따르면, 고정 관념은 그 자체로 유해하거나 병적인 것이 아니라 세계를 몇 개의 다루기 쉬운 범주들로 묶음으로써 사람들로 하여금 개념의 혼란을 피할 수 있게 해 주는 필요한 사고 장치이다. ② **하지만, 고정 관념은 범주화가 발생하면서, 개개인들 혹은 단체들이 몇몇 인지된 불충분함에 의해서만 확인되며 위상이 위축될 수도 있다는 점에서 위험이 따른다.** 몇 가지 특징들에 근거한 식별은 고정 관념이 형성된 개개인들의 긍정적인 특징에 대해 판단을 가로막는 것을 만들어 낼 수도 있으며 낙인 찍기로 이어질 수도 있다. 낙인은 '사회적 만남에서 다른 사람들에 의해 이해되고 회피, 혐오감, 불명예, 부끄러움 혹은 두려움과 같은 정서적 반응들을 포함하는 평판을 나쁘게 하는 표시인데,' 개개인들에게 적용될 때 사회에서 그들

이 그들 자신의 자아 존중감을 의심하도록 하며 개개인들과 그들 자신의 정체성과 신념을 바꿀 수 있다. 이질적인 공동체에서 낙인 찍힌 개개인들은 '정상적인' 것과 '낙인 찍힌' 것 사이의 차이를 이미 이해하고 전형적으로 정체성의 위기와 자존감의 상실을 수반하는 그들 자신에 대한 재평가를 받는다.

해설

제시문 앞: 고정 관념의 순기능이 언급되어야 한다.

제시문 뒤: 고정 관념의 역기능(범주화가 발생해서 위험한 이유)이 언급되어야 한다.

주어진 문장은 however(그러나)이라는 역접의 접속부사가 사용되고 있으므로, 앞에는 고정 관념의 순기능(고정 관념이 위험하지 않은 이유)이 제시되어야 하고, 뒤에는 고정 관념의 역기능(범주화가 발생해서 위험한 이유)이 제시되어야 한다. ② 앞에 고정 관념은 본래 부정적인 것이 아니라 사람들로 하여금 개념의 혼란을 피할 수 있게 해 주는 필요한 사고 장치라는 내용이 나온다. 그리고 ② 뒤에는 몇 가지 특징들에 근거한 식별(범주화)은 고정 관념이 형성된 개인의 긍정적인 판단을 가로막으며 낙인 찍기로 이어질 수 있다고 했으므로 주어진 문장은 ②에 들어가는 것이 가장 적절하다.

어휘

stereotype 고정 관념 categorization 범주화 status 지위, 신분, 위상 perceived 인지된 inadequacy 불충분함 evil 유해한, 사악한 pathological 병적인 thinking device 사고 장치 conceptual 개념의 chaos 혼동 manageable 다루기 쉬운 category 범주 identification 식별, 신원 확인 specific 특정한 feature 특징 blinder 눈을 속이는 것 stigmatization 낙인 찍기 stigma 낙인 discredit 평판을 나쁘게 하다, 의심하다 encounter 만남 affective 정서적인 avoidance 회피 disgust 혐오 disgrace 불명예 shame 수치심 stigmatize 낙인 찍다 alien 이질적인, 조화되지 않는 reevaluation 재평가 typically 전형적으로 entail 수반하다 identity crisis 정체성 위기 self-esteem 자존감

수능대비

1. 정답 ③

해석

비록 과학은 규칙에 기반한 절차이지만, 매우 창의적인 과정임을 인식하는 것이 중요하다. 추론은 철학적 발명으로, 우리가 신중한 숙고라 부르는 머릿속 계산을 거쳐 사고를 통해 다소 신비롭게 만들어진 것이다. 그러나, 가설이 현실에 비추어 검증되기 전에는, 그것은 아직 진정한 지식이 아니며, 그것은 단지 추측을 나타내는 정보에 불과하다. ③ **지식은 자신의 유용성을 입증한 정보이다.** 그것(지식)은 수차례의 실험적 검증을 통해 잘못된 이론들을 제거한 후 남은 것이다. 과학자들이 끊임없이 가설을 검증하고 새롭고 놀라운 데이터를 설명하기 위해 그들의 모델을 수정함에 따라, 통계학자들이 '베이지안 업데이팅'이라고 부르는 일종의 '학습 루프'가 나타난다. 18세기 영국의 통계학자이자 철학자였던 Thomas Bayes가 개발한 베이즈 정리에 기초하여, 베이지안 업데이팅은 수용된 이론이나 예측 모델이 그 이론의 다양한 변형을 반복적으로 검증하는 과정을 통해 점점 더 정확해지는 수학적 과정을 일컫는다.

해설

이 글은 과학적 추론이나 가설이 여러 검증을 통해 지식으로 형성되는 과정을 설명하고 있다. 주어진 문장은 '지식은 자신의 유용성을 입증한 정보이다'라고 지식을 정의하고 있는데, ③ 앞 문장에 '가설이 검증되기 전에는 진정한 지식이 아니고, 단지 추측을 나타내는 정보에 불과하다'라는 내용이 있고, ③ 다음 문장의 'It is what is left over'에서 '수차례의 실험적 검증을 통해 남은 것'이라는 내용으로 보아 'It'는 주어진 문장의 'Knowledge'를 지칭하는 것이므로 주어진 문장은 ③에 들어가는 것이 가장 적절하다.

어휘

recognize 인식하다 cook up 만들다 mystically 신비롭게 computation 계산 hypothesis 가설 eliminate 제거하다 modify 수정하다 emerge 갑자기 나타나다 statistician 통계학자 refer to ~을 언급하다 whereby 그로써(: by which)

2. 정답 ③

해석

일반적으로, 당신의 (용어) 정의가 자신의 주장과 관련 있는 종류의 논의들에서 일반적으로 사용되는 방식에 가능한 비슷하게 일치하면 더 좋다. 그러나, 철학자들이 '자극하는 정의'라고 부르는 것을 통해 '특별한 용법'을 만드는 것이 적절하고, 심지어 필요한 경우도 있을 것이다. 현재의 어휘로는 당신이 철학적으로 중요하다고 생각하는 구분을 할 수 없는 경우가 이에 해당한다. ③ **예를 들어, 그것(기억)을 가진 사람아 경험한 무언가에 대한 기억이, 반드시 경험한 기억이 아닐 수도 있다는 것을 설명하는 용어는 일반 언어에 없다.** 예를 들어, 내가 어떻게든 당신의 기억을 공유할 수 있다면 그러한 상황이 생길 수 있다. 즉, 나는 기억 유형의 경험을 갖고 있지만, 이것이 내가 실제로 경험했던 것이 아닐 수도 있다. 이것을 기억이라고 부르는 것은 오해의 소지가 있다. 이러한 이유로, 철학자들은 기억과 유사한 이러한 가상의 경험을 지칭하기 위해 '유사 기억'이라는 특별한 용어를 만들어 냈다.

해설

주어진 문장은 'For example'로 시작하여 일반 언어로는 자신이 직접 경험하지 않은 기억 같은 것을 표현할 말이 없다는 내용으로, '기존 언어로 표현되지 않는 중요한 구분이 있다'는 내용의 ③ 앞 문장의 예시가 되고, ③ 뒤에 '내가 직접 경험하지 않았지만 당신의 기억을 공유할 수 있다면 그런 상황이 생길 수 있다'는 내용이 주어진 문장의 예시가 되므로, 주어진 문장은 ③에 들어가는 것이 가장 적절하다.

어휘

general 일반적인 definition 정의 correspond 일치하다, 상응하다 occasion 경우 appropriate 적절한 coin (새로운 용어를) 만들다 stimulative 자극하는 distinction 구분 misleading 오해의 소지가 있는 quasi-memory 유사 기억 hypothetical 가설적인, 가정적인

3. 정답 ③

해석

무리에서 떨어져 헤매는 대부분의 새들은 방향을 다시 잡고 그들의 일반적인 (서식) 범위로 돌아갈 수 있는 드문 경우의 개체들을 제외하고, 궁극적으로 죽을 운명이라는 것이 일반적인 가정이다. 결국, 무리에서 떨어져 헤매는 것 자체가 비교적 중요하지 않은 생물학적 현상이라고 일반적으로 여겨지기도 한다. 이것은 의심할 여지없이 대부분의 경 우에 사실인데, 무리에서 떨어져 헤매는 어떤 경우든 가장 가능성 있는 결과는 개체가 충분한 자원을 찾지 못하고/못하거나, 살기 힘든 환경 조건에 노출되어 죽기 때문이다. ③ **하지만, 드문 경우에, 무리에서 떨어져 헤매는 것이 개체수, 종, 심지어 생태계 전체의 운명을 극적으로 바꿀 수 있다는 것을 시사하는 많은 증거가 있다.** 드물기는 하지만, 이러한 경우들은 생태학적이고 진화적인 과정이 진행되는 시간의 관점에서 볼 때 매우 중요할 수 있다. 무리에서 떨어져 헤매는 것의 가장 중대한 결과는 새로운 번식지, 새로운 이동 경로 및 월동 장소의 확보와 관련이 있다. 이들 각각은 서로 다른 메커니즘을 통해, 서로 다른 빈도로 발 생할 수 있으며, 각각 고유한 중요성을 가지고 있다.

해설

주어진 문장은 'However'로 시작되어 드문 경우에 무리에서 떨어져 헤매는 것이 개체수, 종, 생태계 전체의 운명을 바꿀 수 있다는 내용으로 그 앞에는 무리에서 떨어져 헤매는 것은 중요하지 않고, 대부분의 경우에 살기 힘든 환경 조건에 노출되어 죽는다는 내용이 나와야 한다. 따라서 주어진 문장이 들어가기에 가장 적절한 것은 ③이다.

어휘

rare 드문 occasion 경우 dramatically 극적으로 population 개체수 reorientate 방향을 다시 잡다 undoubtedly 의심할 여지없이 perish 죽다 infrequent 드문 timescale 시간 profound 중대한 migration 이동, 이주 wintering location 월동 장소 frequency 빈도

4. 정답 ②

해석

직관은 탁월할 수 있지만, 힘들여 얻은 것이어야 한다. 예를 들어, 전문가들은 수천 시간을 학습과 경험에 투자하여, 데이터로부터 직관이 얻어졌기 때문에 즉각적으로

생각할 수 있다. ② **그래야만 그들이 내재화된 전문 지식과 증거에 기반한 경험에 따라 빠르게 행동할 수 있다.** 그러나 대부분의 사람들은 종종 스스로를 전문가라고 생각하지만 실제로는 전문가가 아니다. 우리 중 대부분은, 특히 소셜 미디어에서 다른 사람들과 소통할 때, 전문가와 같은 속도와 확신을 가지고 행동하며, 이를 뒷받침하는 지식의 실체 없이 국제적 위기에 대한 다양한 의견을 제시한다. 그리고 우리의 메시지가 그것을 더 믿으려는 성향이 있는 독자에게 전달되는 것을 보장하는 인공 지능 덕분에, 전문 지식에 대한 우리의 착각은 개인적 필터 버블(자신의 관심사에 맞게 필터링된 정보만을 접하게 되는 현상)에 의해 강화될 수 있다. 우리는 남들이 우리와 똑같이 생각할 때 그들을 더 개방적이고 합리적이며 분별 있다고 여기는 흥미로운 경향을 가지고 있다.

해설

이 글은 전문가들은 학습과 경험에 많은 시간을 투자하여 데이터로부터 직관을 얻을 수 있기 때문에 즉각적으로 생각하고 행동할 수 있지만, 대부분의 사람들은 이를 뒷받침하는 지식의 실체 없이 전문가처럼 생각하고 행동하며, 특히 인공지능 덕분에 전문 지식에 대한 착각을 하게 된다는 내용의 글이다. 따라서 '그래야만 그들이 내재화된 전문 지식과 증거에 기반한 경험에 따라 빠르게 행동할 수 있다'고 언급하고 있는 주어진 문장의 they가 가리키는 것은 전문가를 뜻하는 것이고, ②의 'Yet' 이하는 모두 일반 사람들에 관해 서술하고 있으므로 주어진 문장이 들어가기에 가장 적절한 것은 ②이다.

어휘

in accordance with ~에 따라 internalized 내재된 expertise 전문지식 hard-earned 힘들여 얻은 on one's feet 즉각적으로 conviction 확신 crisis 위기 substance 실체 inclined 성향이 있는 rational 합리적인 sensible 분별 있는

5. 정답 ②

해석

전기적 의사소통은 주로 물고기에서 알려져 있다. 전기 신호는 특수 전기 기관에서 생성된다. 신호가 방출되면 머리에 대해 전기 기관이 음전하를 띠고 물고기 주위에 전기장이 생긴다. 일반 근육 세포간 수축할 때 약한 전류가 그 안에서도 발생한다. ② **전기 기관 안에서 근육 세포는 더 큰 덩어리로 연결되어 있으며, 이는 일반 근육에서보다 총전류 강도를 더 크게 만든다.** 물고기는 전기장의 형태나 방출 주파수를 변화시켜 신호를 다양하게 한다. 이 체계는 약 1~2미터 정도의 짧은 거리에 서만 작동한다. 신호 체계를 사용하는 종들은 흔히 큰 무리를 지어 다른 여러 종과 함께 살기 때문에 이것은 이점이 있다. 많은 물고기 가 동시에 신호를 보내면, 짧은(도달 가능한) 범위는 간섭의 위험을 줄여 준다.

해설

주어진 문장은 물고기의 전기 기관 안의 근육 세포가 더 큰 덩어리로 연결되어 있으며, 일반 근육에서보다 총전류 강도를 더 크게 만든다는 내용으로 그 앞에는 비교 대상이 된 일반 근육에 관한 이야기가 나와야 한다. ② 앞의 내용이 '일반 근육 세포가 수축할 때 약한 전류가 그 안에서도 발생한다.'로 전기 기관 안의 근육 세포와 비교되는 일반 근육에 관한 것이 언급되었다. 따라서 주어진 문장이 들어가기에 가장 적절한 것은 ②이다.

어휘

organ 기관, 장기 chunk 덩어리 intensity 강도 discharge 방출하다 electric field 전기장 frequency 주파수 interference 간섭

6. 정답 ④

해석

창의성은 생산성에 영향을 미칠 수 있다. 창의성은 어떤 사람이 다른 사람은 보지 못하는 문제들을 인식하게 하지만, 이것은 매우 어려울 수도 있다. 종 분화 문제에 대한 찰스 다윈의 접근은 이것의 좋은 사례이다. 그는 매우 어렵고 얽힌 문제인 종 분화를 선택했고, 이것은 그를 오랜 자료 수집과 심사숙고의 기간으로 이끌었다. 이러한 문제의 선택은 빠른 착수나 간단한 실험을 허용하지 않았다. 이러한 경우, 노력이 어려운 문제에 집중되기 때문에 창의성은 (출판물의 수로 측정되듯) 실제로 생산성을 감소시킬 수 있다. ④ **창의성이 방법과 기술에 더 집중한 사람에게는, 창의성이 문제를 해결하는 데 필요한 작업을 극적으로 줄이는 해결책으로 이어질 수 있다.** 우리는

작은 DNA 조각들을 짧은 시간에 증폭하게 해 주는 중합 효소 연쇄 반응(PCR)의 개발에서 한 가지 사례를 볼 수 있다. 이러한 유형의 창의성은 단계의 수를 줄이거나 실패할 가능성이 더 낮은 단계로 대체하고 따라서 생산성을 높일 수도 있다.

해설

주어진 문장은 '창의성이 방법과 기술에 더 집중된 다른 사람에게는, 창의성이 문제를 해결하는 데 필요한 작업을 줄인다'는 내용이다. 따라서 이런 경우에는 창의성이 생산성을 늘리게 된다는 내용이 그 뒤에 나와야 하는데 ④ 바로 뒤의 내용이 생산성을 높이는 사례(중합효소 연쇄반응 개발)를 보여 주고 있고 ④ 앞의 내용이 어려운 문제에 집중하여 창의성이 생산성을 감소시킨다고 언급하고 있다. 따라서 주어진 문장이 들어갈 가장 적절한 곳은 ④이다.

어휘

drastically 극적으로 productivity 생산성 tangled 얽힌 deliberation 심사숙고 attack 착수 publication 출판물 amplify 증폭시키다 substitute 대체하다

7. 정답 ③

해석

'이주'라는 단어는 대중 매체와 심지어 과학 문헌에서도 문제나 위기로 거의 항상 보도된다. 예를 들어, 이주민들이 도시를 과밀화시키고, 노동 시장을 막히게 하며, 빈곤을 증가시킨다고 가정된다. 또 다른 의문스러운 가정은 대부분의 이주가 본의가 아니라는 것이다—자연적 또는 인위적인 재난을 피해 떠나는 사람들. 그러나, 현실은 더 복잡하고 많은 이주민들은 단순히 더 큰 경제적 기회를 찾고 있다. 물론 이주는 사회적·경제적 문제를 일으킬 수 있고 정말로 일으킨다. ③ **하지만 이주는 또한 많은 기존의 문제에 대한 해결책이 될 수 있다.** 예를 들어, 외부 이주는 일반적으로 노동 과잉 지역에서 더 큰 수요나 더 많은 기회가 있는 지역으로 노동자를 재분배한다. 이주는 더 젊고, 더 건강하고, 더 유연하며, 그들의 본거지에서의 그들의 전망에 비해 더 나은 삶을 희망하며 고난을 더 기꺼이 견딜 사람들을 일반적으로 선택한다. 이주의 장기적인 결과를 조사하는 대부분의 연구는, 송금과 세대 간 이동을 포함하여, 본거지와 목적지에서 긍정적인 '장기적' 효과를 발견한다.

해설

이 글은 이민이 가진 단점과 장점을 설명하고 있다. 주어진 문장은 'But'으로 시작해 이민이 가진 장점도 있다는 내용이므로, 이주의 단점에서 장점으로 화제가 전환되는 ③에 들어가는 것이 가장 적절하다.

어휘

migration 이주 solution 해법, 해결책 preexisting 기존의 literature 문헌 crisis 위기 assume 가정하다 overcrowd 과밀하게 하다 clog 막히게 하다 involuntary 본의 아닌 flee 도망치다 disaster 재난 redistribute 재분배하다 surplus 과잉 selective 선별적인 willing to 기꺼이 ~하는 endure 견디다 hardship 고난 prospect 전망 remittance 송금 intergenerational 세대 간의 outcome 결과 destination 목적지

8. 정답 ②

해석

정부에 의해 만들어지는 돈에 대한 큰 문제는 정부를 운영하는 사람들이 더 많은 돈을 만들고 그것을 쓰고 싶은 유혹에 항상 직면한다는 것이다. 고대 왕들 중에서나 현대 정치인들 중에서든, 이것은 수세기 동안 반복되어 일어났으며, 그로 인해 인플레이션과 인플레이션에서 비롯되는 많은 경제적, 사회적 문제들을 초래했다. ② **이러한 이유로, 많은 국가들은 금, 은 또는 본질적으로 공급이 제한된 어떤 다른 물질을, 돈으로 사용하는 것을 선호해 왔다.** 그것은 정부에게서 돈 공급을 인플레이션 수준으로 확장할 수 있는 권한을 박탈하는 방법이다. 금은 오랫동안 이 목적에 이상적인 것으로 여겨져 왔는데, 전 세계의 금 공급이 보통 급격히 증가될 수 없기 때문이다. 개인이 그렇게 하기를 선택할 때마다 종이돈이 금으로 전환될 수 있을 때, 그러면 그 돈은 금에 의해 '보장된다'라고 말해진다. 이 표현은 우리가 금의 가치가 어떤 방식으로든 종이돈으로 전환된다고 생각하는 경우에만 오해를 살 수 있는데, 이때 사실상 진짜 요점은 금은 발행될 수 있는 종이돈의 양을 단순히 제한한다는 것이다.

해설

주어진 문장은 'For this reason(이런 이유로)'으로 시작해 많은 국가들이 돈을 대신해 금, 은, 또는 다른 물질을 돈으로 사용하는 것을 선호해 왔다는 내용으로, 고대 왕들이나 현대 정치인들이 더 많은 돈을 만들고 그것을 쓰게 되어 인플레이션과 인플레이션에서 비롯된 많은 문제를 초래했다는 ② 앞에 오는 문장과 'It'로 시작하여 정부가 돈 공급을 인플레이션 수준으로 확장할 수 있는 권한을 박탈하는 방법이라고 언급한 ② 뒤에 오는 문장 사이에 단절이 있다. 따라서 주어진 문장은 ②에 들어가는 것이 가장 적절하다. 특히, 여기에서의 it'이 가리키는 것은 주어진 문장의 '금이나 은을 화폐로 사용하는 것'을 지칭한다.

어휘

prefer 선호하다 inherently 본질적으로 temptation 유혹 deprive 빼앗다, 박탈하다 purpose 목적 convertible 전환 가능한, 바뀔 수 있는 back up 뒷받침하다, 지지하다 misleading 잘못된, 오도하는 transfer 전환하다 issue 발행하다

9. 정답 ④

해석

인터넷은 그것이 대체하는 대부분의 대중 매체와 분명하고도 매우 중요한 방식으로 다르다: 그것은 두 방향으로 작용한다. 우리는 네트워크를 통해 메시지들을 받을 수 있을 뿐만 아니라 그것들을 보낼 수도 있는데, 이것은 그 시스템을 훨씬 더 유용하게 만들었다. 온라인에서 정보를 교환하고, 다운로드할 뿐만 아니라 업로드하는 능력은. 인터넷을 비즈니스와 상거래를 위한 통로로 만들었다. 몇 번의 클릭으로, 사람들은 가상 카탈로그를 검색하고, 주문을 하고, 배송을 추적하고, 그리고 기업의 데이터베이스에 정보를 업데이트할 수 있다. ④ **하지만 인터넷은 단지 우리를 기업과 연결하는 것만은 아니다; 그것은 우리를 서로서로 연결한다.** 그것은 상업용 매체일 뿐만 아니라 개인 방송 매체이다. 수백만 명의 사람들이 다른 사람들의 창작물을 비평하고, 편집하고, 또는 그렇지 않으면 수정하기 위해서 뿐만 아니라, 블로그, 동영상, 사진, 노래, 그리고 팟캐스트의 형태로 자신의 디지털 창작물을 배포하기 위해서 그것을 사용한다.

해설

주어진 문장은 'But'으로 시작되어 인터넷이 우리를 기업과 연결해 줄 뿐만이 아니라 우리 서로서로를 연결해 준다는 내용으로 그 앞에는 인터넷이 기업과 연결하는 내용이 나오고, 그 뒤에는 인터넷이 개인들을 연결하는 내용이 나와야 한다. 따라서 주어진 문장이 들어가기에 가장 적절한 것은 ④이다.

어휘

mass media 대중 매체 obvious 분명한, 명백한 commerce 상거래, 상업 virtual 가상의 place orders 주문을 하다 track 추적하다 corporate 기업의 medium 매체 distribute 배포하다, 유포하다 creation 창작물 critique 비평, 평론 edit 편집하다 modify 수정하다

10. 정답 ③

해석

미국인 직장인 10명 중 7명이 내일 해고된다고 상상해 보라. 그들은 모두 무엇을 할까? 노동력의 절반 이상에게 해고 통지서를 보낸다면 경제가 유지될 것이라고 믿기 어려울 것이다. 하지만 그것은 19세기 초 노동력에 산업혁명이 했던 것이다. 200년 전. 미국 노동자의 70%가 농장에서 살았다. 오늘날 자동화는 1%를 제외한 모든 일자리를 제거하였고, 그것들을 기계로 대체하였다. 하지만 일자리를 잃은 노동자들은 한가롭게 앉아 있지 않았다. ③ **그 대신, 자동화는 완전히 새로운 분야에서 수억 개의 일자리를 창출했다.** 한때 농사를 짓던 사람들은 이제 농기구, 자 동차, 그리고 기타 산업 제품을 제조하는 공장에서 일하고 있다. 그 이후로, 가전제품 수리공, 식품 화학자, 사진작가, 웹 디자이너 등 이전의 자동화를 기반으로 한 새로운 직업이 계속해서 등장했다. 오늘날, 우리 중 대다수는 1800년대의 농부들은 상상도 할 수 없었던 일을 하고 있다.

해설

주어진 문장은 'Instead'로 시작하여 자동화가 완전히 새로운 분야에서 수억 개의1 일자리를 창출했다는 내용인데, Instead로 보아 그 앞에는 일자리가 없어졌다는 내용이 나와야 할 것이고, 그 뒤에는 구체적인 새로운 분야의

일자리에 관한 내용이 나와야 한다. 따라서 일자리를 잃은 노동자들이 한가롭게 앉아 있지 않았다는 ②와 농사를 짓던 사람들 이 농기구, 자동차, 다른 산업 제품을 제조하는 공장에서 일하고 있다는 ③ 사이에 와야 한다. 따라서 주어진 문장이 들어가기에 가장 적절한 것은 ③이다.

어휘

automation 자동화 labor force 노동력 industrial revolution 산업 혁명 eliminate 제거하다, 없애다 replace 대체하다 displaced workers 일자리를 잃은 노동자들 sit idle 한가롭게 앉아 있다 equipment 장비 occupation 직업 appliance 가전제품 chemist 화학자 man ~에 인원을 배치하다

12. 문장삭제

1) 문장삭제 유형의 본질(출제의도)

문장삭제 유형은 "글의 흐름을 깨는 문장"을 찾는 문제이다.
즉 "문법, 어법 문제가 아니라 논리, 구조문제"이다.
출제자는 다음 중 하나라도 어긋나는 문장을 심어 둔다.

- 글의 주제, 주장과 무관
- 논리 연결(앞/뒤의 인과, 대조, 예시)가 맞지 않음
- 지시어(this, that, such, they 등)의 대상이 없음
- 시제, 관점 화제가 갑자기 바뀜

2) 핵심비법

① 환자 튀는 "이상한 문장"을 찾는다

② 글의 전체 구조로 먼저 잡는다

대표 구조

- 두괄식(주장 → 근거)
- 문제 → 해결
- 통념 → 반박
- 일반 → 구체
- 비교 → 대조

이 구조에서 역할이 없는 문장은 삭제 후보이다.

③ 삭제문장은 대부분 연결어에 약하다

다음에 집중 체크한다.

- however therefore for example moreover instead also
- this that such it they

앞 문장과 논리적으로 연결 안 되면 바로 의심한다.

④ "갑자기 튀는 정보"는 거의 100% 삭제 문장이다

- 새 개념
- 새로운 대상
- 갑작스러운 시간, 장소 변화
- 글 전체에 한번만 등장하는 소재
- 일반적 사실, 막연한 정리

3) 문제풀이 순서

step 1. 첫 문장의 내용을 정확히 파악

문장삭제 유형은 처음 한 두문장이 전체 흐름(소재 + 관점)을 제시해 준다. 따라서 앞 부분에서 '소재 + 관점'의 주제문을 잡는 것이 중요하다. 글의 전체 흐름보다는, **주제문과 맞지 않는 문장을 찾는 것이 이 유형의 핵심이다.**

step 2. 흐름(소재 + 관점)과 관련이 없거나, 흐름상 어색한 선지가 정답이다

앞부분에서 파악한 글의 주제문(전체흐름)을 생각하면서 나머지 글을 읽어야 한다. 이때 글쓴이의 관점을 (+), (-)의 기호로, 긍정적인 것과 부정적인 것을 표시하면서 읽는 것이 도움이 된다.

step 3. 글의 흐름과 적합하지 않는 문장

- 같은 소재에 대한 설명이지만 다른 면에 대해 설명하는 문장
- 지나치게 일반화된 문장
- 앞/뒤 흐름은 자연스러우나 전체적인 주제에서 벗어나는 문장, 가장 많이 출제되는 유형이 바로 앞 문장에서 사용된 단어를 그대로 사용해서 흐름상 자연스러워 보이지만 제시된 첫 문장(주제문)과 관계없는 내용을 다루는 유형이다.

  즉, 중심소재와 거리가 먼 대상이나 중심 내용에서 벗어나는(논점 일탈) 유형이 가장 많이 출제된다.

step 4. 선택한 선지를 제외하고 지문을 읽었을 때, 지문의 흐름에 어색한 부분이 없는지 확인한다

선택되는 문장은 원문에 추가적으로 삽입된 것이므로, 이 문장을 제외하고 나머지 문장들이 자연스럽게 연결되는지를 확인해 본다. 즉, 삭제 문장이 없다고 가정하고 다시 읽으면서, 없어도 글이 더 매끄러우면 정답이고, 없으면 내용이 끊기면 오답이 된다.

질문 3가지

- 앞 문장의 자연스러운 다음 문장인가?
- 지시어(this/they)가 가리키는 대상이 있는가?
- 논리흐름(원인 → 결과, 주장 → 근거)이 유지되는가?

예시

1. 다음 글의 흐름상 가장 어색한 문장은?

The term burnout refers to a "wearing out" from the pressures of work. Burnout is a chronic condition that results as daily work stressors take their toll on employees. ① The most widely adopted conceptualization of burnout has been developed by Maslach and her colleagues in their studies of human service workers. Maslach sees burnout as consisting of three interrelated dimensions. The first dimension—emotional exhaustion—is really the core of the burnout phenomenon. ② Workers suffer from emotional exhaustion when they feel fatigued, frustrated, used up, or unable to face another day on the job. The second dimension of burnout is a lack of personal accomplishment. ③ This aspect of the burnout phenomenon refers to workers who see themselves as failures incapable of effectively accomplishing job requirements. ④ Emotional labor workers enter their occupation highly motivated although they are physically exhausted. The third dimension of burnout is depersonalization. This dimension is relevant only to workers who must communicate interpersonally with others (eg. clients, patients, students) as part of the job.

정답 ④

해석

번아웃이라는 용어는 일의 압박으로 인한 "마모"를 의미한다. 번아웃은 일상적인 업무 스트레스 요인이 직원에게 피해를 입힐 때 발생하는 만성 질환이다. ① 가장 널리 채택된 번아웃의 개념적인 해석은 Maslach와 그녀의 동료들이 인간 서비스 근로자들에 대한 연구에서 발전했다. Maslach는 번아웃이 서로 밀접하게 연관된 세 가지 차원으로 구성되어 있다고 간주한다. 첫 번째 차원인 정서적 피로는 실제로 번아웃 현상의 핵심이다. ② 근로자들은 피로감, 좌절감, 기진맥진함을 느끼거나 직장에서 또 다른 하루를 맞이할 수 없을 때 정서적 피로를 겪는다. 번아웃의 두 번째 차원은 개인적인 성취의 부족이다. ③ 번아웃 현상의 이러한 측면은 스스로를 업무 요구사항을 효과적으로 달성할 수 없는 실패자로 여기는 근로자들을 나타낸다. ④ 감정 노동자들은 육체적으로 지쳤을지라도 왕성한 의욕을 가지고 그들의 업무를 시작한다. 번아웃의 세 번째 차원은 몰개인화다. 이 차원은 직무의 일부로 다른 사람들(예를 들면 고객, 환자, 학생)과 대인 관계를 맺어야 하는 근로자들에게만 해당된다.

요약

소재: burnout(마모)

주제문: burnout은 마모로 업무 스트레스 요인이 피해를 입힐 때 발생하는 만성 질환이다.

① 가장 널리 채택된 burnout의 개념
② 근로자들이 정서적 피로를 느낌
③ 스스로를 패배자로 여김
④ 감정 노동자들은 육체적으로 지쳤지만 왕성한 의욕으로 업무 시작 - **반대관점**

해설

이 글은 주제문에서 번아웃의 개념을 설명하고, 이어지는 글에서 이를 구성하는 세 가지 차원을 설명하고 있다. ①에서 가장 널리 채택된 번아웃의 개념이 Maslach에 의해서 발전되었다고 설명하고, ②에서 근로자들이 정서적 피로를 겪는다고 했고, ③에서 스스로를 실패자로 여긴다는 내용이 나온다. 반면, ④는 감정 노동자들은 육체적으로 지쳤지만 왕성한 의욕을 가진다는 내용으로 주제문과는 반대되는 주장이므로 가장 어색한 문장이다.

연습문제

1. 다음 글의 흐름상 가장 어색한 문장은?

There was no divide between science, philosophy, and magic in the 15th century. All three came under the general heading of 'natural philosophy'. ① Central to the development of natural philosophy was the recovery of classical authors, most importantly the work of Aristotle. ② Humanists quickly realized the power of the printing press for spreading their knowledge. ③ At the beginning of the 15th century Aristotle remained the basis for all scholastic speculation on philosophy and science. ④ Kept alive in the Arabic translations and commentaries of Averroes and Avicenna, Aristotle provided a systematic perspective on mankind's relationship with the natural world. Surviving texts like his Physics, Metaphysics, and Meteorology provided scholars with the logical tools to understand the forces that created the natural world.

2. 다음 글의 흐름상 가장 어색한 문장은?

When the brain perceives a threat in the immediate surroundings, it initiates a complex string of events in the body. It sends electrical messages to various glands, organs that release chemical hormones into the bloodstream. Blood quickly carries these hormones to other organs that are then prompted to do various things. ① The adrenal glands above the kidneys, for example, pump out adrenaline, the body's stress hormone. ② Adrenaline travels all over the body doing things such as widening the eyes to be on the lookout for signs of danger, pumping the heart faster to keep blood and extra hormones flowing, and tensing the skeletal muscles so they are ready to lash out at or run from the threat. ③ The whole process is called the fight-or-flight response, because it prepares the body to either battle or run for its life. ④ Humans consciously control their glands to regulate the release of various hormones. Once the response is initiated, ignoring it is impossible, because hormones cannot be reasoned with.

3. 다음 글의 흐름상 가장 어색한 문장은?

Philosophers have not been as concerned with anthropology as anthropologists have with philosophy. ① Few influential contemporary philosophers take anthropological studies into account in their work. ② Those who specialize in philosophy of social science may consider or analyze examples from anthropological research, but do this mostly to illustrate conceptual points or epistemological distinctions or to criticize epistemological or ethical implications. ③ In fact, the great philosophers of from other fields such as anthropology and psychology. ④ Philosophy students seldom study or show serious interest in anthropology. They may learn about experimental methods in science, but rarely about anthropological fieldwork.

4. 다음 글의 흐름상 가장 어색한 문장은?

In 2007, our biggest concern was too big to fail Wall Street banks had grown to such staggering sizes, and had become so central to the health of the financial system, that no rational government could ever let them fail. ① Aware of their protected status, banks made excessively risky bets on housing markets and invented ever more complicated derivatives. ② New virtual currencies such as bitcoin and ethereum have radically changed our understanding of how money can and should work. ③ The result was the worst financial crisis since the breakdown of our economy in 1929. ④ In the years since 2007, we have made great progress in addressing the too-big-to-fail dilemma. Our banks are better capitalized than ever. Our regulators conduct regular stress tests of large institutions.

5. 다음 글의 흐름상 가장 어색한 문장은?

Social media is some websites and applications that support people to communicate or to participate in social networking. ① That is, any website that allows social interaction is considered as social media. ② We are familiar with almost all social media networking sites such as Facebook, Twitter, etc. ③ It makes us easy to communicate with the social world. ④ It becomes a dangerous medium capable of great damage if we handled it carelessly. We feel we are instantly connecting with people around us that we may not have spoken to in many years.

6. 다음 글의 흐름상 가장 어색한 문장은?

Biologists have identified a gene that will allow rice plants to survive being submerged in water for up to two weeks—over a week longer than at present. Plants under water for longer than a week are deprived of oxygen and wither and perish. ① The scientists hope their discovery will prolong the harvests of crops in regions that are susceptible to flooding. ② Rice growers in these flood-prone areas of Asia lose an estimated one billion dollars annually to excessively waterlogged rice paddies. ③ They hope the new gene will lead to a hardier rice strain that will reduce the financial damage incurred in typhoon and monsoon seasons and lead to bumper harvests. ④ This is dreadful news for people in these vulnerable regions, who are victims of urbanization and have a shortage of crops. Rice yields must increase by 30 percent over the next 20 years to ensure a billion people can receive their staple diet.

7. 다음 글의 흐름상 가장 어색한 문장은?

The Renaissance kitchen had a definite hierarchy of help who worked together to produce the elaborate banquets. ① At the top, as we have seen, was the scalco, or steward, who was in charge of not only the kitchen, but also the dining room. ② The dining room was supervised by the butler, who was in charge of the silverware and linen and also served the dishes that began and ended the banquet—the cold dishes, salads, cheeses, and fruit at the beginning and the sweets and confections at the end of the meal. ③ This elaborate decoration and serving was what in restaurants is called "the front of the house." ④ The kitchen was supervised by the head cook, who directed the undercooks, pastry cooks, and kitchen help.

8. 다음 글의 흐름상 가장 어색한 문장은?

Can an old cell phone help save the rainforests? As a matter of fact, it can. Illegal logging in the rainforests has been a problem for years, but not much has been done about it because catching illegal loggers is difficult. ① To help solve this problem, an American engineer, "Topher White", invented a device called RFCx with discarded cell phones. ② When the device, which is attached to a tree, picks up the sound of chainsaws, it sends an alert message to the rangers' cell phones. ③ This provides the rangers with the information they need to locate the loggers and stop the illegal logging. ④ Destruction of the rainforest is caused by logging, farming, mining, and other human activities and among these, logging is the main reason for the nature's loss. The device has been tested in Indonesia and has proven to work well. As a result, it is now being used in the rainforests in Africa and South America.

9. 다음 글의 흐름상 가장 어색한 문장은?

Children's book awards have proliferated in recent years: today, there are well over 100 different award and prizes by a variety of organizations. ① The awards may be given for books of a specific genre of simply for the best of all Children's books published within a given time period. An award may honor a particular book or an author for a lifetime contribution to the world of children's literature. ② Most children's book awards are chosen by adults, but now a growing number of children's choice book awards exist. The larger national awards given in most countries are the most influential and have helped considerably to raise public awareness about the fine books being published for young readers. ③ An award ceremony for outstanding services to the publishing industry is put on hold. ④ Of course, readers are wise not to put too much faith in award-winning books. An award doesn't necessarily mean a good reading experience, but it does provide a starting place when choosing books.

10. 다음 글의 흐름상 가장 어색한 문장은?

Whether you've been traveling, focusing on your family, or going through a busy season at work, 14 days out of the gym takes its toll—not just on your muscles, but your performances, brain, and sleep, too. ① Most experts agree that after two weeks, you're in trouble if you don't get back in the gym. "At the two week point without exercising, there are a multitude of physiological markers that naturally reveal a reduction of fitness level," says Scott Weiss, a New York based exercise physiologist and trainer who works with elite athletes. ② After all, despite all of its abilities, the human body (even the fit human body) is a very sensitive system and physiological changes (muscle strength or a greater aerobic base) that come about through training will simply disappear if your training load dwindles, he notes. Since the demand of training isn't present, your body simply slinks back toward baseline. ③ More protein is required to build more muscles at a rapid pace in your body. ④ Of course, how much and how quickly you'll decondition depends on a slew of factors like how fit you are, your age, and how long sweating has been a habit. "Two to eight months of not exercising at all will reduce your fitness level to as if you never exercised before," Weiss notes.

11. 다음 글의 흐름상 가장 어색한 문장은?

Children's playgrounds throughout history were the wilderness, fields, streams, and hills of the country and the roads, streets, and vacant places of villages, towns, and cities. ① The term playground refers to all those places where children gather to play their free, spontaneous games. ② Only during the past few decades have children vacated these natural playgrounds for their growing love affair with video games, texting, and social networking. ③ Even in rural America few children are still roaming in a free-ranging manner, unaccompanied by adults. ④ When out of school, they are commonly found in neighborhoods digging in sand, building forts, playing traditional games, climbing, or playing ball games. They are rapidly disappearing from the natural terrain of creeks, hills, and fields, and like their urban counterparts, are turning to their indoor, sedentary cyber toys for entertainment.

12. 다음 글의 흐름상 가장 어색한 문장은?

The immortal operatically styled single Bohemian Rhapsody by Queen was released in 1975 and proceeded to the top of the UK charts for 9 weeks. ① A song that was nearly never released due to its length and unusual style but which Freddie insisted would be played became the instantly recognizable hit. ② By this time Freddie's unique talents were becoming clear, a voice with a remarkable range and a stage presence that gave Queen its colorful, unpredictable and flamboyant personality. ③ The son of Bomi and Jer Bulsara, Freddie spent the bulk of his childhood in India where he attended St. Peter's boarding school. ④ Very soon Queen's popularity extended beyond the shores of the UK as they charted and triumphed around Europe, Japan and the USA where in 1979 they topped the charts with Freddie's song Crazy Little thing Called Love.

13. 다음 글의 흐름상 가장 어색한 문장은?

Many scientists have searched for the cause of the West's rapid economic expansion. Max Weber credited the "Protestant work ethic." ① He claimed that saving money and working hard made this expansion possible. Others thought it was due to the unique social norms in these places. ② They believed Western values such as individual effort, freedom, and the spirit of enterprise favored economic growth there. In The Rise of the Western World, the authors Douglass C. North and Robert Paul Thomas affirm that institutions were the reason for this development. They argue that democracy, capitalism, and individual rights encouraged technology in these countries. ③ In short, technology accelerated their economic progress. On the other hand, in Jared Diamond's Guns, Germs, and Steel, geography is at the center of the West's advance. ④ The researchers looked at how geographical isolation had affected culture and the economy around the world. For the author, a better climate, more natural resources, and less disease gave them a definite advantage.

14. 다음 글의 흐름상 가장 어색한 문장은?

Eating seasonally and locally is a great way to maintain a healthy diet, observes a veteran food consultant and Korea's first accredited vegetable sommelier. "To me, superfoods are local foods grown in season. They taste better, are cheaper and rich in nutrition," E. K. Kim, president of the Korea Vegetable Sommelier Association, said. ① If consumers buy produce which is not in season, it is likely to have been grown in artificial conditions, or picked prematurely and transported long distances. ② All these factors not only affect the taste, but also the nutritional content. "Imagine how an apple tree grows. It starts to bud first, bears fruits and then its root remains in the end. It is a good example of seasonal food. Spring is the time for leafy vegetables, summer for fruit vegetables and winter for root crops," the food expert said. ③ She emphasized the health benefits of local foods in comparison with exotic superfoods introduced by foreign food experts. "For example, Korean spring greens help to cure spring fever as they are rich in vitamin B-l and C," she said. ④ Since sommeliers help consumers understand the intricacies of selection, preparation and nutritional value of vegetables, the government needs to promote their role to the public. "People tend to think that superfoods should be exotic and imported from overseas. In fact, there are various kinds of local foods which are packed with an equivalent or even higher level of nutrients," she added.

수능대비

1. 다음 글에서 전체 흐름과 관계없는 문장은?

Dictionaries are relatively good resources for anyone interested in finding out what a word means. Using one set of words to define another word is called a lexical definition. But it's important to understand the limits of dictionary definitions. ① More often than not, a definition in a dictionary requires readers to have a fairly robust understanding of the language already at their disposal. ② In other words, a dictionary functions in many cases as a cross-reference or translator between words one knows and words that one doesn't yet know. ③ However, there are words that may be defined not through other words but only by pointing to something in our experience. ④ Even the most obscure words in a dictionary, say, for example, "pulchritudinous" or "kalokagathia," must be defined using words that the reader already knows and understands. ⑤ Otherwise, the dictionary isn't very helpful.

* lexical 어휘적인

** robust 탄탄한

*** obscure 난해한

2. 다음 글에서 전체 흐름과 관계없는 문장은?

We are the only species that seasons its food, deliberately altering it with the highly flavored plant parts we call herbs and spices. It's quite possible that our taste for spices has an evolutionary root. ① Many spices have antibacterial properties—in fact, common seasonings such as garlic, onion, and oregano inhibit the growth of almost every bacterium tested. ② And the cultures that make the heaviest use of spices—think of the garlic and black pepper of Thai food, the ginger and coriander of India, the chili peppers of Mexico—come from warmer climates, where bacterial spoilage is a bigger issue. ③ The changing climate can have a significant impact on the production and availability of spices, influencing their growth patterns and ultimately-affecting global spice markets. ④ In contrast, the most lightly spiced cuisines—those of Scandinavia and northern Europe—are from cooler climates. ⑤ Our uniquely human attention to flavor, in this case the flavor of spices, turns out to have arisen as a matter of life and death.

3. 다음 글에서 전체 흐름과 관계없는 문장은?

Human processes differ from rational processes in their outcome. A process is rational if it always does the right thing based on the current information, given an ideal performance measure. In short, rational processes go by the book and assume that the book is actually correct. ① Human processes involve instinct, intuition, and other variables that don't necessarily reflect the book and may not even consider the existing data. ② As an example, the rational way to drive a car is to always follow the laws. ③ Likewise, pedestrian crossing signs vary depending on the country with differing appearances of a person crossing the street. ④ However, traffic isn't rational; if you follow the laws precisely, you end up stuck somewhere because other drivers aren't following the laws precisely. ⑤ To be successful, a self-driving car must therefore act humanly, rather than rationally.

4. 다음 글에서 전체 흐름과 관계없는 문장은?

The writer and zoologist Desmond Morris observed that our feet communicate exactly what we think and feel more honestly than any other part of our bodies. Why are the feet and legs such accurate reflectors of our sentiments? ① For millions of years, long before humans spoke, our legs and feet reacted to environmental threats (e.g., hot sand, ill-tempered lions) instantaneously, without the need for conscious thought. ② Our limbic brains made sure that our feet and legs reacted as needed by either ceasing motion, running away, or kicking at a potential threat. ③ This survival regimen, retained from our ancestral heritage, has served us well and continues to do so today. ④ In some cultures, therefore, barefoot walking is considered a spiritual practice, connecting the individual to the ancestors. ⑤ In fact, these age-old reactions are still so hardwired in us that when we are presented with something dangerous or even disagreeable, our feet and legs still react as they did in prehistoric times.

* limbic (대뇌) 변연계의

** regimen 양생법

5. 다음 글에서 전체 흐름과 관계없는 문장은?

As the old joke goes: "Software, free. User manual, $10,000." But it's no joke. A couple of high-profile companies make their living selling instruction and paid support for free software. The copy of code, being mere bits, is free. The lines of free code become valuable to you only through support and guidance. ① A lot of medical and genetic information will go this route in the coming decades. ② Right now getting a full copy of all your DNA is very-expensive ($10,000), but soon it won't be. ③ The public exposure of people's personal genetic information will undoubtedly cause serious legal and ethical problems. ④ The price is dropping so fast, it will be $100 soon, and then the next year insurance companies will offer to sequence you for free. ⑤ When a copy of your sequence costs nothing, the interpretation of what it means, what you can do about it, and how to use it—the manual for your genes—will be expensive.

* sequence (유전자) 배열 순서를 밝히다

6. 다음 글에서 전체 흐름과 관계없는 문장은?

Before getting licensed to drive a cab in London, a person has to pass an incredibly difficult test with an intimidating name—"The Knowledge." ① The test involves memorizing the layout of more than 20,000 streets in the Greater London area—a feat that involves an incredible amount of memory resources. ② In fact, fewer than 50 percent of the people who sign up for taxi driver training pass the test, even after spending two or three years studying for it! ③ And as it turns out, the brains of London cabbies are different from non-cab-driving humans in ways that reflect their herculean memory efforts. ④ In other words, they must hold a full driving license, issued by the Driver and Vehicle Licensing Authority, for at least a year. ⑤ In fact, the part of the brain that has been most frequently associated with spatial memory, the tail of the sea horse-shaped brain region called the hippocampus, is bigger than average in these taxi drivers.

* herculean 초인적인

** hippocampus 해마

7. 다음 글에서 전체 흐름과 관계없는 문장은?

According to Einstein s theory, a large mass like the Sun 'bends' space-time. Newtons theory makes no such prediction. ① This bending of space-time leads to phenomena such as gravitational lensing where the light of distant stars appears to be in different locations when they pass by a large mass like the Sun. ② We don't normally see this lensing because stars aren't visible during the day when the Sun is out, but a solar eclipse in 1919 allowed scientists to observe what the Suns gravity was doing to the light from distant stars. ③ The stars around the Sun appeared to have moved from their normal positions in the night sky. ④ Despite the consistent efforts to confirm the precise orbit of planets within our solar system, observational schedules were often disrupted by local weather phenomena. ⑤ The shift was much larger than Newton s theory predicted, but exactly in the positions predicted by Einsteins theory.

* solar eclipse 일식

8. 다음 글에서 전체 흐름과 관계없는 문장은?

Minimal processing can be one of the best ways to keep original flavors and taste, without any need to add artificial flavoring or additives, or too much salt. This would also be the efficient way to keep most nutrients, especially the most sensitive ones such as many vitamins and anti-oxidants. ① Milling of cereals is one of the most harsh processes which dramatically affect nutrient content. ② While grains are naturally very rich in micronutrients, anti-oxidants and fiber (i.e. in wholemeal flour or flakes), milling usually removes the vast majority of minerals, vitamins and fibers to raise white flour. ③ To increase grain production, the use of chemical fertilizers should be minimized, and insect-resistant grain varieties should be developed. ④ Such a spoilage of key nutrients and fiber is no longer acceptable in the context of a sustainable diet aiming at an optimal nutrient density and health protection. ⑤ In contrast, fermentation of various foodstuffs or germination of grains are traditional, locally accessible, low-energy and highly nutritious processes of sounded interest.

* fermentation 발효

** germination 발아

정답 및 해설

연습문제

1. 정답 ②

해석

15세기에는 과학, 철학, 마술 사이에 구분이 없었다. 세 분야 모두 '자연 철학'의 부류였다. ① 고전 작가들의 회복은 자연 철학 발전의 중심이 되었는데, 다른 무엇보다도 가장 중요한 것은 아리스토텔레스의 작품이었다. ② 인문주의자들은 자신들의 지식을 전파하는 인쇄기의 힘을 빠르게 깨달았다. ③ 15세기 초에 아리스토텔레스는 철학과 과학에서 모든 학문적 추측의 기초가 되었다. ④ 아랍어 번역과 Averroes와 Avicenna의 논평에서 살아남은 아리스토텔레스는 인류와 자연계의 관계에 대한 체계적인 시각을 제공했다. 그의 물리학, 형이상학, 기상학 같은 살아남은 원문들은 학자들에게 자연계를 창조한 힘을 이해할 수 있는 논리적인 도구들을 제공했다.

해설

위 지문은 15세기의 아리스토텔레스 철학이 현재의 학문들에 영향을 끼쳤다는 시간 순서의 글이다. 주제문에서 15세기에는 과학과 철학, 마술 사이에 구분이 없고 모두 '자연 철학' 부류였다고 밝히고 ①번은 자연 철학 발전의 중심은 아리스토텔레스 작품이었고, ③번은 아리스토텔레스는 모든 학문의 추측의 기초가 되었고, ④번은 아리스토텔레스는 인류와 자연계의 관계에 대한 체계적인 시각을 제공했다고 진술하고 있다. 모두 아리스토텔레스에 관한 내용인데, ②번 문장(인쇄기의 힘을 빠르게 깨달은 인문주의자들)은 글의 소재 아리스토텔레스 철학에서 벗어나므로 글의 흐름상 적절하지 않다.

어휘

divide 나누다, 가르다 come under the heading of ~의 부류에 들다 natural philosophy 자연철학 humanist 인문주의자 printing press 인쇄기 scholastic 학문적 speculation 사상 commentaries 논평 perspective 관점 metaphysics 형이상학

2. 정답 ④

해석

뇌가 인접한 환경에서 위협을 감지할 때, 그것은 신체의 복잡한 일련의 이벤트들을 작동시킨다. 그것은 여러 가지 분비선, 즉 화학 호르몬을 혈류로 방출하는 기관에 전기 메시지를 보낸다. 혈액은 이러한 호르몬을 빠르게 다른 장기로 운반하고, 그러한 장기들은 여러 가지 일을 하도록 자극된다. ① 예를 들어 신장 위의 부신은 신체의 스트레스 호르몬인 아드레날린을 뿜어낸다. ② 아드레날린은 위험의 징후를 망보기 위해 눈을 크게 뜨고, 혈액과 호르몬이 더 많이 흐르게 하기 위해 심장을 더 빠르게 펌프질하고, 골격 근육을 긴장시켜서 그들이 위험을 무찌르거나 위험에서 도망갈 준비가 되도록 하는 것과 같은 것들을 하면서 온몸을 돌아다닌다. ③ 이 모든 과정은 fight-or-flight 과정(투쟁 혹은 도피 과정)이라고 불리는데, 왜냐하면 이것은 신체가 전투를 하거나 살기 위해 도망가도록 준비시키기 때문이다. ④ 인간은 다양한 호르몬의 분비를 조절하기 위해 의식적으로 분비선을 조종한다. 일단 반응이 시작되고 나면 이것을 무시하는 것은 불가능한데, 왜냐하면 호르몬을 설득하는 것이 불가능하기 때문이다.

해설

이 글은 주제문에서 뇌가 위협을 감지했을 때, 일련의 이벤트를 작동시킨다고 했다. 이어지는 글에서 위협 감지 시 신체의 변화를 설명하고 있다. ①에 신장 위의 부신에서 아드레날린을 분비하고, ②에서 아드레날린은 신체를 돌아다니면서 눈을 크게 뜨게 하고, 심장을 더 빠르게 펌프질하고, 골격근을 긴장시켜서 위협에 대처하게 한다고 했다. 그리고 ③에서 이런 모든 과정을 투쟁 혹은 도피 과정이라고 했다. 반면 ④에서 '인간은 다양한 호르몬의 분비를 조절하기 위해 의식적으로 분비선을 조종한다'는 주제문의 설명과 거리가 멀고 흐름상으로도 어색한 문장이다.

어휘

perceive 감지하다 threat 위협 immediate 즉각적인, 인근의 surroundings 환경 initiate 시작하다 complex 복

잡한 a string of 일련의 gland 분비선 organ 기관, 장기 bloodstream 혈류 prompt 촉발시키다 adrenal 부신의 kidney 신장 adrenaline 아드레날린 pump 솟구치다 widen 넓히다 lookout 망보는 것 tense 긴장시키다 skeletal 뼈대의 lash out 채찍질하다, 공격하다 fight-or-flight response 투쟁 혹은 도피 반응 consciously 의식하여 regulate 조절하다 ignore 무시하다 reason with ~을 설득해서 ~하게 하다

3. 정답 ③

해석

철학자들은 인류학자들이 철학에 대해 가지고 있는 것만큼 인류학에 관심을 가지지는 않았었다. ① 자신들의 연구에 인류학적 연구를 고려하는 영향력 있는 현대 철학자들은 거의 없다. ② 사회과학으로 철학을 전공하는 사람들이 인류학 연구의 사례들을 고려하거나 분석할 수도 있지만, 대개 개념적 요점이나 인식론적 구별을 분명히 설명하기 위해서나 인식론적 또는 윤리적 함의를 비판하기 위해서 이렇게 한다. ③ 사실, 우리 시대의 위대한 철학자들은 인류학과 심리학 같은 다른 분야에서 종종 영감을 끌어냈다. ④ 철학과 학생들은 좀처럼 인류학에 대해 연구하거나 진지한 관심을 보이지 않는다. 그들은 과학에서 실험적인 방법들에 대해 배울 수도 있지만, 인류학 현장 조사에 대해서는 거의 배우지 않는다.

해설

주제문에서 '철학자들은 인류학자들이 철학에 대해 가지고 있는 것만큼 인류학에 관심을 가지지는 않았었다'라고 밝히고 있다. 이어지는 ①에서 인류학을 연구 대상으로 하는 현대 철학자들은 거의 없다고 했고, ②에서 인류학 연구의 사례들을 고려하거나 분석하는 경우는 있지만 대개 구별이나 비판을 위해서만 인류학을 한정적으로 이용한다고 했고, ④에서 철학과 학생들도 인류학에 대한 연구하거나 관심을 가지지 않는다는 내용이 설명되고 있다. 하지만 ③은 우리 시대의 위대한 철학자들은 인류학과 심리학 같은 다른 분야에서 영감을 얻는다는 내용이므로 주제문의 내용과 반대되는 문장이다.

어휘

be concerned with ~에 관심이 있다 anthropology 인류학 influential 영향력 있는 anthropologist 인류학자 philosophy 철학 contemporary 현대의 take into account ~를 고려하다 specialize in 전문으로 하다 analyze 분석하다 illustrate 보여 주다 mostly 주로 illustrate 설명하다 conceptual 개념의 epistemological 인식론의 distinction 구별 criticize 비난하다 ethical 윤리적인 implication 의미, 함축 draw inspiration from ~으로부터 영감을 얻다 experimental 실험적인 fieldwork 현장 조사

4. 정답 ②

해석

2007년, 우리의 가장 큰 걱정은 '파산하기에는 너무 크다'는 것이었다. 월가의 은행들은 너무나 막대한 규모로 성장했었고, 금융 체계의 안정에 있어 너무도 중심부가 되어서 어떤 이성적인 정부도 절대 그것들이 도산되도록 내버려 둘 수가 없었다. ① 자신들이 보호받는 상태임을 알고 있는 은행들은 주택 시장에 지나치게 위험한 승부를 걸었고, 일찍이 없었던 복잡한 금융 파생 상품들을 고안해 냈다. ② 비트코인과 이더리움과 같은 새로운 가상 화폐들은 돈이 어떻게 작용할 수 있고 작용해야 하는지에 대한 우리의 이해를 급격히 변화시켰다. ③ 그 결과는 1929년 우리 경제의 붕괴 이후 최악의 금융 위기였다. ④ 2007년 이후로는, '파산하기에는 너무 크다'는 딜레마를 다루는 데 있어서 큰 진전을 해 왔다. 우리의 은행들은 그 어느 때보다 자본 충실도가 더 높다. 우리의 규제 기관들은 대규모 기관들의 정기적인 스트레스 테스트를 시행한다.

해설

이 글은 '파산하기에는 너무 큰'(대마불사)을 다루는 글이다. 주제문에서 2007년도에 우리의 가장 큰 걱정은 '파산하기에는 너무 크다'는 것이었고, 월가의 은행들이 너무나 커져서 정부가 그들이 도산하도록 내버려 둘 수 없게 되었다고 밝히고 있다. 이어지는 ①에서 자신들이 보호받는 상태를 아는 은행들이 지나치게 위험한 주택 시장의 파생 금융 상품을 고안해 냈고, ③에서 그 결과 최악의 금융 위기가 왔다고 했다. 그리고 ④에서 2007년 이후에는 '파산하기에는 너무 큰' 딜레마에서 벗어나서 현

재의 은행들은 과거 어느 때보다 자본 충실도가 높다고 설명하고 있다. 하지만 ②는 파생 금융 상품에 관한 내용으로 중심 소재에서 벗어나는 지문이다.

어휘

concern 우려, 관심사 fail 실패하다, 파산하다 staggering 막대한 central 중심적인 health 안정, 번영 financial system 금융 시스템 rational 분별 있는, 이성적인 aware of ~를 알고 있는 status 상태 excessively 과도하게 risky 무모한, 모험적인 make a bet on ~에 승부를 걸다 invent 발명하다 complicated 복잡한 derivatives 파생 금융 상품 virtual currency 가상 화폐 bitcoin 비트코인 ethereum 이더리움 radically 급격하게 understanding 합의 financial crisis 금융 위기 breakdown 붕괴 make progress 진전하다 address 다루다 dilemma 딜레마 better capitalized 자본 충실도가 더 높아진 regulator 규제 기관 conduct 수행하다 stress test 스트레스 테스트(금융 시스템의 잠재적인 취약성을 테스트하는 것) institution 기관

5. 정답 ④

해석

소셜 미디어는 사람들이 의사소통하거나 소셜 네트워킹에 참여하도록 지원하는 웹사이트와 애플리케이션이다. ① 즉, 사회적 상호 작용을 가능하게 해 주는 모든 웹사이트가 소셜 미디어로 여겨진다. ② 우리는 페이스북, 트위터 등과 같은 거의 모든 소셜 미디어 네트워킹 사이트에 익숙하다. ③ 그것은 우리가 사회적 세계와 소통하기 쉽게 만든다. ④ 만약 우리가 그것을 부주의하게 다루면 그것은 커다란 피해를 입힐 수 있는 위험한 매체가 된다. 우리는 몇 년 후에도 이야기하지 못할 수 있는 우리 주변의 사람들과 즉시 연결되고 있다고 느낀다.

해설

주제문에서 소셜 미디어는 사람들의 의사소통을 돕는다고 밝히고 이어지는 ①에서 소셜 미디어의 정의(사회적 상호 작용을 가능하게 해 주는 모든 웹사이트가 소셜 미디어이다)를 설명하고, ②에서 소셜 미디어의 예를 들고, ③에서 '소셜 미디어는 사회적 세계와의 소통을 쉽게 만든다'라고 소셜 미디어의 순기능에 대해서 설명하고 있다. 반면 ④는 소셜 미디어의 위험성에 관한 내용이므로 주제와 반대되는 주장이고 흐름과 관계가 없는 문장이다.

어휘

application 앱, 소프트웨어 communicate 의사소통하다 participate 참여하다 social networking 소셜 네트워킹 that is 즉 interaction 상호작용 consider as ~로서 생각하다 be familiar with ~에 익숙하다 medium 매체 carelessly 부주의하게 instantly 즉시

6. 정답 ④

해석

생물학자들은 벼가 현재보다 1주일 정도 더 긴 최대 2주까지 물에 잠긴 채로 생존할 수 있도록 하는 유전자를 밝혀 냈다. 1주일 이상 물에 잠겨 있는 식물들은 산소가 부족해서 시들고 죽는다. ① 과학자들은 그들의 발견이 홍수에 취약한 지역의 작물의 수확을 늘릴 수 있기를 희망한다. ② 아시아의 홍수가 들기 쉬운 지역의 쌀 재배자들은 과도하게 침수된 논 때문에 추정 건대 매년 10억 달러의 손해를 입는다. ③ 그들은 새로운 유전자가 더 단단한 쌀 품종으로 이어져서 태풍과 장마철에 발생하는 재정적 피해를 줄이고, 풍작으로 이어지길 희망하고 있다. ④ 이는 도시화의 희생자이고 식량 부족을 겪는 취약 지역의 사람들에게는 끔찍한 뉴스이다. 쌀 수확량은 10억 명의 사람들이 그들의 주된 식량을 받을 수 있도록 하기 위해서 향후 20년 동안 30퍼센트까지 증가해야 한다.

해설

이 글은 물속에서 오래 생존할 수 있는 곡물 유전자를 발견해서 쌀 수확량의 증대를 기대할 수 있다는 내용이다. 주제문에서 물에 잠긴 채로 최대 2주까지 생존할 수 있는 곡물 유전자를 발견했다고 하고, 이어지는 ①에서 홍수 취약 지역에 작물의 수확량을 늘릴 수 있을 것을 기대하고, ②에서 아시아에서 홍수가 잘 드는 지역에서는 침수된 논으로 엄청난 손해를 입는다는 사실을 언급하고 있다. 그리고 ③에서 새로 발견된 유전자가 더 단단한 쌀 품종으로 이어지고 풍작으로 이어지기를 희망하고 있다. 반면에 ④에서 '이것은 끔찍한 뉴스이다'라는 것은 주제와 반대되는 주장으로 삭제되어야 한다.

어휘

biologist 생물학자 identify 확인하다 gene 유전자 survive 살아남다, 생존하다 submerge 잠기다 be deprived of ~을 빼앗기다 oxygen 산소 wither 시들다, 쇠퇴하다 perish 사라지다, 죽다 prolong 늘리다, 장기화하다 harvest 수확 crop 농작물 susceptible 영향을 받기 쉬운, 취약한 flooding 홍수 flood-prone 홍수가 잘 나는 estimated 추정되는 annually 매년, 연간 excessively 과도하게 waterlogged 물에 잠긴 rice paddy 논 rice strain 쌀 품종 incur 입다 typhoon 태풍 monsoon season 장마철, 우기 bumper harvest 풍년, 풍작 dreadful 무서운, 가혹한 vulnerable 취약한, 영향 받기 쉬운 victim 희생자 urbanization 도시화 shortage 부족 yield 생산량 staple diet 주된 식단

7. 정답 ③

해석

르네상스 시대의 부엌은 정교한 연회를 만들기 위해 함께 일했던 도우미에 관한 분명한 서열 구조를 가지고 있었다. ① 우리가 보았듯, 맨 위에는 주방뿐만 아니라, 식사 공간도 담당했던 scalco, 또는 steward가 있었다. ② 식사 공간은 butler에 의해 지도되었는데, 그는 은식기류와 리넨 제품을 담당하고 또한 연회의 시작하고 끝내는 음식—시작에는 찬 음식, 샐러드, 치즈, 과일과 식사의 끝에는 단 디저트와 과자—을 서빙했다. ③ 이 정교한 장식과 서빙이 레스토랑들에서 "the front of the house"라고 불린 것이었다. ④ 주방은 보조 요리사, 제빵사, 주방 도우미들을 지휘했던 주방장에 의해 감독이 되었다.

해설

이 글은 르네상스 시대의 주방 도우미들의 서열(역할)에 관한 내용이다. 주제문에서 르네상스 시대의 부엌은 도우미들의 분명한 서열 구조를 가지고 있었다고 한 후, 이어지는 ①에서 scalco와 steward의 업무(주방과 식사 공간 담당), ②에서 butler의 업무(식기류, 리넨 담당), ④에서 head cook(주방장)의 업무(보조 요리사, 제빵사, 주방 도우미 감독)를 설명하고 있다. 반면, ③은 장식과 서빙에 관한 내용으로 주제문에서 논점이 일탈하고 있으므로 가장 어색한 문장이다.

8. 정답 ④

해석

오래된 휴대전화가 열대 우림을 구하는 것을 도울 수 있을까? 사실상 그것은 그럴 수 있다. 열대 우림에서의 불법 벌목은 수년 동안 문제였지만, 불법적인 벌목꾼을 잡는 것이 어렵기 때문에 많은 조치가 취해지지 않았다. ① 이 문제를 해결하는 것을 돕기 위해, 미국의 엔지니어인 Topher White는 폐기된 휴대 전화로 RFCx라고 불리는 장치를 발명했다. ② 나무에 부착된 그 장치가 전기톱의 소리를 감지하면, 삼림 관리인의 휴대전화로 경고 메시지를 보낸다. ③ 이는 삼림 관리인에게 벌목꾼의 위치를 찾아내고 불법적인 벌목을 중단시키는 데 필요한 정보를 제공한다. ④ 열대 우림의 파괴는 벌목, 농업, 광업 및 기타 인간의 활동으로 인해 발생하며, 이러한 것들 중, 벌목이 자연 손실의 주요 원인이다. 그 장치는 인도네시아에서 검증되었고 잘 작동하는 것으로 입증되었다. 그 결과, 그것은 아프리카와 남미의 열대 우림에서 현재 사용되고 있다.

해설

이 글은 '폐기된 휴대폰으로 RFCx라는 장치를 만들어서 열대 우림에서의 불법 벌목을 감지하고 중단시키는 데 도움을 준다'라는 내용이다. 주제문에서 오래된 휴대폰이 열대 우림을 구할 수 있다고 하고 이어지는 ①에서 폐기된 휴대폰으로 RFCx라는 장치를 만들고, ②에서 이 장치는 전기톱의 소리를 감지해서 경고 메시지를 보낸다고 했다. 그리고 ③에서 벌목꾼의 위치를 찾아내고 불법 벌목을 중단시키는 데 필요한 정보를 제공한다고 설명하고 있다. 반면 ④는 열대 우림의 파괴 원인에 관한 일반적인 글로 논점이 일탈되고 있으므로 전체 흐름과 관계없는 문장이다.

어휘

rainforest 열대 우림 as a matter of fact 사실 illegal 불법적인 logging 벌목 illegal logger 불법 벌목꾼 invent 발명하다 device 장치 discarded 버려진 attached to ~에 부착된 pick up 알아차리다 chainsaw 전기톱 alert message 긴급 메시지 ranger 삼림 관리원 destruction 파괴 farming 농업 mining 광업 as a result 그 결과

9. 정답 ③

해석

아동 도서에 대한 상이 최근 몇 년간에 급증해 왔다: 오늘날, 100가지는 훨씬 넘는 상이 다양한 기관에 의해 수여되고 있다. ① 특정한 기간 내에 발간된 아동 도서들 중에서 가장 좋은 특정 장르의 책들에 상들이 수여될 수도 있다. 어떤 상은 특정 책이나 아동 문학의 세계에 평생 동안 공헌한 작가를 기념할 수도 있다. ② 대부분의 아동 도서상은 어른들에 의해서 선정되지만, 현재는 어린이들이 선택하는 도서상의 존재가 늘고 있다. 대부분의 나라에서 주어지는 더 큰 국립상이 가장 영향력도 있고 어린 독자들을 위해 발간되는 좋은 책에 대한 대중의 인식을 끌어올리는 데에도 상당히 도움을 주고 있다. ③ 출판업계의 뛰어난 서비스에 대한 한 시상식이 중단되었다. ④ 물론, 독자들은 입상한 책들에 지나치게 많은 신뢰를 두지 않을 만큼 현명하다. 상이 필연적으로 좋은 독서 경험을 의미하는 것은 아니지만, 그것은 분명히 책을 고를 때 좋은 시작점을 제공해 준다.

해설

이 글은 최근에 우수 아동 도서상이 급증했다는 내용의 지문이다. 주제문에서 우수 아동 도서상이 급증했다고 말하고, 이어지는 ①에서 우수 아동 도서상은 특정 장르에서 가장 좋은 책들에게 수여된다고 설명하고, ②에서 아동 도서상은 주로 어른들이 선정하지만 최근에 어린이들이 선택하는 도서상도 늘고 있다고 설명하고 있다. 그리고 ④에서 독자들이 입상한 책에 지나치게 많은 신뢰를 두지 않을 만큼 현명하다고 부연하고 있다. 반면 ③의 출판업계의 뛰어난 서비스에 대한 시상식이 중단되었다는 것은 글의 소재인 아동 도서상과는 관련이 없는 내용으로, 가장 어색한 문장이다.

어휘

a proliferate 급증하다 different 다양한, 서로 다른 a variety of 다양한 organization 단체, 조직 specific 구체적인 genre 장르, 유형 honor 영광스럽게 만들다 particular 특정한 author 저자 lifetime 평생의 contribution 기여, 공헌 literature 문학, 문헌, 문예 adult 성인, 어른 children's choice 어린이들의 선택 influential 영향력 있는 considerably 많이, 상당히 public awareness 대중 인식 award ceremony 시상식 outstanding 뛰어난 put N on hold 보류시키다 faith 믿음 award-winning 입상한 not necessarily 반드시 ~하는 것은 아니다

10. 정답 ③

해석

당신이 여행 중이거나, 가족에 집중하거나, 또는 직장에서 바쁜 시즌을 보내거나, 14일 동안 체육관을 가지 않는 것은 당신의 근육뿐만 아니라 수행, 뇌 그리고 수면에까지 큰 피해를 준다. ① 대부분의 전문가들은 2주 후에 체육관에 돌아가지 않으면 당신이 문제에 빠질 것임에 동의한다. "운동을 하지 않은 채로 2주가 되는 시점에는, 피트니스 레벨의 감소를 자연스럽게 드러내는 여러 가지 생리적인 표시들이 나타난다"라고 뉴욕에서 엘리트 운동선수와 일하는 운동 생리학자 및 트레이너인 Scott Weiss는 말한다. ② 결국, 모든 능력에도 불구하고, 사람의 몸은 (심지어 운동한 신체도) 매우 민감한 시스템이고 운동을 통해 생기는 생리적 변화(근력이나 더 나은 유산소 기초 체력)가 운동량이 줄어들면 쉽게 사라질 것이라고, 그는 지적한다. 운동 요구가 없기 때문에, 당신의 몸은 단순히 기준선으로 서서히 돌아간다. ③ 당신의 몸에 빠른 속도로 더 많은 근육을 만들기 위해서는 더 많은 단백질이 요구된다. ④ 물론, 얼마나 많이 그리고 얼마나 빨리 당신의 건강이 손상될지는 당신의 건강 상태, 나이, 땀 흘리는 것이 얼마나 오래 버릇이 되었는지 등과 같은 많은 요인에 달려 있다. "2~8개월 동안 운동을 전혀 하지 않는 것은 당신이 이전에 전혀 운동한 적이 없는 것과 같은 수준으로 당신의 피트니스 레벨을 감소시킨다"라고 Weiss는 말한다.

해설

이 글은 2주 동안 운동을 하지 않으면 몸에 여러 가지 문제가 생겨서 신체 능력이 저하된다는 내용의 지문이다. 주제문에서 이런저런 이유로 2주 동안 운동하지 않으면 신체의 여러 기능에 큰 피해를 준다고 밝히고, 이어지는 ①에서 2주간 운동을 하지 않으면 몸에 문제가 생긴다고 하고, ②에서 사람의 몸은 매우 민감해서 운동량이 줄어들면 운동으로 생기는 생리적 변화는 쉽게 사라진다고 설명하고 있다. 그리고 ④에서 얼마나 많이 얼마나 빨리

건강이 손상될지는 건강 상태, 나이, 땀 흘리는 습관 등 여러 가지 요인에 달려 있다고 자연스럽게 연결되고 있다. 반면 ③에서 더 많은 근육을 만들기 위해서는 더 많은 단백질이 요구된다는 것은 지나치게 일반적인 내용으로 지문의 흐름과는 맞지 않는 문장이다.

어휘

focus on 집중하다 go through 겪다, 다니다 at work 직장에서 gym 체육관 toll 통행료, 희생 muscle 근육 performance 수행, 성과 be in trouble 문제가 생기다 multitude 다수, 많은 physiological 생리적인 marker 표시 physiologist 생리학자 reduction 감소, 감축 fitness 건강, 운동 elite 엘리트의 athlete 운동선수 after all 결국 aerobic base 유산소 운동 체력 disappear 사라지다 training load 운동량 dwindle 점점 작아지다, 줄어들다 demand 요구하다 slink 살금살금 움직이다 baseline 기준선 protein 단백질 decondition 몸의 상태를 나쁘게 하다 a slew of 많은 fit 건강한 sweating 땀 흘리는 것

11. 정답 ④

해석

역사를 통틀어 아이들의 운동장은 황무지, 들판, 개울과 시골의 언덕, 그리고 도로, 길가와 마을, 읍과 도시의 빈 장소였다. ① '운동장'이라는 용어는 아이들이 그들의 자유롭고, 즉흥적인 게임들을 하기 위해 모이는 그러한 모든 장소들을 나타낸다. ② 불과 지난 몇십 년 사이에 비디오 게임, 문자와 소셜 네트워크에 대한 그들의 증가하고 있는 열광으로 인해 아이들이 이 자연의 운동장을 떠나왔다. ③ 심지어 미국의 시골 지역에서도 어른들이 동반하지 않는 자유로운 방식으로 떠돌아다니는 아이들은 거의 없다. ④ 학교 밖에 있을 때, 그들은 흔히 모래를 파거나, 요새를 짓거나, 구식 게임, 등산 또는 구기 게임을 하며 인근에서 발견된다. 그들은 급속도로 시내, 언덕, 그리고 들판의 자연 지역으로부터 사라지고 있고, 그들의 도시에 사는 상대방들처럼 오락을 위해 실내의, 주로 앉아서 하는 사이버 장난감들로 돌아서고 있다.

해설

이 글은 아이들의 자연 운동장에 관한 글로, 최근에 비디오 게임과 소셜 미디어에 대한 열광으로 아이들이 자연 운동장을 떠났다는 내용의 지문이다. 주제문에서 아이들의 운동장이 무엇인지에 대해 설명한 후 이어지는 ①에서 '운동장'이라는 용어를 설명하고, ②에서 비디오 게임과 소셜 미디어에 대한 열광으로 아이들이 자연 운동장을 떠나왔다고 설명하고 있다. 그리고 ③에서 심지어 시골에서도 자유롭게 떠돌아다니는 아이들은 거의 없다고 자연스럽게 연결되고 있다. 반면 ④는 아이들이 학교 밖에 있을 때, 모래를 파고, 요새를 짓는 등 자연 운동장에서 발견된다는 내용으로 전체 지문의 흐름과는 반대되는 내용이다. 따라서 ④가 가장 어색하다.

어휘

playground 운동장 wilderness 황무지 field 들판 stream 개울 hill 언덕 vacant 비어 있는 term 용어 refer to 지칭하다 gather 모이다 spontaneous 즉흥적인 vacate 떠나다, 비우다 love affair 사랑, 열정 texting 문자 보내기 rural 시골의, 지방의 roam 돌아다니다, 배회하다 unaccompanied 동반하지 않은 free-ranging manner 자유분방한 방식 neighborhood 동네 dig 땅을 파다 fort 요새 rapidly 급속도로 disappear 사라지다 terrain 지역, 지형 creek 개울, 시내 urban 도시에 사는, 도시의 counterpart 상대방, 대응하는 것 turn to ~에 의존하다 sedentary 주로 앉아서 하는 entertainment 오락

12. 정답 ③

해석

Queen의 불멸의 오페라 풍 스타일의 싱글 앨범 'Bohemian Rhapsody'는 1975년에 발매되었고 영국 음악 차트에서 9주 동안 계속해서 1위를 했다. ① 길이와 독특한 스타일 때문에 하마터면 발매되지 않을 뻔했으나 Freddie가 들려지게 될 것이라고 주장했던 노래는 즉시 눈에 띄는 히트곡이 되었다. ② 이때쯤에 Freddie의 독특한 재능은 분명해지고 있었는데, 그것들은 놀랄 만한 음역대의 목소리, 그리고 Queen에게 그것의 다채롭고, 예측할 수 없으며 이색적인 개성을 준 무대 장악력이었다. ③ Bomi와 Jer Bulsara의 아들인 Freddie는 그의 어린 시절의 대부분을 그가 St. Peter 기숙 학교를 다녔던 인도에서 보냈다. ④ 머지않아 그들이 유럽 전역, 일본 그리고 Freddie의 노래 'Crazy Little thing Called Love'로

1979년 차트에서 1위를 차지한 미국에서 차트에 올라 성공하면서 Queen의 인기는 영국의 해안을 넘어 뻗어 나갔다.

해설

주제문에서 Queen의 싱글 앨범 'Bohemian Rhapsody'는 1975년에 발매되었고 영국 음악 차트에서 9주 동안 계속해서 1위를 했다고 언급한 뒤, 이어지는 ①에서 발매되지 못할 뻔했으나 발매하자마자 즉시 히트했고, ②에서 놀랄 만한 음역대와 무대 장악력을 인기의 비결로 들고 있다. 그리고 ④에서 Queen의 인기는 영국을 넘어 유럽, 일본, 미국으로 뻗어 갔다고 자연스럽게 연결되고 있다. 반면, ③은 Freddie의 어린 시절에 대한 내용으로 주제문에서 논점이 일탈되고 있으므로 가장 관련이 없는 문장이다.

어휘

immortal 불멸의 operatically 오페라 풍으로 release 발매하다 proceed 계속 나아가다 length 길이 unusual 특이한 insist 강력히 주장하다 instantly 즉시 recognizable 눈에 띄는, 알아볼 수 있는 unique 독특한 talent 재능 range 범위, 음역대 stage presence 무대 장악력 flamboyant 이색적인 personality 개성 bulk 대부분 childhood 어린 시절 boarding school 기숙 학교 triumph 성공하다, 승리를 거두다

13. 정답 ④

해석

많은 과학자들은 서양의 급속한 경제 발전의 원인을 찾아왔다. 막스 베버는 '청교도적인 직업 윤리'로 공을 돌렸다. ① 그는 돈을 저축하는 것과 열심히 일하는 것이 이러한 발전을 가능하게 했다고 주장했다. 다른 사람들은 그것이 이러한 지역 내의 독특한 사회적 규범 때문이라고 생각했다. ② 그들은 개인의 노력, 자유 그리고 진취적 기상과 같은 서양적 가치관이 그곳의 경제적 성장을 지지했다고 믿었다. '서구 세계의 성장'에서 저자 더글러스 노스와 로버트 폴 토머스는 사회 제도들이 이러한 발전의 이유였다고 단언한다. 그들은 이러한 국가들에서 민주주의, 자본주의 그리고 개인의 권리가 과학 기술을 촉진했다고 주장한다. ③ 간단히 말해, 과학 기술은 그들의 경제적 진보를 가속화시켰다. 반면에 제레드 다이아몬드의 '총, 균, 쇠'에서는 지리가 서양의 발전의 중심에 있다. ④ 연구원들은 어떻게 지리적인 고립이 세계 곳곳의 문화와 경제에 영향을 미쳤는지 살펴보았다. 그 작가에게는, 더 좋은 기후, 더 많은 천연자원 그리고 더 적은 질병이 그들에게 확실한 이점을 주었다.

해설

주제문에서 과학자들이 서양의 급속한 경제 발전의 원인을 찾아왔으며 막스 베버는 '청교도적 윤리'로 공을 돌렸다고 언급한 후, 이어지는 ①에서는 저축과 열심히 일하는 것, ②에서는 개인의 노력, 자유 그리고 진취적 기상과 같은 서양적 가치관을 원인으로 들고 있다. 그리고 ③에서는 과학 기술이 경제적 진보를 가속화시켰다고 설명하고 있다. 반면 ④는 지리적 고립이 문화와 경제에 어떻게 영향을 미쳤는지에 관한 내용으로 서양의 발전의 원인에 대한 주제에서 논점이 일탈하고 있으므로 가장 적절하지 않은 문장이다.

어휘

search for 찾다 expansion 발전, 확장 credit ~에게 공을 돌리다 protestant 청교도적인 work ethic 직업 윤리 norm 규범, 기준 spirit of enterprise 진취적 기상 affirm 단언하다 institution 사회 제도 capitalism 자본주의 in short 요약하면 accelerate 가속화하다 progress 발달 on the other hand 반면 germ 세균 advance 발전 geographical 지리적 isolation 고립 affect 영향을 미치다 natural resources 천연자원 definite 확실한, 분명한

14. 정답 ④

해석

계절에 맞게 그리고 지역에서 난 것을 먹는 것은 건강한 식단을 유지하는 아주 좋은 방법이라고 베테랑 음식 컨설턴트이자 한국 최초의 공인 채소 소믈리에가 말한다. "저에게, 수퍼푸드는 제철에 자란 지역 음식입니다. 그것들은 맛이 더 좋고, 더 저렴하며, 영양이 풍부하죠"라고 한국 채소 소믈리에 협회의 회장인 E. K. Kim이 말했다. ① 만약 소비자들이 제철이 아닌 농산물을 사면, 그것은 인공적인 환경에서 재배되었거나 이르게 수확되어서 장거리 수송되었을 가능성이 높다. ② 이러한 모든

요소들은 맛뿐만 아니라, 영양 성분에도 영향을 미친다. "사과 나무가 어떻게 자라나는지를 생각해 보세요. 먼저 싹이 트기 시작하고, 열매를 맺고, 그리고 나서 마지막에는 뿌리만이 남죠. 이것은 제철 음식의 좋은 예입니다. 봄은 잎줄기 채소의 계절이고, 여름은 열매 채소, 겨울은 뿌리 작물의 계절입니다"라고 음식 전문가가 말했다. ③ 그녀는 지역 음식의 건강상의 이점이 해외 음식 전문가들에게 의해 소개되는 외국산 수퍼푸드에 비교하여 강조했다. 예를 들어, 한국산 어린 양배추 잎은 비타민 B-1과 비타민 C가 풍부하기 때문에 "춘곤증을 치료하는 데 도움이 됩니다"라고 그녀가 말했다. ④ 소믈리에는 소비자들이 채소의 선택, 준비, 영양상의 가치에 대한 복잡함을 이해하는 데 도움이 되기 때문에 정부는 대중에게 그들의 역할을 홍보해야 한다. "사람들은 수퍼푸드가 외국산이며 해외에서 수입되어야 한다고 생각하는 경향이 있습니다. 사실, 동일하거나 훨씬 더 높은 수준의 영양소로 가득 차 있는 다양한 지역 음식이 있습니다"라고 그녀는 덧붙였다.

해설

주제문에서 제철에 난 지역 음식을 먹는 이점을 언급한 후, 이어지는 ①에서 제철이 아닌 음식은 인공적으로 재배되거나 이르게 수확되거나 장거리 수송되었을 가능성이 크다고 하고, ②에서 이러한 요소는 맛뿐만 아니라 영양 성분에도 영향을 미친다고 했다. 그리고 ③에서 지역 음식의 영양상 이점을 언급하고 있으므로 자연스럽게 연결이 된다. 반면, ④는 소믈리에의 역할에 대해서 말하고 있으므로 소재에서 벗어나는 문장으로 전체 흐름에 부합하지 않는다.

어휘

seasonally 계절에 맞게 locally 지역적으로 diet 식단 observe 말하다, 진술하다 accredit 공인하다 vegetable sommelier 채소 소믈리에 nutrient 영양소 in season 제철인 produce 농산물 artificial 인공적인 prematurely 이르게, 시기 상조로 nutritional content 영양 성분 bud 싹이 트다 bear fruits 열매를 맺다 leafy vegetable 잎줄기 채소 root crop 뿌리 작물 emphasize 강조하다 in comparison with ~와 비교해서 exotic 외국산의, 외래의 spring green 어린 양배추 잎 spring fever 춘곤증 intricacy 복잡함 tend to R ~하는 경향이 있다 equivalent 동일한

수능대비

1. 정답 ③

해석

사전은 단어가 무슨 의미인지를 찾는 데 관심이 있는 모든 사람에게 비교적 좋은 자료이다. 하나의 단어 집합을 사용하여 다른 단어를 정의하는 것을 '어휘적 정의'라고 한다. 하지만 사전적 정의의 한계를 이해하는 것이 중요하다. ① 대부분, 사전 속의 정의는 독자가 이미 자유롭게(마음대로) 사용할 수 있는 언어에 대해 상당히 탄탄한 이해력을 가지도록 요구한다. ② 다시 말해, 사전은 많은 경우 아는 단어와 아직 모르는 단어 사이의 상호 참조 또는 번역기 역할을 한다. ③ 하지만, 다른 단어를 통해 서가 아니라 우리 경험 속에 있는 무언가를 가리키는 것에 의해서만 정의될 것 같은 단어가 있다.) ④ 사전에서 가장 난해한 단어, 말하자면, 예를 들어, 'pulchritudinous'나 'kalokagathia'조차도, 독자가 이미 알고 이해하고 있는 단어를 사용하여 정의되어야 한다. ⑤ 그렇지 않으면, 사전은 그다지 도움이 되지 않는다.

해설

사전은 단어의 의미를 찾는 데 유용하지만, 사전에 나오는 정의는 독자가 이미 언어에 대한 충분한 이해를 가지고 있어야 이해할 수 있고, 아주 난해한 단어도 독자가 이미 알고 있는 단어로 정의되어야 한다는 내용으로 사전에서 사용하는 정의의 한계에 대해 언급하고 있다. 따라서 다른 말이 아닌 경험을 통해서만 정의될 것 같은 단어가 있다는 내용의 ③은 글의 전체 흐름과 관계가 없다.

어휘

dictionary 사전 relatively 비교적, 상대적으로 define 정의하다 more often than not 대부분, 종종 fairly 상당히 at one's disposal ~의 마음대로 할 수 있는 function 작동하다, 역할 하다 cross-reference translator 번역기, 통역가 otherwise 그렇지 않으면 lexical 어휘적인 robust 강한, 탄탄한 obscure 난해한 helpful 도움 주는

2. 정답 ③

해석

우리는 음식에 양념을 하는 유일한 종으로 허브와 향신료라고 부르는 강한 맛을 내는 식물의 부분을 이용하여 그것(음식)을 의도적으로 바꾼다. 향신료에 대한 우리의 미각은 진화적 뿌리를 가지고 있을 가능성이 높다. ① 많은 향신료가 항균성을 가지고 있는데, 실제로 마늘, 양파, 오레가노와 같은 흔한 조미료들이 거의 모든 확인된 박테리아의 성장을 억제한다 ② 그리고 태국 음식의 마늘과 후추, 인도의 생강과 고수, 멕시코의 고추를 생각해 보면 향신료를 가장 많이 사용하는 문화권은 더 따뜻한 기후에서 유래하는데 그곳에서는 박테리아에 의한 (음식의) 부패가 큰 문제이다. ③ (변화하는 기후는 향신료의 생산과 이용 가능성에 많은 영향을 미칠 수 있기 때문에, 그들(향신료)의 성장 방식에 영향을 주고, 궁극적으로 세계 향신료 시장에 영향을 미친다.) ④ 반대로, 스칸디나비아와 북유럽의 요리같이 가장 향신료를 적게 쓰는 요리는 더 서늘한 기후에서 유래한다. ⑤ 맛에 대한 인간 특유의 관심, 이 경우 향신료의 맛은 사느냐 죽느냐의 문제로서 생겨난 것으로 드러난다.

해설

인간이 음식에 향신료를 사용하는 것은 단순히 맛을 내기 위함이 아니라, 향신료가 박테리아의 성장을 억제하는 항균성을 지니고 있어서, 특히 더운 나라에서는 부패가 빨리 일어나기 때문에 향신료를 많이 사용해 왔고, 반대로 추운 나라에서는 향신료를 적게 사용해 왔다고 서술하면서, 향신료 사용이 우리의 미각을 넘어 삶과 죽음에 관여하고 있다는 내용의 글이다. 따라서 '변화하는 기후가 향신료 성장 방식에 영향을 주고, 세계 향신료 시장에 영향을 미친다'고 언급한 ③은 글의 전체 흐름 과 관계가 없다.

어휘

season 양념을 하다 deliberately 의도적으로 alter 바꾸다 flavor 맛; 맛을 내다 spice 향신료 evolutionary 진화적인 antibacterial 항균의 property 특성 seasoning 조미료 inhibit 억제하다 coriander 고수 spoilage 부패 significant 많은 availability 이용가능성 ultimately 궁극적으로 arise 생겨나다

3. 정답 ③

해석

인간의 과정은 그 결과에 있어서 이성적인 과정과 다르다. 이상적인 수행 척도를 고려할 때, 만일 하나의 과정이 현재의 정보에 근거하여 맞는 일을 항상 수행한다면 그 과정은 '이성적'이다. 요컨대 이성적인 과정은 책에 나와 있는 규칙대로 진행하고, 책은 실제로 옳다고 간주한다. ① 인간의 과정은 본능, 직관 그리고 책을 반드시 반영하지는 않는 다른 변인들을 포함하며, 심지어 기존의 데이터를 고려하지 않을 수도 있다. ② 예를 들어, 자동차를 운전하는 이성적인 방식은 항상 법규를 따르는 것이다. ③ (이와 비슷하게, 보행자 횡단 신호는 나라에 따라 다르고, 길을 건너는 사람의 모양이 서로 다르다.) ④ 그러나 교통(흐름)은 이성적이지 않아서 만일 여러분이 법규를 정확히 따른다면 다른 운전자는 법규를 정확히 따르지 않기 때문에 여러분은 결국 어딘가에 갇혀 꼼짝하지도 못하는 결과를 맞게 될 것이다. ⑤ 따라서 성공하려면 자율주행 자동차는 이성적이기보다는 인간적으로 행동해야 한다.

해설

이성적 과정은 책에 나와 있는 규칙대로 진행하 고, 항상 옳은 일만을 수행하지만, 인간의 과정은 본능, 직관, 그리고 책을 반드시 반영하지는 않는 다른 변인들이 포함된다고 언급한 다음 그 예시로 자동차를 운전하는 이성적인 방식은 법규를 따르는 것이지만, 실제 교통의 흐름은 이성적이지 않아 문제가 생긴다는 내용의 글이다. 따라서 '보행자 횡단 신호는 나라에 따라 다르고, 길을 건너는 사람의 모양이 서로 다르다.'라고 언급한 것은 글의 전체 흐름과 관계가 없다.

어휘

outcome 결과 rational 이성적인 instinct 본능 intuition 직관 variable 변인 pedestrian 보행자 appearance 모양 precisely 정확히 self-driving car 자율 주행 자동차 humanly 인간적으로

4. 정답 ④

해석

작가이자 동물학자인 Desmond Morris는 우리의 발이

우리가 생각하는 것을 정확하게 전달하고 우리 몸의 어떤 다른 부위보다 더 정직하게 느낀다는 것을 관찰했다. 왜 발과 다리는 우리 감정의 그토록 정확한 반사경인 걸까? ① 수백만 년 동안, 인간이 말을 하기 훨씬 이전에, 우리의 다리와 발은 환경적인 위협(예를 들면, 뜨거운 모래, 성질이 나쁜 사자)에 대해, 의식적 사고에 대한 필요 없이, 즉시 반응했다. ② 우리의 변연계 뇌는 움직임을 멈추거나, 도망가거나, 혹은 잠재적인 위협에 저항함으로써 필요에 따라 우리의 발과 다리가 필요에 따라 반드시 반응하도록 했다. ③ 이러한 생존 양생법은, 우리 조상의 유산으로부터 유지되었으며, 우리에게 도움이 되어 왔고 오늘날에도 계속 그러하다. ④ (따라서, 일부 문화에서는 맨발로 걷는 것이 영적 수행으로 여겨지고 개인을 조상들과 연결한다.) ⑤ 사실, 이러한 오래된 반응은 여전히 우리에게 매우 굳어져 있어서 우리가 위험하거나 심지어 불쾌한 것에 직면했을 때 우리의 발과 다리는 그들이 선사시대에 그랬던 것처럼 여전히 반응한다.

해설

발과 다리는 우리의 생각과 감정을 가장 솔직하게 전달하는 신체 부분으로 오래전부터 발과 다리는 위험에 대해 즉각적으로 반응해 왔고, 이러한 반응은 우리의 생존을 돕는 중요한 역할을 하며, 따라서 오늘날에도 발과 다리는 여전히 감정에 따라 반응한다는 내용의 글이다. 따라서 일부 문화에서 맨발로 걷는 것이 영적 수행으로 여겨진다는 내용의 ④는 글의 전체 흐름과 관계가 없다.

어휘

zoologist 동물학자 observe 관찰하다 accurate 정확한 reflector 반사경 sentiment 감정 threat 위협 ill-tempered 성질이 나쁜 instantaneously 즉시 conscious 의식적인 limbic brain (대뇌) 변연계의 cease 멈추다 run away 도망가다 potential 잠재적인 regimen 양생법 retain 유지하다 ancestral 조상의 heritage 유산 barefoot 맨발의, 신발을 신지 않는 hardwired 굳어진 disagreeable 불쾌한 prehistoric times 선사시대

5. 정답 ③

해석

다음과 같은 옛 농담처럼: "소프트웨어, 무료 사용자 매뉴얼, 10,000달러." 하지만 그것은 농담이 아니다. 세간의 이목을 끄는 몇몇 기업들은 무료 소프트웨어에 대한 지침과 유료 지원을 판매하면서 돈을 번다. 단지 몇 비트일 뿐인 코드 사본은 무료이다. 무료 코드의 배열은 지원과 안내를 통해서만 당신에게 가치 있게 된다. ① 다가올 수십 년 안에 많은 의료 및 유전 정보가 이 경로를 따르게 될 것이다. ② 지금은 당신의 모든 DNA의 전체 사본을 얻는 것이 매우 비싸지만(10,000달러), 곧 그렇지 않게 될 것이다. ③ (사람들의 개인 유전자 정보의 공개는 틀림없이 심각 한 법적이고 윤리적인 문제를 야기할 것이다.) ④ 가격이 너무 빨리 떨어지고 있어, 곧 100달러가 될 것이고, 그 다음 해에는 보험 회사가 무료로 당신의 유전자 배열 순서를 밝혀 줄 것을 제안할 것이다. ⑤ 당신의 배열의 사본에 비용이 들지 않을 때, 그것이 의미하는 것, 당신이 그것에 해할 수 있는 것, 그리고 그것을 사용하는 방법에 관한 설명—당신의 유전자 매뉴얼—은 비싸질 것이다.

해설

소프트웨어는 무료이지만, 이 무료 소프트웨어는 지원과 안내를 통해서만 가치를 지니게 되어 그 소프트웨어의 설명서는 비싸게 될 것이고, 마찬가지로 개인의 유전자 정보는 점점 가격이 떨어져 무료가 되더라도, 그 유전자 정보를 사용하는 방법에 관한 설명서는 매우 비싸질 것이라는 내용의 글이다. 따라서 개인의 유전자 정보를 노출시키는 것은 심각한 법적, 윤리적 문제를 야기할 것이라는 내용의 ③은 글의 전체 흐름과 관계가 없다.

어휘

high-profile 세간의 이목을 끄는 instruction 지침, 지시 mere 단지 genetic 유전의, 발생론적인 insurance 보험 offer to sequence 배열 순서를 밝히다 interpretation 설명

6. 정답 ④

해석

런던에서 택시 운전면허를 따기 전에, 사람은 'The Knowledge'라는 위협적인 이름을 가진 매우 어려운 시험에 합격해야 한다. ① 이 시험은 Greater London 지역의 2만 개 이상 거리의 구획을 암기하는 것을 포함하는

데, 이것은 엄청난 양의 기억 자원을 포함하는 기술이다. ② 사실, 택시 기사 훈련에 등록한 사람 중 50% 미만이 시험에 합격했는데, 심지어 그것을 위해 2, 3년을 공부한 뒤에도 말이다! ③ 그리고 밝혀졌듯이, 런던 택시 기사들의 두뇌는 그들의 초인적인 기억 노력을 반영하는 방식에서 택시 운전을 하지 않는 사람들과 다르다. ④ (다시 말해서, 그들은 운전 면허청에서 발급된 정식 운전면허증을 최소 1년 동안 소지해야 한다.) ⑤ 사실 공간 기억과 가장 자주 연관되어 온 뇌의 부분 해마라 불리는 해마 모양을 한 뇌 영역의 꼬리 부분은 이들 택시 기사들에게서 평균보다 '더 크다'.

해설

런던에서 사람은 엄청난 양의 거리 구획을 암기해야 택시 운전면허를 딸 수 있으며 런던 택시 기사의 뇌는 택시 운전을 하지 않는 사람들과는 다르다는 내용의 글로, 정식 운전면허증을 최소 얼마나 소지해야 하는지에 대한 내용의 ④는 글의 흐름과 무관하다.

어휘

license 허가하다, 면허를 주다 incredibly 엄청나게 intimidating 위협적인 layout 레이아웃, 배치 feat 재주 sign up for ~에 등록하다 turn out 밝혀지다 cabby 택시 기사

7. 정답 ④

해석

아인슈타인의 이론에 따르면, 태양과 같은 큰 질량은 시공간을 '휘어지게 한다'. 뉴턴의 이론은 그런 예측을 하지 않는다. ① 이런 시공간의 휘어짐은 멀리 있는 별의 빛이 태양과 같은 거대한 질량 옆을 지날 때 다른 위치에 있는 것처럼 보이는 '중력 렌즈 효과'와 같은 현상으로 이어진다. ② 우리는 낮에 태양이 떠 있을 때 별들이 보이지 않기 때문에 이러한 렌즈 효과를 보통 보지 못하지만, 1919년의 일식은 태양의 중력이 멀리 있는 별로부터 오는 빛에 어떤 영향을 주는지 과학자들이 관찰할 수 있게 해 주었다. ③ 태양 주변의 별들은 밤하늘의 그것들의 정상적인 위치에서부터 이동한 것처럼 보였다. ④ (우리 태양계 안에서의 행성들의 정확한 궤도를 확인하려는 지속적인 노력에도 불구하고 관찰 스케줄은 지역의 날씨 현상에 의해 자주 방해받는다.) ⑤ 그 이동은 뉴턴의 이론이 예측한 것보다 훨씬 컸지만 아인슈타인의 이론에 의해 예측된 위치에 정확히 있었다.

해설

이 글은 아인슈타인의 시공간 휘어짐 이론을 소개하는 글로, 멀리 있는 별의 빛이 태양과 같은 거대한 질량 옆을 지날 때 다른 위치에 있는 것처럼 보이는 '중력 렌즈 효과'를 설명하고, 그 예시로 1919년의 일식 관측 사례를 제시하여 태양 주변의 별들의 위치가 이동한 것처럼 보인다는 것을 확인하여 아인슈타인의 이론과 관측 결과가 일치한다는 내용의 글이다. 따라서 태양계 안의 행성들의 궤도를 확인하려는 관찰 스케줄이 날씨 현상에 의해 방해받는다는 내용의 ④는 글의 흐름과 관계가 없다.

어휘

bend 구부리다 prediction 예측 space-time 시공간 phenomenon 현상 gravitational 중력의 solar eclipse 일식 gravity 중력 consistent 한결같은, 일관된 confirm 확인하다 precise 정확한 orbit 궤도 disrupt 방해하다

8. 정답 ③

해석

최소한의 가공은 인공 향료나 첨가물, 또는 과도한 소금을 넣을 필요 없이 본연의 풍미와 맛을 유지하는 가장 좋은 방법 중 하나일 수 있다. 이것은 또한 대부분의 영양소, 특히 많은 비타민과 항산화물질과 같은 가장 민감한 영양소를 유지하는 효율적인 방법일 수 있다. ① 곡물을 제분하는 것은 영양소 함량에 크게 영향을 미치는 가장 가혹한 과정 중 하나이다. ② 곡물에는 (즉, 통밀가루 또는 플레이크에는) 미량 영양소, 항산화물질, 그리고 섬유질이 자연적으로 매우 풍부하지만, 제분이 일반적으로 흰 밀가루를 만들기 위해 대부분의 미네랄, 비타민 그리고 섬유질을 제거한다. ③ (곡물 생산을 늘리려면 화학비료 사용이 최소화되어야 하고 해충에 강한 곡물 품종이 개발되어야 한다.) ④ 주요 영양소와 섬유질의 그러한 손상은 최적의 영양소 밀도와 건강 보호를 목표로 하는 지속 가능한 식단의 맥락에서 더 이상 받아들여질 수 없다. ⑤ 대조적으로 다양한 식품의 발효나 곡물의 발아는 알려진 관심을 받는 전통적이고, 현지에서 접근 가능하며

에너지가 적게 들고 매우 영양가 있는 과정이다.

해설

최소한의 가공이 음식의 맛과 영양소를 유지하는 방법인데, 곡물을 제분하게 되면 필수 영양소가 파괴되어 우리의 건강에 도움이 되는 식단에서는 받아들여질 수 없는 반면에 식품의 발효나 곡물의 발아와 같은 전통적인 방식이 영양가 있는 과정이라는 내용의 글이므로, 곡물 생산을 늘리기 위한 방법을 언급한 ③은 글의 전체 흐름과 관계가 없다.

어휘

processing 가공 artificial 인공적인 additive 첨가물, 첨가제 anti-oxidant 항산화물질 mill 제분하다 harsh 가혹한 micronutrient 미량 영양소(의) fertilizer 비료 insect-resistant 해충에 강한 spoilage 부패 optimal 최적의 density 밀도

13. 요약문

1) 특징

요약문은 수능독해 40번으로 출제되는데, 핵심은 지문 전체의 핵심 논지를 압축해 놓은 문장의 빈칸에 들어갈 단어를 고르는 문제이다.

단순 해석보다는 구조를 파악하고, 핵심 개념을 추출하는 능력을 묻는 유형이다.

요약문 비법

1) "요약 = 구조 압축"

요약문은 모든 문단을 평균적으로 반영하지 않고, 구조는 '문제 제기 → 핵심 주장 → 이유/결과'이다.
예시나 연구, 사례는 요약의 대상이 아니다.

2) 핵심 개념어 반복에 주목

지문 전체에서 의미상 반복되는 단어/개념을 찾고, 동의어, 패러프레이징 형태로 출제된다.

- freedom - autonomy
- efficiency - productivity
- emotional cost - psychological burden

요약문에는 이런 개념어가 반드시 들어간다.

3) 요약문은 '중단 톤'이다.

너무 강한 표현이나 너무 좁은 결론이 아니라 글 전체를 덮은 일반화된 결론이 요약된다.

2) 요약문 문제풀이 순서

step 1. 첫 문단 + 마지막 문단 집중 독해

- 첫 문단 → 문제 제기/관점 제시
- 마지막 문단 → 필자의 최종 결론

step 2. 문단별로 '이 문단이 하는 역할'만 표시

꼼꼼한 해석이 아니라 역할만 체크한다.

- 주장 제시
- 반론 소개
- 한계 지적
- 해결책 제안

step 3. "그래서 필자가 말하고 싶은 한 문장" 만들기(한글어로라도)

기본적으로 양보 부사절을 많이 사용한다.

"기술 발전은 효율을 높이지만, 인간의 사고 능력을 약화시킬 수 있다."

step 4. 선지 제거법

오답이 되는 선지

- 특정 사례만 집중
- 숫자, 실험 결과 강조
- 지문 일부만 반영
- 조건이 추가됨(only, always, completely)

정답이 되는 선지

- 추상적 표현
- 지문 전체 개념 포함
- 원인-결과/문제-결론 구조 유지

step 5. 마지막 검증 질문

"이 문장 하나만 읽어도 지문의 전체 논지가 떠오르는가?"

예시

1. 다음 글의 내용을 한 문장으로 요약하고자 한다. 빈칸 (A), (B)에 들어갈 말로 가장 적절한 것은?

Quite often the interaction between groups is socially unequal, and this is reflected in the fact that in many cases borrowing of words or constructions goes mostly or entirely in one direction, from the more powerful or prestigious group to the less favored one. The languages of socially subordinated groups may from quite an early period of contact provide terminology for objects or practices with which speakers of the more powerful group were previously unfamiliar, but the effects of contact in that direction may not progress any further than this. In some cases, as with the Dharug language of Sydney, Australia, the source of some of the earliest loans from Indigenous Australian languages into English, the fate of the language system is extinction after the obliteration of many of its speakers. The remainder shifted to varieties of English, the language of the people who had suppressed them.

* prestigious 권력을 가진
** subordinate 종속된
*** obliteration 소멸

Language borrowing from dominant to subordinate groups reflects social __(A)__, where the language systems of the latter often __(B)__ even though they may have provided some terms, as exemplified by Dharug in Australia.

	(A)	(B)
①	inequality	vanish
②	imbalance	prevail
③	integration	prosper
④	variety	decline
⑤	coordination	disappear

정답 ①

해석

종종 집단 간의 상호 작용은 사회적으로 불평등하며, 이는 많은 경우에 단어 또는 구조의 차용이 대부분 혹은 완전히 한 방향, 즉 더 강하거나 권력을 가진 집단에서 혜택을 덜 받는 집단 쪽으로 이동한다는 사실에 반영된다. (집단 간) 접촉의 상당히 이른 시기부터 사회적으로 종속된 집단의 언어가 더 강한 권력을 가진 집단의 화자들이 전에 잘 몰랐던 물건이나 관습에 대한 용어를 제공할 수도 있지만, 그런 방향으로의 접촉의 결과는 이것 이상 진전되지는 않을 수도 있다. 호주 토착 언어에서 영어로의 몇몇 최초의 차용 출처인 호주 시드니의 Dharug 언어와 같은 몇몇 경우에는, 화자들 중 다수가 소멸되고 나면 그러한 언어 체계(사회적으로 종속된 집단의 언어 체계)의 운명은 멸종하는 것이었다. 남은 사람들은 그들을 억압했던 사람들의 언어인 영어의 다양한 변종으로 (사용 언어를) 전환했다.

→ 지배 집단으로부터 종속 집단으로의 언어 차용은 사회적 (A) 불평등을 반영하는데, 호주의 Dharug 언어의 예시에서 보이듯이, 후자의 언어 체계는 몇몇 용어를 제공하기도 했지만 종종 (B) 사라진다.

해설

사회적으로 불평등한 집단 간의 언어 차용은 주로 더 강한 권력 집단에서 덜 유리한 집단 쪽으로 이동하고, 비록 사회적으로 종속된 집단의 언어가 초기에 지배 집단에 새로운 용어를 제공할 수 있을지라도 그 영향력은 제한적이고, 결국에는 호주 시드니의 Dharug 언어의 예시처럼 종속된 집단의 언어체계는 멸종되었다는 내용의 글이므로, 요약문의 빈칸 (A)에는 'inequality(불평등)'가, (B)에는 'vanish(사라지다)'가 들어가는 것이 가장 적절하다.

연습문제

1. 다음 글의 내용을 한 문장으로 요약하고자 한다. 빈칸 (A), (B)에 들어갈 말로 가장 적절한 것은?

The fast-growing, tremendous amount of data, collected and stored in large and numerous data repositories, has far exceeded our human ability for understanding without powerful tools. As a result, data collected in large data repositories become "data tombs"—data archives that are hardly visited. Important decisions are often made based not on the information-rich data stored in data repositories but rather on a decision maker's instinct, simply because the decision maker does not have the tools to extract the valuable knowledge hidden in the vast amounts of data. Efforts have been made to develop expert system and knowledge-based technologies, which typically rely on users or domain experts to manually input knowledge into knowledge bases. However, this procedure is likely to cause biases and errors and is extremely costly and time consuming. The widening gap between data and information calls for the systematic development of tools that can turn data tombs into "golden nuggets" of knowledge.

* repository 저장소

** golden nugget 금괴

As the vast amounts of data stored in repositories __(A)__ human understanding, effective tools to __(B)__ valuable knowledge are required for better decision-making.

	(A)	(B)
①	overwhelm	obtain
②	overwhelm	exchange
③	enhance	apply
④	enhance	discover
⑤	fulfill	access

2. 다음 글의 내용을 한 문장으로 요약하고자 한다. 빈칸 (A), (B)에 들어갈 말로 가장 적절한 것은?

A young child may be puzzled when asked to distinguish between the directions of right and left. But that same child may have no difficulty in determining the directions of up and down or back and front. Scientists propose that this occurs because, although we experience three dimensions, only two had a strong influence on our evolution: the vertical dimension as defined by gravity and, in mobile species, the front/back dimension as defined by the positioning of sensory and feeding mechanisms. These influence our perception of vertical versus horizontal, far versus close, and the search for dangers from above (such as an eagle) or below (such as a snake). However, the left-right axis is not as relevant in nature. A bear is equally dangerous from its left or the right side, but not if it is upside down. In fact, when observing a scene containing plants, animals, and man-made objects such as cars or street signs, we can only tell when left and right have been inverted if we observe those artificial items.

* axis 축

Having affected the evolution of our __(A)__ perception, vertical and front/back dimensions are easily perceived, but the left-right axis, which is not __(B)__ in nature, doesn't come instantly to us.

	(A)	(B)
①	spatial	significant
②	spatial	scare
③	auditory	different
④	cultural	accessible
⑤	cultural	desirable

3. 다음 글의 내용을 한 문장으로 요약하고자 한다. 빈칸 (A), (B)에 들어갈 말로 가장 적절한 것은?

The study of emotions and decision making is now of considerable importance. This involves the application of various tools afforded by neuroscience. One important stream of the literature examines people with brain damage and how damage to particular parts of the brain known to be responsible for particular cognitive functions impacts on decision making. One example of this research is the work of Antonio Damasio, who finds that when the emotional part of the brain is damaged, this actually reduces the efficacy of decision making. Good decisions are a product of the emotional part of the brain working in conjunction with the deliberative part. This contradicts the assumptions of conventional economics, where emotions play a negative role in the decision-making process. Here it is assumed that decision making can be modeled as being generated in a stoic, unemotional fashion, and that's why decisions tend to be optimal. But the evidence suggests that emotions actually play an important and, often, a positive role in decision making.

The brains emotional part working in relation with its deliberative part __(A)__ the effectiveness of decision making, which __(B)__ the ideas about emotions in the decision-making process of traditional economics.

	(A)	(B)
①	hinders	denies
②	enhances	counters
③	controls	distorts
④	enhances	confirms
⑤	hinders	approves

4. 다음 글의 내용을 한 문장으로 요약하고자 한다. 빈칸 (A), (B)에 들어갈 말로 가장 적절한 것은?

Many things spark envy: ownership, status, health, youth, talent, popularity, beauty. It is often confused with jealousy because the physical reactions are identical. The difference: the subject of envy is a thing(status, money, health etc.). The subject of jealousy is the behaviour of a third person. Envy needs two people. Jealousy, on the other hand, requires three— Peter is jealous of Sam because the beautiful girl next door rings him instead. Paradoxically, with envy we direct resentments toward those who are most similar to us in age, career and residence. We don't envy businesspeople from the century before last. We don't envy millionaires on the other side of the globe. As a writer, I don't envy musicians, managers or dentists, but other writers. As a CEO you envy other, bigger CEOs. As a supermodel you envy more successful supermodels. Aristotle knew this-'Potters envy potters.'

Jealousy involves three parties, focusing on the __(A)__ of a third person, whereas envy involves two individuals whose personal circumstances are most __(B)__; one person resenting the other.

	(A)	(B)
①	actions	different
②	possessions	unique
③	goals	ordinary
④	possessions	favorable
⑤	actions	alike

5. 다음 글의 내용을 한 문장으로 요약하고자 한다. 빈칸 (A), (B)에 들어갈 말로 가장 적절한 것은?

People behave in highly predictable ways when they experience certain thoughts. When they agree, they nod their heads. So far, no surprise, but according to an area of research known as "proprioceptive psychology," the process also works in reverse. Get people to behave in a certain way and you cause them to have certain thoughts. The idea was initially controversial, but fortunately it was supported by a compelling experiment. Participants in a study were asked to fixate on various products moving across a large computer screen and then indicate whether the items appealed to them. Some of the items moved vertically (causing the participants to nod their heads while watching), and others moved horizontally (resulting in a side-to-side head movement). Participants preferred vertically moving products without being aware that their "yes" and "no" head movements had played a key role in their decisions.

In one study, participants responded __(A)__ to products on a computer screen when they moved their heads up and down, which showed that their decisions were unconsciously influenced by their __(B)__.

(A)	(B)
① favorably	behavior
② favorably	instinct
③ unfavorably	feeling
④ unfavorably	gesture
⑤ irrationally	prejudice

6. 다음 글의 내용을 한 문장으로 요약하고자 한다. 빈칸 (A), (B)에 들어갈 말로 가장 적절한 것은?

Mother cats can tell which kittens belong to them—when litters are mixed up they use their kittens' scent to distinguish them from offspring of other mothers. Despite this, when faced with a selection of kittens who have wandered from the nest, her own and others that aren't hers, a mother cat doesn't appear to favor her own offspring when retrieving them. The reason for this is uncertain, although distress vocalizations from kittens that are lost from their nest are known to be very powerful, so it may just be hard for the mother to resist retrieving them, regardless of whether they are hers. In the wild, a squeaking kitten out in the open is likely to attract predators, which is bad news for any other kittens around it. A rapid rescue of any crying kitten would be a good strategy to prevent them from drawing unwanted attention.

* squeak 끽(찍)하는 소리를 내다

Although mother cats can identify their own offspring, they are likely to __(A)__ any lost crying kittens, possibly to reduce the chances of being __(B)__ by predators.

(A)	(B)
① raise	deceived
② collect	detected
③ collect	distracted
④ abandon	awakened
⑤ abandon	chased

수능대비

1. 다음 글의 내용을 한 문장으로 요약하고자 한다. 빈칸 (A), (B)에 들어갈 말로 가장 적절한 것은?

It may be assumed that meta-algorithmics, that is, the creation of algorithms that generate other algorithms, is a human creation as well. A human programmer must have composed the first algorithm that, in turn, generates new algorithms and as such the initial programmer must be in control of the original idea. However, this is not necessarily true. Unlike humanly conceived ideas, where the author is the intellectual owner of the idea, algorithms are processes that define, describe, and implement a series of actions that in turn produce other actions. During the transfer of actions it is possible for a discrepancy to occur between the original intention and the actual result. If that happens then, by definition, the author of the algorithm is not in control of, and therefore does not own intellectually from that point on, the resulting process. Theoretically, ownership of an idea is intrinsically connected to the predictability of its outcome, that is, to its intellectual control. Therefore, in the absence of human control the ownership of the algorithmic process must be instead credited to the device that produced it, that is, to the computer.

* discrepancy 불일치, 어긋남

** intrinsically 본질적으로

The new notion of intellectual ownership is created by meta-algorithmics, as algorithms can produce outcomes that are (A) to human programmers, potentially (B) ownership to the computer itself.

	(A)	(B)
①	unpredictable	attributing
②	prescribed	attributing
③	unexpected	denying
④	unexplained	denying
⑤	foreseeable	transferring

2. 다음 글의 내용을 한 문장으로 요약하고자 한다. 빈칸 (A), (B)에 들어갈 말로 가장 적절한 것은?

"Brain plasticity" is a term we use in neuroscience. Whether intentionally or not, "plasticity" suggests that the key idea is to mold something once and keep it that way forever: to shape the plastic toy and never change it again. But that's not what the brain does. It carries on remolding itself throughout your life. Think of a developing city, and note the way it grows, improves, and responds to the world around it. Observe where the city builds its truck stops, how it crafts its immigration policies, and how it modifies its education and legal systems. A city is always changing. A city is not designed by urban planners and then immobilized like a plastic object. It continually develops. Just like cities, brains never reach an end point. We spend our lives blossoming toward something, even as the target moves. Consider the feeling of encountering a diary that you wrote many years ago. It represents the thinking, opinions, and viewpoint of someone who was a bit different from who you are now, and that previous person can sometimes border on the unrecognizable. Despite having the same name and the same early history, in the years between inscription and interpretation the narrator has altered. The word "plastic" can be stretched to fit this notion of ongoing change.

* mold 성형

** inscription 새겨진 글

While some understand "brain plasticity" to mean __(A)__ upon molding, the brain is actually capable of __(B)__.

	(A)	(B)
①	permanence	transformation
②	flexibility	sympathizing
③	adaptability	restoration
④	firmness	sympathizing
⑤	mobility	transformation

3. 다음 글의 내용을 한 문장으로 요약하고자 한다. 빈칸 (A), (B)에 들어갈 말로 가장 적절한 것은?

The rise of large, industrial cities has had social consequences that are often known as urbanism. The city dissolves the informal controls of the village or small town. Most urban residents are unknown to one another, and most social interactions in cities occur between people who know each other only in specific roles, such as parking attendant, store clerk, or customer. Individuals became more free to live as they wished, and in ways that break away from social norms. In response, and because the high density of city living requires the pliant coordination of many thousands of people, urban societies have developed a wide range of methods to control urban behavior. These include regulations that control private land use, building construction and maintenance (to minimize fire risk), and the production of pollution and noise.

* pliant 유순한

The social conditions in large, industrial cities made urban societies __(A)__ the informal controls of the village or small town, introducing __(B)__ measures to effectively induce coordinated urban behaviors.

(A)	(B)
① limit	permissive
② maintain	restrictive
③ evaluate	indirect
④ remove	restrictive
⑤ reinforce	permissive

4. 다음 글의 내용을 한 문장으로 요약하고자 한다. 빈칸 (A), (B)에 들어갈 말로 가장 적절한 것은?

In one revealing series of studies, researchers from the Julius-Maximilians University of Wurzburg, Germany, enrolled test subjects in a well-known experiment called "die under the cup." In the experiment, participants make a series of die rolls under a cup, the results of which only they can see, and then report their results anonymously. Participants were told they would earn money depending on the outcome of their rolls, with higher rolls rewarded more favorably. To ensure appropriate conditions, the researchers varied the time participants had to report their results. In the first round, they asked participants to report their results immediately. In the second, they were instructed to do so after a short delay. The results were clear, supporting what many researchers have long suspected: the results reported immediately were more honest than those reported after a delay, suggesting that honesty is a more instinctive response and showing that dishonesty takes greater cognitive effort.

* die 주사위

In one experiment, the subjects were more likely to produce __(A)__ responses when they were given a delay to respond, which implies that honesty is a response that is made __(B)__.

(A)	(B)
① false	consciously
② sincere	instantly
③ consistent	voluntarily
④ unfavorable	cognitively
⑤ untruthful	spontaneously

5. 다음 글의 내용을 한 문장으로 요약하고자 한다. 빈칸 (A), (B)에 들어갈 말로 가장 적절한 것은?

In one study, researchers gave more than five hundred visitors to an art museum a special glove that reported their movement patterns along with physiological data such as their heart rates. The data showed that when people were not distracted by chatting with companions, they actually had a stronger emotional response to the art. Of course, there's nothing wrong with chatting and letting the art slide past, but think of the inspiration those museum visitors missed out on. Then apply that to life in general. When we surround ourselves with other people, we're not just missing out on the finer details of an art exhibition. We're missing out on the chance to reflect and understand ourselves better. In fact, studies show that if we never allow ourselves to be alone, it's just plain harder for us to learn. Other research found that young people who cannot stand being alone were less likely to develop creative skills like playing an instrument or writing because the most effective practice of these abilities is often done while alone.

* physiological 생리적인

The study above shows __(A)__ conversation with companions while exploring an art museum intensifies emotional response to art, suggesting that absence of alone time may __(B)__ personal growth and learning.

	(A)	(B)
①	avoiding	inhibit
②	recalling	restrain
③	preventing	enhance
④	facilitating	nurture
⑤	dominating	minimize

6. 다음 글의 내용을 한 문장으로 요약하고자 한다. 빈칸 (A), (B)에 들어갈 말로 가장 적절한 것은?

A serious deterioration in people's working lives would be deeply disturbing to the social order. Indeed, few consequences of technological change would be as dangerous. Today, the world of work is the main way that we share out the fruits of growth: for most people, their job is their main, if not their only, source of income. Technological unemployment would weaken that longstanding arrangement, encouraging an even more extreme version of inequality in which some people receive more income than others and many receive nothing at all. Nor would the disturbance be only economic. For many people, their work is both a source of income and of meaning. And with that in mind, the threat is even broader: not only that the labor market might be hollowed out, leaving some unable to find a good job and a reliable income, but that this sense of fulfilment that some people are fortunate to feel in their jobs might be hollowed out as well, leaving them unable to find purpose and live a satisfying life.

* deterioration 악화

** hollow 속이 비게 하다

By creating unemployment, technology would upset the social order, affecting the __(A)__ of wealth and possibly eliminating the emotional __(B)__ that some discover in work.

	(A)	(B)
①	distribution	emptiness
②	distribution	rewards
③	concentration	conflicts
④	investment	challenges
⑤	investment	growth

정답 및 해설

연습문제

1. 정답 ①

해석

빠르게 증가하는 엄청난 양의 데이터는, 크고 많은 데이터 저장소에 수집되고 저장되어, 우리 인간이 효과적인 도구 없이는 이해할 수 있는 능력을 훨씬 뛰어 넘었다. 결과적으로, 대규모 데이터 저장소에서 수집된 데이터는 '데이터 무덤', 즉 찾는 사람이 거의 없는 데이터 보관소가 된다. 중요한 의사 결정이 종종 데이터 저장소에 저장된 정보가 풍부한 데이터가 아닌 의사 결정자의 직관에 기반하여 내려지기도 하는데. 이는 단지 의사 결정자가 방대한 양의 데이터에 숨겨진 가치 있는 지식을 추출할 수 있는 도구를 가지고 있지 않기 때문이다. 전문가 시스템과 지식 기반 기술을 개발하려는 노력이 있어 왔는데. 이는 일반적으로 사용자나 분야별 전문가가 지식을 '수동으로' 지식 기반에 입력하는 것에 의존한다. 이 방법은 편견과 오류를 일으키기 쉽고 비용과 시간이 엄청나게 든다. 점점 더 벌어지는 데이터와 정보 간의 격차로 인해 데이터 무덤을 지식의 '금괴'로 바꿀 수 있는 도구의 체계적인 개발이 요구된다.

→ 저장소에 저장된 방대한 양의 데이터는 인간의 이해를 (A) 압도하기 때문에, 더 나은 의사 결정을 위해 가치 있는 지식을 (B) 얻기 위한 효과적인 도구가 요구된다.

해설

대규모 데이터 저장소에 저장된 방대한 양의 데이 터가 인간의 이해 능력을 초과하고 있어서, 종종 중요한 의사 결정이 의사 결정자의 직관에 기반하여 내려지기도 하는데, 이 문제를 해결하기 위해서는 데이터를 가치 있는 지식으로 변환할 수 있는 효과적인 도구의 개발이 필요하다는 내용의 글이다. 따라서 요약문의 빈칸 (A)에는 'overwhelm (압도하다)'이 (B)에는 'obtain(얻다)'이 가장 적절하다.

어휘

tremendous 엄청난 numerous 수많은 exceed 뛰어넘다, 초과하다 tomb 무덤 archive (기록) 저장소 instinct 직관 extract 추출하다 typically 일반적으로 domain 분야 manually 수동으로 procedure 방법, 절차 systematic 체계적인

2. 정답 ①

해석

오른쪽과 왼쪽의 방향을 구분하라고 요구받으면 어린아이는 당황할 수 있다. 하지만 그 아이는 위아래나 앞뒤의 방향을 알아내는 데에는 전혀 어려움이 없을 것이다. 과학자들은 이것이 발생하는 이유는, 비록 우리가 세 가지 차원을 경험하지만, 두 가지만이 우리의 진화에 강력한 영향을 미쳤기 때문이라고 주장하는데, 그것들은 중력에 의해 정의되는 수직적 차원과 이동하는 종의 감각과 먹이 섭취 메커니즘의 배치로 정의되는 앞뒤 차원이다. 이것들은 수직 대 수평, 원거리 대 근거리에 대한 우리의 지각과 (독수리와 같은) 위로부터의 또는 (뱀과 같은) 아래로부터의 위험 탐색에 영향을 미친다. 그러나 좌우 축은 자연에서는 그만큼 중요하지 않다. 곰은 그것의 왼쪽 편에서든 오른쪽 편에서든 똑같이 위험하지만, 거꾸로 뒤집혀 있다면 그렇지 않다. 사실, 우리가 식물, 동물, 그리고 자동차나 도로 표지판과 같은 인간이 만든 물체가 포함된 장면을 관찰할 때, 만약 그 인공적인 물체들을 관찰한다면 좌우가 뒤바뀐 것을 겨우 구별할 수 있을 뿐이다.

→ 우리의 (A) 공간 지각의 진화에 영향을 미쳤기 때문에. 수직적 차원과 앞뒤 차원은 쉽게 인식되지만. 자연에서 (B) 유의미하지 않은 좌우 축은 우리에게 즉각 이해되지 않는다.

해설

인간이 경험하는 세가지 차원에서 수직적 차원과 앞뒤 차원은 우리의 진화에 강력한 영향을 미쳤기 때문에 아이들이 위아래나 앞뒤를 알아내는 데는 전혀 어려움이 없지만, 좌우측은 자연에서 그다지 중요하지 않기 때문에 아이들은 좌우를 잘 인식하지 못한다는 내용의 글이다. 따라서 요약문의 빈 칸 (A)에는 'spatial(공간의)'이,

(B)에는 'significant(유의미한)'가 가장 적절하다.

어휘

puzzle 당황하게 하다 distinguish 구분하다 dimension 차원 evolution 진화 vertical 수직의 gravity 중력 positioning 배치 horizontal 수평의 relevant 중요한, 유의미한 equally 똑같이 upside down 거꾸로, 거꾸로 뒤집혀 invert 뒤바꾸다 artificial 인공적인

3. 정답 ②

해석

감정과 의사결정에 관한 연구는 이제 상당히 중요하다. 이것은 신경과학에 의해 제공되는 다양한 도구의 적용을 포함한다. 문헌의 한 가지 중요한 흐름은 뇌 손상이 있는 사람과 특정 인지 기능을 담당하는 것으로 알려진 뇌의 특정 부분 손상이 의사결정에 어떻게 영향을 주는지 고찰하는 것이다. 이러한 연구의 한 예는 Antonio Damasio의 연구인데, 그는 뇌의 감정적인 부분이 손상되면, 이것이 실제로 의사결정의 효율성을 감소시킨다는 것을 발견한다. 좋은 결정은 뇌의 감정적인 부분이 숙고적인 부분과 함께 작용하는 결과물이다. 이것은 전통적인 경제학의 가정과 모순되는데, 그것에서는 감정이 의사결정 과정에서 부정적인 역할을 한다. 여기서는 의사결정이 냉정하고, 감정적이지 않은 방식으로 이루어지는 것으로 모델링될 수 있고, 그렇기 때문에 결정이 최적인 경향이 있다고 가정된다. 그러나 증거는 감정은 실제로 의사결정에 중요하고, 종종, 긍정 적인 역할을 한다는 것을 시사한다.

→ 뇌의 숙고적인 부분과 함께 작용하는 뇌의 감정적인 부분이 의사결정의 효율성을 (A) 향상시키며, 이것은 전통적인 경제학의 의사결정 과정에 서의 감정에 대한 생각에 (B) 반한다.

해설

Antonio Damasio의 연구는 뇌의 감정적인 부분이 손상되면, 이것이 실제로 의사결정의 효율성을 감소시킨다는 것을 발견하였는데, 이는 전통적인 경제학에서 감정이 의사결정 과정에서 부정적인 역할을 한다고 가정한 것과 반대이고, 좋은 의사결정은 뇌의 감정적인 부분이 숙고적인 부분과 함께 작용하는 결과물이라는 내용의 글이다. 따라서 요약문의 빈칸 (A)에는 'enhances(향상시키다)'가, (B)에는 'counters(반하다)'가 들어가는 것이 가장 적절하다. 그러므로 정답은 ②이다.

어휘

application 적용 afford 제공하다 neuroscience 신경과학 stream 주류, 학파 particular 특정한 responsible 책임 있는 cognitive 인지의 impact 영향을 미치다 conjunction 연결, 연합 efficacy 효험, 능률 deliberative 깊이 생각하는 assumption 가정 conventional 전통적인 assume 가정하다, 추정하다 generate 발생하다 stoic 금욕의 tend to ~하는 경향이 있다 optimal 최적의

4. 정답 ⑤

해석

많은 것들은 부러움을 불러일으킨다: 소유권, 지위, 건강, 젊음, 재능, 인기, 아름다움. 이것은 신체적 반응이 동일하기 때문에 종종 질투와 혼동된다. 차이점: 부러움의 대상은 사물(지위, 돈, 건강 등)이다. 질투의 대상은 제3자의 행동이다. 부러움은 두 사람을 필요로 한다. 반면, 질투는 세 사람을 요구한다: Peter는 옆집의 예쁜 여자가 자기가 아니라 Sam에게 전화를 걸기 때문에 그를 질투한다. 역설적이게도, 부러움을 가질 때 우리는 나이, 경력, 거주지에 있어서 우리와 가장 비슷한 사람들에게 불쾌감을 향하게 한다. 우리는 지지난 세기의 사업가들을 부러워하지 않는다. 우리는 지구 반대편의 백만장자를 부러워하지 않는다. 작가로서 나는 음악가, 매니저 또는 치과 의사가 부럽지 않지만 다른 작가들을 부러워한다. CEO로서 당신은 다른, 더 큰 CEO들을 부러워한다. 슈퍼 모델로서 당신은 더 성공한 슈퍼 모델들을 부러워한다. 아리스토텔레스는 이를 알고 있었다: '도공은 도공을 부러워한다.'

→ 질투는 세 당사자를 포함하며, 제3자의 (A) 행동에 초점을 맞추는 반면, 부러움은 개인적 상황이 가장 (B) 비슷한 두사람을 포함하고, 한 사람이 다른 사람을 불쾌하게 여기는 상태이다.

해설

이 글은 부러움(Envy)과 질투(Jealousy)의 차이점을 다루고 있다. 부러움의 대상은 사물이고, 두 사람을 필요로

하는 반면, 질투의 대상은 제3자의 행동이며, 세 사람을 요구한다고 언급하고 있고, 또한 부러움은 나이, 경력, 거주지 등이 가장 비슷한 사람들을 향하며, 우리는 그들에 대해 불쾌하게 생각한다고 말하고 있다. 따라서 요약문의 빈칸 (A)에는 'actions(행동)'가, (B)에는 'like(비슷한)'가 들어가는 것이 가장 적절하다.

어휘

envy 부러움; 부러워하다 ownership 소유권 status 지위 jealousy 질투 identical 동일한 paradoxically 역설적으로 resentment 불쾌감 residence 거주지 potter 도공, 옹기장이

5. 정답 ①

해석

사람들은 어떤 생각을 할 때 매우 예측할 수 있는 방식으로 행동한다. 그들은 동의하면, 고개를 끄덕인다. 여기까진 놀랄 일은 아니지만 '고유 수용 심리학'으로 알려진 한 연구 분야에 따르면, 그 과정은 반대로도 작용한다. 사람들을 특정 방식으로 행동하게 하면 당신은 그들이 특정한 생각을 갖게 한다. 그 생각은 처음에는 논란의 여지가 있었지만, 다행히도 설득력 있는 실험으로 뒷받침되었다. 한 연구에서 참가자들은 큰 컴퓨터 화면을 가로질러 움직이는 다양한 제품들에 시선을 고정하고 그 제품들이 그들에게 매력적인지 아닌지를 나타내 달라고 요청받았다. 어떤 제품들은 수직으로 움직였고(참가자들이 보는 동안 고개를 끄덕이게 하면서), 다른 제품들은 수평으로 움직였다(좌우로 머리를 움직이게 하면서). 참가자들은 자신의 '네'와 '아니오'의 머리 움직임이 결정에 있어서 핵심적인 역할을 했다는 사실을 인지하지 못한 채 수직으로 움직이는 제품을 선호했다.

→ 한 연구에서, 참가자들은 그들의 머리를 위아래로 움직일 때 컴퓨터 화면에 나오는 제품들에 (A) 호의적으로 반응했는데, 이것은 그들의 결정이 그들의 (B) 행동에 의해서 무의식적으로 영향을 받았다는 것을 보여 주었다.

해설

사람들을 특정 방식으로 행동하게 하면 그들이 특정 생각을 갖게 된다고 했고, 실험에서 참가자들은 컴퓨터 화면에 나온 다양한 제품을 보면서 어떤 제품은 고개를 끄덕이게 하고 다른 제품은 고개를 좌우로 흔들게 했을 때 고개를 끄덕인 제품을 선호했다고 했다. 이는 머리를 끄덕이면서 본 제품에는 호의적으로 반응했고, 이것은 행동이 그들의 결정에 영향을 준 것으로 볼 수 있으므로, 요약문 빈칸 (A)에는 'favorably(호의적으로)'가, 빈칸 (B)에는 'behavior(행동)'가 들어가야 한다. 정답은 ①이다.

어휘

predictable 예측할 수 있는 proprioceptive 자기 수용의 in reverse 반대로 initially 처음에 controversial 논란이 많은 fortunately 다행스럽게도 compelling 설득력 있는 participant 참가자 fixate 고정하다 indicate 나타내다 vertically 수직으로 horizontally 수평으로, 가로로 play a role 역할을 하다

6. 정답 ②

해석

어미 고양이는 어느 새끼 고양이가 자신의 것인지를 구별할 수 있는데, 새끼들이 섞여 있으면 그것들은 자신의 새끼 고양이를 다른 어미 고양이의 새끼와 구별하기 위해 자기 새끼 고양이의 냄새를 사용한다. 이 사실에도 불구하고, 보금자리에서 벗어나 헤매는 그녀 자신의 것과 그녀의 것이 아닌 새끼 고양이들을 선별하는 상황을 직면했을 때 어미 고양이는 새끼들을 되찾아올 때 자기 자신의 새끼를 편애하는 것으로 보이지 않는다. 비록 보금자리에서 길을 잃은 새끼 고양이의 조난 발성이 매우 강력하다고 알려져 있고, 그래서 자신의 새끼인지의 여부와 상관없이 어미가 새끼들을 되찾아오는 것을 거부하는 것이 어려울 수 있음에도 불구하고, 이것에 대한 이유는 불확실하다. 야생에서는, 외부 개방된 곳에서 끽 하는 소리를 내는 새끼 고양이는 포식자를 유인할 가능성이 높은데, 이는 그것 주변의 다른 어떤 새끼 고양이들에게도 나쁜 소식이다. 어떤 울고 있는 새끼 고양이라도 신속하게 구조하는 것은 원치 않는 관심을 끄는 것을 막는 좋은 전략일 것이다.

→ 어미 고양이들이 자기 자신의 새끼를 식별할 수 있음에도 불구하고, 그들은 아마도 포식자들에 의해 (B) 탐지될 가능성을 줄이기 위해 길을 잃고 우는 어떠한 새끼

고양이들이라도 (A) 데려올 가능성이 크다.

해설

어미 고양이는 자신의 새끼를 식별할 수 있음에도 불구하고, 둥지 밖에서 우는 새끼 고양이들을 자신의 새끼가 아니더라도 모두 데려오는 경향이 있다. 이는 우는 소리가 포식자에게 노출되어 다른 새끼들까지 위험해지는 것을 막기 위한 생존 전략일 수 있다는 내용의 글이므로, 요약문의 빈칸 (A)에는 'collect(데려오다)', (B)에는 'detected(탐지되다)'가 들어가는 것이 가장 적절하다.

어휘

kitten 새끼 고양이 Utter 한 배에서 난 새끼들 scent 냄새 distinguish 구별하다 offspring 자손 wander 배회하다 nest 보금자리 favor 선호하다 retrieve 되찾다 distress 조난, 고통 vocalization 발성 resist 저항하다 regardless of ~에도 불구하고 squeak 끽(찍) 하는 소리를 내다 attract 유인하다 predator 포식자 rescue 구하다

수능대비

1. 정답 ①

해석

메타 알고리드믹, 즉 다른 알고리듬들을 생성하는 알고리듬들의 생성도 인간의 창조물이라고 가정할 수도 있다. 뒤따라서 새로운 알고리듬들을 생성하는 최초의 알고리듬을 인간 프로그래머가 만들어 냈음에 틀림없고, 그 자체로 그 최초의 프로그래머가 원래의 아이디어를 통제하고 있어야 한다. 그러나 이것이 반드시 사실은 아니다. 창시자가 아이디어의 지적 소유자인, 인간적 능력 내에서 생각해 낸 아이디어와는 다르게, 알고리듬은 결과적으로 다른 행동을 만들어 내는 일련의 행동을 정의하고, 설명하며, 실행하는 과정이다. 행동의 이송 중에 원래 의도와 실제 결과 간 불일치가 발생하는 것이 가능하다. 만일 그것이 발생한다면, 그때는 정의상으로는 알고리듬의 창시자는 결과로 나타난 과정을 통제하고 있지 않고, 따라서 그 시점부터는 (그것을) 지적으로 소유하지 않게 된다. 이론적으로, 아이디어의 소유권은 그 결과의 예측 가능성, 즉 그것의 지적 통제와 본질적으로 연결되어 있다. 그러므로 인간 통제의 부재 속에서, 대신 알고리듬 과정의 소유권은 그것을 만들어 냈던 장치, 즉 컴퓨터의 공으로 돌아가야 한다.

→ 지적 소유권의 새로운 개념은 메타 알고리드믹에 의해 만들어졌는데, 알고리듬이 인간 프로그래머에게 (A) 예측할 수 없는 결과물을 만들 수 있어 잠재적으로 소유권을 컴퓨터 그 자체의 (B) 때문이라 여긴다.

해설

알고리듬을 생성하는 메타 알고리듬이 인간의 창작물이라고 여겨질 수 있지만, 알고리듬 과정에서 원래 의도와 실제 결과 사이에 차이가 발생할 수 있으며, 이 경우 결과에 대한 지적 통제력과 소유권은 인간이 아닌 컴퓨터의 공으로 돌아가야 한다고 했다. 따라서 요약문의 빈칸 (A)에는 'unpredictable(예측할 수 없는)'이 (B)에는 'attributing(~때문이라 여기다)'이 들어가는 것이 적절하다. 따라서 정답은 ①이다.

어휘

compose 생성하다 initial 최초의 conceive 생각해 내다 intellectual 지적인 implement 실행하다 theoretically 이론적으로 predictability 예측 가능성 be credited to ~의 공으로 인정되다 outcome 결과 attribute A to B A를 B 때문이라 여기다

2. 정답 ①

해석

'뇌 가소성'은 우리가 신경 과학에서 사용하는 용어이다. 의도적이든 아니든 간에 '가소성'은 핵심 개념이 뭔가를 한 번 성형하고 그것을 그대로 영원히 유지하는 것이라고 시사한다. 즉, 플라스틱 장난감의 모양을 만들고 다시는 그것을 바꾸지 않는 것이다. 그러나 그것은 뇌가 하는 것이 아니다. 뇌는 여러분의 생애 내내 그 자신을 재성형하는 것을 계속한다. 개발 중인 도시를 생각해 보라. 그리고 그것이 성장하고, 진보하고, 주변의 세상에 반응하는 방식에 주목하라. 그 도시가 어디에 그것의 트럭 정류장을 만들고, 어떻게 그것의 이민정책을 공들여 만들고, 어떻게 그것의 교육과 법률 체계를 수정하는지 관찰하라. 도시는 항상 변화하고 있다. 도시는 도시 계획자들에 의해 설계되고 나서 플라스틱 물건처럼 고정되지 않

는다. 그것은 계속해서 발전한다. 도시와 마찬가지로, 뇌는 결코 종점에 도달하지 않는다. 심지어 우리는 목표물이 움직이더라도, 무언가를 향해 번성하며 삶을 보낸다. 여러분이 몇 년 전에 쓴 일기를 우연히 발견했을 때의 감정을 생각해 보라. 그것은 지금의 여러분과는 약간 다른 누군가의 생각, 견해, 그리고 관점을 보여 주며, 그 이전의 사람은 때때로 거의 몰라볼 정도의 사람이라고 말할 수 있다. 똑같은 이름과 똑같은 초기 역사가 있음에도 불구하고, 새겨진 글과 해석 사이의 세월 동안 화자가 달라졌다. '플라스틱'이라는 단어는 이런 진행 중인 변화의 개념에 맞도록 확장될 수 있다.

→ 어떤 사람들은 성형되자마자 '뇌 가소성'이 (A) 영속성을 의미한다고 이해하는 반면, 뇌는 실제로 (B) 할 수 있다.

해설

가소성은 한 번 성형되면 그대로 영원히 유지하는 것을 시사해서 '뇌 가속성'이 뇌가 변하지 않는다는 것을 의미한다고 생각할 수 있지만, 뇌는 플라스틱 물건처럼 고정되지 않고 평생 자기를 재성형하는 것을 계속한다고 했으므로, 요약문의 빈칸 (A)에 'permanence(영속성)'가, (B)에는 'transformation(변화)'이 들어가는 것이 적절하다.

어휘

plasticity 가소성 neuroscience 신경과학 modify 수정하다 immobilize 고정시키다 blossom 번성하다 encounter 맞닥뜨리다, 부딪히다 border on ~에 아주 가깝다(거의 ~와 같다) unrecognizable 알아볼 수 없는 narrator 화자, 내레이터 alter 변하다; 바꾸다 ongoing 진행 중인

3. 정답 ④

해석

큰 산업 도시의 출현은 흔히 도시화로 알려진 사회적 결과를 가져왔다. 도시는 마을이나 소도시의 비공식적인 통제를 해체한다. 대부분의 도시 거주자는 서로 잘 모르고, 도시에서의 대부분의 사회적 상호 작용은 주차 안내원, 가게 점원, 혹은 고객 같은 특정한 역할로만 서로 아는 사람들 사이에서 일어난다. 개인들은 자기가 바라는 대로, 그리고 사회 규범에서 벗어나는 방식으로 더 자유롭게 살 수 있게 되었다. 이에 대한 대응으로, 도시 생활의 높은 밀도가 수천 명의 유순한 조정을 요구하기 때문에 도시 사회는 도시 행동을 통제하기 위해서 매우 다양한 방식을 개발했다. 이것에는 토지의 사적사용, (화재 위험의 최소화를 위한) 건물 건설과 보수, 오염과 소음 발생을 통제하는 규제가 포함된다.

→ 큰 산업 도시의 사회적 환경은 도시 사회가 마을이나 소도시의 비공식적인 통제를 (A) 제거하고 조정된 도시 행동을 효과적으로 유도하기 위해 (B) 규제하는 조치를 도입하게 했다.

해설

큰 산업 도시의 출현으로 도시화가 이루어졌는데, 도시는 마을이나 소도시의 비공식적인 통제를 없애고 도시 생활의 높은 밀도가 수천 명의 유순한 조정을 필요로 해서 도시 사회는 도시 행동을 통제하는 규제 조치를 도입했다고 했다. 따라서 요약문의 빈칸 (A)에는 remove(제거하다)가, (B)에는 restrictive(규제하는)가 들어가야 하므로, 정답은 ④이다.

어휘

urbanism 도시화 dissolve 해체하다 informal 비공식적인 interaction 상호작용 specific 특정한, 구체적인 parking attendant 주차 안내원 density 밀도 coordination 조정 regulation 규제 minimize 최소화하다 pollution 오염 effectively 효과적으로 induce 유도하다 coordinate 조정하다

4. 정답 ⑤

해석

흥미로운 사실을 보여 주는 일련의 연구에서, 독일 Wurzburg의 Julius-Maximilians 대학의 연구자들은 '컵 밑의 주사위'라고 불리는 잘 알려진 실험에 피험자를 등록시켰다. 그 실험에서 참가자들은 컵 밑에 연속적으로 주사위를 굴리는데, 오직 그들만 그것의 결과들을 볼 수 있으며, 그 다음에는 익명으로 자신들의 결과들을 보고한다. 참가자들은 자신들이 굴린 것의 결과에 따라서 돈을 받을 것이며, 굴려서 나온 숫자들이 더 높을수록 더 많이 보상받는다는 사실을 들었다. 적절한 조건을 보장하기 위해서 연구자들은 참가자들이 자신들의 결과들을 보고해야 하는 시간을 다르게 했다. 첫 번째 라운드에서

그들은 참가자들이 자신들의 결과들을 즉시 보고하도록 요청했다. 두 번째에서는, 그들은 잠시 지연 후에 그렇게 하도록 지시받았다. 그 결과는 명확했는데, 이는 많은 연구자들이 오랫동안 생각해 왔던 것을 뒷받침한다. 즉, 즉시 보고된 결과들은 지연 후에 보고된 것들보다 더 정직했는데, 이는 정직함이 더 본능적인 반응임을 시사하고 정직하지 않음은 더 많은 인지적 노력이 필요하다는 것을 보여 준다.

→ 한 실험에서, 그 피험자들은 반응하기 위한 지연 시간이 주어졌을 때 (A) 진실이 아닌 반응을 할 가능성이 더 높았는데, 이는 정직함이 (B) 즉흥적으로 이루어지는 반응이라는 것을 의미한다.

해설

컵 밑에서 주사위 굴려 익명으로 높은 숫자를 보고하면 더 돈을 많이 받는 실험에서 즉시 결과를 보고하게 한 그룹은 더 정직했고 잠시 지연 후에 보고하게 한 그룹은 거짓 보고가 더 많았다고 했는데 이는 정직함은 본능적인 반응이고 정직하지 않음은 더 많은 인지적 노력이 필요한 것임을 의미한다고 했 다. 따라서 요약문 빈칸 (A)에는 'untruthful(진실이 아닌)'이 (B)에는 'spontaneously(즉흥적으로)'가 들어가는 것이 적절하다.

어휘

enroll 등록하다 anonymously 익명으로 outcome 결과 reward 보상하다 favorably 유리하게 appropriate 적절한 immediately 즉시 instruct 지시하다 instinctive 본능적으로 respond 반응 cognitive 인지적인 imply 암시하다, 의미하다

5. 정답 ①

해석

한 연구에서 연구자들은 500명 이상의 한 미술관 방문객들에게 심박수와 같은 생리학적인 데이터와 함께 그들의 움직임 패턴을 보고하는 특별한 장갑을 주었다. 그 데이터는 사람들이 동행자들과 수다를 떠는 것에 의해 주의를 빼앗기지 않을 때 그들이 실제로 예술품에 더 강한 감정적인 반응을 가진다는 것을 보여 주었다. 물론 수다를 떨고 예술품을 지나치는 것은 잘못된 것이 아니지만 그 미술관 방문객들이 놓친 영감을 생각해 보라. 그 다음에 그것을 일반적인 삶에 적용하라. 우리가 다른 사람들과 함께 있을 때 우리는 단지 미술 전시회의 더 세부적인 사항을 놓치고 있는 것만이 아니다. 우리는 자신을 더 잘 성찰하고 이해할 수 있는 기회를 놓치고 있는 것이다. 실제로 연구들은 만약 우리가 혼자 있는 것을 결코 허용하지 않는다면 우리가 배우는 것이 분명히 더 어렵다는 것을 보여 준다. 다른 연구는 혼자 있는 것을 견디지 못하는 젊은이들이 악기 연주나 글쓰기와 같은 창의적인 기술을 개발할 가능성이 적었는데 왜냐하면 이러한 능력들의 가장 효과적인 연습이 대체로 혼자 있을 때 행해지기 때문이라는 것을 발견했다.

→ 위의 연구는 미술관을 관람하면서 동행자와의 대화를 (A) 피하는 것이 예술품에 대한 정서적 반응을 강화한다는 것을 보여 주며, 혼자만의 시간의 부재가 개인의 성장과 배움을 (B) 저해할 수 있음을 시사한다.

해설

한 연구에서 사람들이 미술관을 관람하면서 동행자와의 대화를 피하는 것이 예술품에 대한 더 강한 정서적 반응을 보여 주었다. 물론 수다를 떨고 예술품을 지나치는 것이 잘못된 것은 아니지만, 우리가 혼자 있는 것을 결코 허용하지 않는다면, 우리가 배우는 것이 분명히 더 어렵다는 내용의 글이므로, 요약문의 빈칸 (A)에는 avoiding(피하는 것), (B)에는 inhibit(저해하다)이 들어가는 것이 적절하다. 따라서 정답은 ①이다.

어휘

slide past 지나치다 inspiration 영감 miss out on ~을 놓치다 apply 적용하다 in general 일반적인, 일반적으로 surround oneself with ~와 함께 있다 finer 더 미세한 detail 세부사항 art exhibition 미술 전시회 reflect 성찰하다 just plain 분명히, 있는 그대로 stand 견디다 be less likely to ~할 가능성이 더 적다 instrument 악기 explore 관람하다 intensify 강화하다 suggest 시사하다 absence 부재 inhibit 저해하다 recall 회상하다 facilitate 촉진하다 nurture 양육하다

6. 정답 ②

해석

사람들의 직장 생활에서의 심각한 악화는 사회질서를 매

우 불안하게 만들 것이다. 실제로 기술 변화의 결과 중 그만큼 위험한 것은 거의 없다. 오늘날 일의 세계는 성장의 결실을 분배하는 주요한 방식이며, 대부분의 사람들에게 일은 유일하지는 않더라도, 주요한 소득의 원천이다. 기술로 인한 실업은 이 오랜 구조를 약화시킬 수 있고, 어떤 사람들은 다른 사람들보다 더 많은 소득을 받고 많은 이들은 전혀 아무것도 받지 못하는 훨씬 더 심각한 형태의 불평등을 조장할 것이다. 불안이 그저 경제적인 것에만 그치는 것도 아니다. 많은 사람에게 그들의 일은 소득과 의미의 원천이다. 그리고 그것을 고려한다면, 그 위협은 훨씬 더 넓어지는데, 노동 시장의 속이 비게 되어 일부 사람들이 좋은 일자리나 안정적인 소득을 얻지 못하게 될 수 있을 뿐만 아니라, 일부 사람들이 운 좋게도 직업에서 느끼던 이런 성취감도 또한 비게 되어, 그들이 삶의 목적을 찾지 못하고 만족스러운 삶을 살아가지 못하게 될 수 있다.

→ 실업을 일으킴으로써, 기술은 사회질서를 뒤흔들어 부의 (A) 분배에 영향을 미치고, 아마 어떤 사람들이 일에서 발견한 감정적 (B) 보상까지 제거할 것이다.

해설

기술 발전으로 인한 일자리 감소가 소득 불평등과 삶의 의미의 상실을 일으켜 사회 질서를 심각하게 위협할 수 있다는 내용의 글로, 요약문의 빈칸 (A) 에는 'distribution(분배)', (B)에는 'rewards(보상)'가 들어가야 한다. 따라서 정답은 ②이다.

어휘

deterioration 악화 disturbing 불안하게 만드는 social order 사회질서 income 소득, 수입 unemployment 실업 longstanding 오랜 기간 유지된 arrangement 구조, 체계 inequality 불평등 hollow 속이 비게 하다 fulfilment 성취, 실현 source 원천 eliminate 제거하다

14. 빈칸추론

수능 문제에서 빈칸은 최고난이도에 속하는 유형으로 31-34번까지 4문제가 출제된다.

1) 빈칸 유형의 특징

- 빈칸은 단어가 아니라 논지의 자리로, **글쓴이가 가장 하고싶은 말**(중심내용)이 정답이 된다.
  "이 자리에 왜 이 말이 들어가야 하는가"를 설명할 수 있어야 정답이 된다.
- 빈칸 앞/뒤 2~3문장이 90%의 힌트를 제시한다.
- 빈칸은 중립적인 내용이 제시되지 않고, **주장, 비판, 경고, 제안 같은 감정이나 평가 태도**가 들어가는 게 일반적이다. 예시는 절대 답으로 출제되지 않고, 예시를 추상화한 문장이 정답이 된다.
- 선택지는 '맞는 말'이 아니라 **'맞는 자리'**이다. 사실 관계가 맞아도 지문에서 할 역할이 다르면 오답이 된다. "이 문장이 이 위치에 들어가야 하는가?"로 판단해야 한다.

빈칸추론 지문 구조, 논지, 논리 흐름을 종합적으로 묻는 유형으로 다음과 같은 대표 유형으로 나눌 수 있다.

① 주제, 요지형 빈칸

빈칸이 서두 또는 결론부에 위치하고 글의 전체 핵심 주장, 중심 생각으로 묻는 유형이다.
일반론 → 구체 설명 구조가 많이 출제되고, 반복되는 명사와 필자의 평가, 주장 어휘(argue, suggest, emphasize 등)에 주의해야 한다.

② 결론, 요약형 빈칸

앞 문단 전체를 한 문장으로 압축하는 유형으로 빈칸 앞에 However/Therefore/Thus/In short 등이 자주 등장한다.
대조구조가 있으면 후반 방향이 정답으로 제시된다.

③ 논리 연결어 중심 빈칸

문장 간 논리 관계를 묻는 유형으로, 접속부사, 전환 표현이 힌트 역할을 하며, 정답은 "앞/뒤 문장 사이 역할"을 설명하는 것이 된다.

주요 논리관계

- 원인 - 대조
- 대조 - 양보
- 일반 - 구체

④ 예시 종합형 빈칸

빈칸 뒤로 여러 예시가 제시되고, 공통으로 뒷받침하는 내용이 정답이 된다.
예시를 추상화하는 선지가 정답이며, 예시 단어 그대로 사용하는 선지는 오답 가능성이 높다.

⑤ 대조, 반전 구조 빈칸

통념/반박의 구조로 앞 부분에 통념을 제시한 후, 뒷부분에 필자의 주장이 제시되는 구조이다. 앞 부분은 '버리는 내용'이 되고, 반전 이후의 문장이 정답이 된다.

But/Yet/However/Unlike/Contrary to 등이 반전의 단서로 제시된다.

⑥ 원인, 결과 추론형 빈칸

현상의 이유나 결과를 묻는 유형으로 원인만 찾거나 결과만 찾는 단선적 해석은 금물이고 인과 흐름 전체를 파악해야 한다.

Because/lead to/bring about/result in/due to 등 등이 단서로 제시된다.

⑦ 어휘, 표현 선택형 빈칸(고난이도)

보통 선택지 모두 문법적으로 가능한데, 단어의 뜻이 아니라 논지 일치 여부로 판단해야 한다.

평가, 태도, 뉘앙스에 주의해야 한다.

2) 문제풀이 순서

step 1. 빈칸 위치 확인

- 서두: 주제/문제 제기
- 중간: 논리 연결, 전환
- 결론: 요지, 결론

step 2. 빈칸 앞/뒤 문장에 집중

"이 문장은 무슨 말을 하려고 하는가?"

- 문제 제기?
- 반박?
- 요약?

step 3. 빈칸 뒤 문장 성격 파악

- 예시인가?
- 설명인가?
- 결과인가?

뒤 문장이 예시이면, 빈칸은 일반적 주장이 된다.

step 4. 글 전체 논지 한 줄로 요약

"이 글은 결국 ~가 중요하다/문제다/한계가 있다"로 요약해서 정답의 범위를 좁힌다.

step 5. 선택지 '역할 검사'

선택지마다 이 문장이 여기 들어가면,

- 앞 문장과 자연스럽게 이어지는가?
- 뒤 문장을 논리적으로 설명하는가?

각각의 선택지를 역추론해서 답이 안되는 이유를 찾아서 하나씩 소거한다.

step 6. 감정, 방향성 최종 확인

긍정/부정/경고/중립(절충) 중 어디?

글 전체 톤과 불일치하는 선지는 소거한다.

예시

1. 다음 빈칸에 들어갈 말로 가장 적절한 것은?

A person may try to ____________________ by using evidence to his advantage. A mother asks her son, "How are you doing in English this term?" He responds cheerfully, "Oh, I just got a ninety-five on a quiz." The statement conceals the fact that he has failed every other quiz and that his actual average is 55. Yet, if she pursues the matter no further, the mother may be delighted that her son is doing so well. Linda asks Susan, "Have you read much Dickens?" Susan responds, "Oh, Pickwick Papers is one of my favorite novels." The statement may disguise the fact that Pickwick Papers is the only novel by Dickens that she has read, and it may give Linda the impression that Susan is a great Dickens enthusiast.

① earn extra money
② effect a certain belief
③ hide memory problems
④ make other people feel guilt

정답 ②

해석

사람은 자기에게 유리하게 증거를 사용하여 어떤 믿음을 만들어 내려고 할 수 있다. 엄마가 아들에게 "이번 학기 영어는 어떻게 되어 가고 있니?"라고 질문을 한다. 그는 기분 좋게 "아, 쪽지 시험에서 95점을 받았어요"라고 대답한다. 이 말은 그가 두 번에 한 번씩 시험에서 낙제를 했으며 그의 실제 평균 점수가 55점이라는 사실을 숨기고 있다. 그러나, 만일 엄마가 그 문제를 더 이상 추구하지 않는다면, 엄마는 아들이 잘하고 있다고 기뻐할 수 있다. Linda가 Susan에게 "너는 Dickens의 작품을 많이 읽었니?"라고 묻는다. Susan이 "아, 〈피크윅 클럽의 유문록〉이 내가 제일 좋아하는 소설들 중 하나야"라고 대답한다. 이 진술은 〈피크윅 클럽의 유문록〉이 그녀가 읽은 유일한 Dickens의 소설이라는 사실을 위장하며, Linda에게 Susan이 Dickens의 열렬한 팬이라는 인상을 줄 수 있다.

① 추가적인 돈을 벌려고
② 어떤 믿음을 만들려고
③ 기억력 문제를 숨기려고
④ 다른 사람이 죄책감을 느끼게 만들려고

해설

주제문에서 사람은 자신에게 유리하게 증거를 사용해서 ____________________ 할 수 있다고 진술하고, 이어지는 글에서 아들이 실제 시험 점수가 안 좋지만 엄마가 시험을 잘 본 것으로 믿게 만들 수 있고, Susan은 Dicken의 작품을 하나만 보았지만, Linda에게 자신이 Dickens의 열렬한 팬이라는 인상을 줄 수 있다는 예를 들고 있다. 따라서 빈칸에는 자신에게 유리하게 증거를 사용해서 '어떤 믿음을 만들려고'가 들어가야 적절하다.

연습문제

1. 밑줄 친 부분에 들어갈 말로 가장 적절한 것은?

The slowing of China's economy from historically high rates of growth has long been expected to __________________ growth elsewhere. "The China that had been growing at 10 percent for 30 years was a powerful source of fuel for much of what drove the global economy forward", said Stephen Roach at Yale. The growth rate has slowed to an official figure of around 7 percent. "That's a concrete deceleration", Mr. Roach added.

① speed up
② weigh on
③ lead to
④ result in

2. 밑줄 친 부분에 들어갈 말로 가장 적절한 것은?

As more and more leaders work remotely or with teams scattered around the nation or the globe, as well as with consultants and freelancers, you'll have to give them more __________________. The more trust you bestow, the more others trust you. I am convinced that there is a direct correlation between job satisfaction and how empowered people are to fully execute their job without someone shadowing them every step of the way. Giving away responsibility to those you trust can not only make you organization run more smoothly but also free up more of your time so you can focus on larger issues.

① work
② rewards
③ restrictions
④ autonomy

3. 밑줄 친 부분에 들어갈 말로 가장 적절한 것은?

All of us inherit something: in some cases, it may be money, property or some object—a family heirloom such as a grandmothers wedding dress or a fathers set of tools. But beyond that, all of us inherit something else, something ________________________, something we may not even be fully aware of. It may be a way of doing a daily task, or the way we solve a particular problem or decide a moral issue for ourselves. It may be a special way of keeping a holiday or a tradition to have a picnic on a certain date. It may be something important or central to our thinking, or something minor that we have long accepted quite casually.

① quite unrelated to our everyday life
② against our moral standards
③ much less concrete and tangible
④ of great monetary value

4. 밑줄 친 부분에 들어갈 말로 가장 적절한 것은?

Why bother with the history of everything? ________________________. In literature classes you don't learn about genes; in physics classes you don't learn about human evolution. So you get a partial view of the world. That makes it hard to find meaning in education. The French sociologist Emile Durkheim called this sense of disorientation and meaninglessness anomie, and he argued that it could lead to despair and even suicide. The German sociologist Max Weber talked of the "disenchantment" of the world. In the past, people had a unified vision of their world, a vision usually provided by the origin stories of their own religious traditions. That unified vision gave a sense of purpose, of meaning, even of enchantment to the world and to life. Today, though, many writers have argued that a sense of meaninglessness is inevitable in a world of science and rationality. Modernity, it seems, means meaninglessness.

① In the past, the study of history required disenchantment from science
② Recently, science has given us lots of clever tricks and meanings
③ Today, we teach and learn about our world in fragments
④ Lately, history has been divided into several categories

5. 밑줄 친 부분에 들어갈 말로 가장 적절한 것은?

Excellence is the absolute prerequisite in fine dining because the prices charged are necessarily high. An operator may do everything possible to make the restaurant efficient, but the guests still expect careful, personal service: food prepared to order by highly skilled chefs and delivered by expert servers. Because this service is, quite literally, manual labor, only marginal improvements in productivity are possible. For example, a cook, server, or bartender can move only so much faster before she or he reaches the limits of human performance. Thus, only moderate savings are possible through improved efficiency, which makes an escalation of prices ________________. (It is an axiom of economics that as prices rise, consumers become more discriminating.) Thus, the clientele of the fine-dining restaurant expects, demands, and is willing to pay for excellence.

① ludicrous
② inevitable
③ preposterous
④ inconceivable

6. 다음 빈칸에 들어갈 말로 가장 적절한 것은?

In The Joy of Stress, Dr. Peter Hanson described an experiment in which two groups of office workers were exposed to a series of loud and distracting background noises. One group had desks equipped with a button that could be pushed at any time to shut out the annoying sounds. The other group had no such button. Not surprisingly, workers with the button were far more productive than those without. But what's remarkable is that no one in the button group actually pushed the button. Apparently, the knowledge that they could shut out the noise if they wanted to was enough to enable them to work productively in spite of the distractions. Their sense of ____________ resulted in a reduction in stress and an increase in productivity.

① humor
② achievement
③ control
④ responsibility

7. 밑줄 친 부분에 들어갈 말로 가장 적절한 것은?

All creatures, past and present, either have gone or will go extinct. Yet, as each species vanished over the past 3.8-billion-year history of life on Earth, new ones inevitably appeared to replace them or to exploit newly emerging resources. From only a few very simple organisms, a great number of complex, multicellular forms evolved over this immense period. The origin of new species, which the nineteenth-century English naturalist Charles Darwin once referred to as "the mystery of mysteries", is the natural process of speciation responsible for generating this remarkable ______________________________ with whom humans share the planet. Although taxonomists presently recognize some 1.5 million living species, the actual number is possibly closer to 10 million. Recognizing the biological status of this multitude requires a clear understanding of what constitutes a species, which is no easy task given that evolutionary biologists have yet to agree on a universally acceptable definition.

① technique of biologists
② diversity of living creatures
③ inventory of extinct organisms
④ collection of endangered species

8. 빈칸에 들어갈 표현으로 가장 적절한 것은?

Stereotypes are one way in which we "define" the world in order to see it. They classify the infinite variety of human beings into a convenient handful of "types" towards whom we learn to act in stereotyped fashion. Life would be a wearing process ______________________________. Stereotypes economize on our mental effort by covering up the blooming, buzzing confusion with big recognizable cut-outs. They save us the "trouble" of finding out what the world is like—they give it its accustomed look.

① if we tried to stick to stereotypes
② if we learned to act in stereotyped fashion
③ if we prejudged people before we ever lay eyes on them
④ if we had to start from scratch with every human contact

9. 밑줄 친 부분에 들어갈 말로 가장 적절한 것은?

Language proper is itself double-layered. Single noises are only occasionally meaningful: mostly, the various speech sounds convey coherent messages only when combined into an overlapping chain, like different colors of ice-cream melting into one another. In birdsong also, ____________ ____________________________ : the sequence is what matters. In both humans and birds, control of this specialized sound-system is exercised by one half of the brain, normally the left half, and the system is learned relatively early in life. And just as many human languages have dialects, so do some bird species: in California, the white-crowned sparrow has songs so different from area to area that Californians can supposedly tell where they are in the state by listening to these sparrows.

① individual notes are often of little value
② rhythmic sounds are important
③ dialects play a critical role
④ no sound-system exists

10. 다음 빈칸에 들어갈 말로 가장 적절한 것은?

Although we all possess the same physical organs for sensing the world—eyes for seeing, ears for hearing, noses for smelling, skin for feeling, and mouths for tasting—our perception of the world depends to a great extent on the language we speak, according to a famous hypothesis proposed by linguists Edward Sapir and Benjamin Lee Whorf. They hypothesized that language is like a pair of eyeglasses through which we "see" the world in a particular way. A classic example of the relationship between language and perception is the word snow. Eskimo languages have as many as 32 different words for snow. For instance, the Eskimos have different words for falling snow, snow on the ground, snow packed as hard as ice, slushy snow, wind-driven snow, and what we might call "cornmeal" snow. The ancient Aztec languages of Mexico, in contrast, used only one word to mean snow, cold, and ice. Thus, if the Sapir-Whorf hypothesis is correct and we can perceive only things that we have words for, the Aztecs perceived snow, cold, and ice as ________________________________.

① one and the same phenomenon
② being distinct from one another
③ separate things with unique features
④ something sensed by a specific physical organ

11. 다음 밑줄 친 부분에 들어갈 가장 적절한 것은?

Pictures are by their very nature a more accessible medium of communication than (specialists') language, more open to interpretation than the written word. Science images, therefore, can have a considerable impact on broader audiences and can be turned into powerful tools of persuasion. Hence, the intrinsic function of images in the science as a means of knowledge production needs to be complemented by looking at their function as media in public discourse. Their impact on a broader public has led Nikolow and Bluma to call for a combination of the history of visualization with the history of popularization of science; that is, an extension of the history of visualizations to include ____________________. Thus, we suggest including another category, namely, images of science and scientists created outside science and communicated in public discourse.

① the way that the public change sciences
② the history of public perceptions of the sciences
③ the history of the development of scientific arts
④ the history of arts' contribution to scientific discourses
⑤ the way that sciences correct the public's misconceptions

12. 밑줄 친 부분에 들어갈 가장 적절한 것을 고르시오.

In recent decades women's participation in waged labor has risen in virtually every country in the world as capitalist industrialization has pushed more women to join the workforce. There are still, however, considerable ____________________ in the proportion of women who are in the labor force, as comparative statistics collected by the International Labor Organization reveal. Although the bases of comparison are not always entirely compatible and the years of collection vary somewhat, in the early to mid-1990s, women's labor market participation in Western countries varied from a high of 78% for women of working age in Denmark to only 43% in Spain. Participation rates in the 'rest' of the world are even more varied. Extremely low rates are still common in parts of Africa.

① geographical variations
② waged employment
③ empirical case studies
④ shared risks and hardship at work

1. 다음 빈칸에 들어갈 말로 가장 적절한 것을 고르시오.

The explosion of popular music in the second half of the twentieth century as well as the global circulation and dissemination of music by the creative industries propelled a new understanding of ____________________ in relation to music. Suddenly, in the 1950s, anyone could pick up spoons, a couple of pans, a second-hand guitar and start a band. This led to specific genres such as skiffle, but also, more generally, reflected a much more relaxed and inclusive attitude to music making. While ordinary people had always sung and made music, the popular music movement was driven by a spirit of rebellion and freedom. This approach led to the punk movement, whose musicians even made it a condition for their music to be non-virtuosic and accessible to all in the 1970s. Groups who had been entirely excluded from music revelled in opportunities to create. This led to a sense of novelty and empowerment in and beyond the music sphere.

* dissemination 보급
** non-virtuosic 전문성 이 높지 않은
*** revel in ~을 만끽하다

① accessibility
② responsibility
③ exchange
④ preservation
⑤ profitability

2. 다음 빈칸에 들어갈 말로 가장 적절한 것을 고르시오.

Great scientists are seldom one-hit wonders. Newton is a prime example; beyond the Newtonian mechanics, he developed the theory of gravitation, calculus, laws of motion, and optimization. In fact, well-known scientists are often involved in multiple discoveries, a phenomenon potentially explained by the Matthew effect. Indeed, an initial success may offer a scientist legitimacy, improve peer perception, provide knowledge of how to score and win, enhance social status, and attract resources and quality collaborators, each of these payoffs further increasing her odds of scoring another win. Yet, there is an appealing explanation: Great scientists have multiple alternative hits and consistently succeed in their scientific endeavors simply because they're exceptionally talented. Therefore, future success again goes to those who have had success earlier, not because of advantages offered by the previous success, but because the earlier success was ____________________. The Matthew effect posits that success alone increases the future probability of success, raising the question: Does status dictate outcomes, or does it simply reflect an underlying talent or quality? In other words, is there really a Matthew effect after all?

* posit 상정하다

① inseparable from consistent efforts
② attributed to talented collaborators
③ dependent on financial resources
④ driven by societal recognition
⑤ indicative of a hidden talent

3. 다음 빈칸에 들어갈 말로 가장 적절한 것을 고르시오.

When we realize we've said something in error and we pause to go back to correct it, we stop gesturing a couple of hundred milliseconds before we stop speaking. Such sequences suggest the startling notion that our hands "know" what we're going to say before our conscious minds do, and in fact this is often the case. Gesture can mentally prime a word so that the right term comes to our lips. When people are prevented from gesturing, they talk less fluently; their speech becomes halting because their hands are no longer able to supply them with the next word, and the next. Not being able to gesture has other deleterious effects: without gesture to help our mental processes along, we remember less useful information, we solve problems less well, and we are less able to explain our thinking. Far from tagging along as speech's clumsy companion, gesture ________________.

① interrupts the rhythm of our narrative
② represents the leading edge of our thought
③ illustrates the afterthoughts of our speaking
④ conceals the deep-seated intention of our speech
⑤ operates independently of our cognitive functions

4. 다음 빈칸에 들어갈 말로 가장 적절한 것을 고르시오.

Despite the difference between the past and the future, between what has happened and what is to come, it can be suggested, that our sense of the past has always been influenced by our view of the future. Revolutionaries have always looked to the past to frame their future cause, as is amply illustrated by examples from nationalism to communism. The future has often been seen as variously a recovery of a lost time, as a replication of what is established, or as a model bequeathed by a heroic age long gone. The writing of history is based on understanding or explaining future outcomes that were not known to contemporaries, since the historian has the benefit of hindsight and the past is nothing more than the accumulation of futures that are now our past. So, rather than see the hand of the past always shaping the future, perhaps it can be seen in reverse, with the past—in the sense of our understanding of it—being ______________________________.

* replication 복제
** bequeath 후세에 전하다
*** hindsight (지난 일에 대한) 통찰력

① shaped by our orientation to the future
② entitled to remain untouched as past itself
③ disconnected from the expectations of the future
④ forgotten regardless of our perception of past events
⑤ documented as historical facts based purely on evidence

5. 다음 빈칸에 들어갈 말로 가장 적절한 것을 고르시오.

Dancers often push themselves to the limits of their physical capabilities. But that push is misguided if it is directed toward accomplishing something physically impossible. For instance, a tall dancer with long feet may wish to perform repetitive vertical jumps to fast music, pointing his feet while in the air and lowering his heels to the floor between jumps. That may be impossible no matter how strong the dancer is. But a short-footed dancer may have no trouble! Another dancer may be struggling to complete a half-turn in the air. Understanding the connection between a rapid turn rate and the alignment of the body close to the rotation axis tells her how to accomplish her turn successfully. In both of these cases, understanding and working within the ________________ imposed by nature and described by physical laws allows dancers to work efficiently, minimizing potential risk of injury.

* alignment 정렬

** rotation axis 회전축

① habits
② cultures
③ constraints
④ hostilities
⑤ moralities

6. 다음 빈칸에 들어갈 말로 가장 적절한 것을 고르시오.

We must explore the relationship between children's film production and consumption habits. The term "children's film" implies ownership by children—their cinema—but films supposedly made for children have always been ____________________, particularly in commercial cinemas. The considerable crossover in audience composition for children's films can be shown by the fact that, in 2007, eleven Danish children's and youth films attracted 59 per cent of theatrical admissions, and in 2014, German children's films comprised seven out of the top twenty films at the national box office. This phenomenon corresponds with a broader, international embrace of what is seemingly children's culture among audiences of diverse ages. The old prejudice that children's film is some other realm, separate from (and forever subordinate to) a more legitimate cinema for adults is not supported by the realities of consumption: children's film is at the heart of contemporary popular culture.

* subordinate 하위의

① centered on giving moral lessons
② consumed by audiences of all ages
③ appreciated through an artistic view
④ produced by inexperienced directors
⑤ separated from the cinema for adults

7. 다음 빈칸에 들어갈 말로 가장 적절한 것을 고르시오.

Beethoven's drive to create something novel is a reflection of his state of curiosity. Our brains experience a sense of reward when we create something new in the process of exploring something uncertain, such as a musical phrase that we've never played or heard before. When our curiosity leads to something novel, the resulting reward brings us a sense of pleasure. A number of investigators have modeled how curiosity influences musical composition. In the case of Beethoven, computer modeling focused on the thirty-two piano sonatas written after age thirteen revealed that the musical patterns found in all of Beethoven's music decreased in later sonatas, while novel patterns, including patterns that were unique to a particular sonata, increased. In other words, Beethoven's music ______________________________ as his curiosity drove the exploration of new musical ideas. Curiosity is a powerful driver of human creativity.

* sonata 악곡의 한 형식

① had more standardized patterns
② obtained more public popularity
③ became less predictable over time
④ reflected his unstable mental state
⑤ attracted less attention from the critics

8. 다음 빈칸에 들어갈 말로 가장 적절한 것을 고르시오.

Technologists are always on the lookout for quantifiable metrics. Measurable inputs to a model are their lifeblood, and like a social scientist, a technologist needs to identify concrete measures, or "proxies," for assessing progress. This need for quantifiable proxies produces a bias toward measuring things that are easy to quantify. But simple metrics can take us further away from the important goals we really care about, which may require complicated metrics or be extremely difficult, or perhaps impossible, to reduce to any measure. And when we have imperfect or bad proxies, we can easily fall under the illusion that we are solving for a good end without actually making genuine progress toward a worthy solution. The problem of proxies results in technologists frequently ________________ ________________. As the saying goes, "Not everything that counts can be counted, and not everything that can be counted counts"

* metric 측정 기준

① regarding continuous progress as a valid solution
② prioritizing short-term goals over long-term visions
③ mistaking a personal bias for an established theory
④ substituting what is measurable for what is meaningful
⑤ focusing more on possible risks than concrete measures

9. 다음 빈칸에 들어갈 말로 가장 적절한 것을 고르시오.

Free play is nature's means of teaching children that they are not ______________. In play, away from adults, children really do have control and can practice asserting it. In free play, children learn to make their own decisions, solve their own problems, create and follow rules, and get along with others as equals rather than as obedient or rebellious subordinates. In active outdoor play, children deliberately dose themselves with moderate amounts of fear and they thereby learn how to control not only their bodies, but also their fear. In social play children learn how to negotiate with others, how to please others, and how to manage and overcome the anger that can arise from conflicts. None of these lessons can be taught through verbal means; they can be learned only through experience, which free play provides.

* rebellious 반항적인

① noisy
② sociable
③ complicated
④ helpless
⑤ selective

10. 다음 빈칸에 들어갈 말로 가장 적절한 것을 고르시오.

Many early dot-com investors focused almost entirely on revenue growth instead of net income. Many early dot-com companies earned most of their revenue from selling advertising space on their Web sites. To boost reported revenue, some sites began exchanging ad space. Company A would put an ad for its Web site on company B's Web site, and company B would put an ad for its Web site on company A's Web site. No money ever changed hands, but each company recorded revenue (for the value of the space that it gave up on its site) and expense (for the value of its ad that it placed on the other company's site). This practice did little it did to boost net income and ______________________—but it did boost *reported* and revenue. This practice was quickly put to an end because accountants felt that it did not meet the criteria of the revenue recognition principle.

① simplified the Web design process
② resulted in no additional cash inflow
③ decreased the salaries of the employees
④ intensified competition among companies
⑤ triggered conflicts on the content of Web ads

11. 다음 빈칸에 들어갈 말로 가장 적절한 것을 고르시오.

Scholars of myth have long argued that myth gives structure and meaning to human life; that meaning is amplified when a myth evolves into a world. A virtual world's ability to fulfill needs grows when lots and lots of people believe in the world. Conversely, a virtual world cannot be long sustained by a mere handful of adherents. Consider the difference between a global sport and a game I invent with my nine friends. It might be a great game—one that is completely immersive and consumes all of my attention—but its reach is ultimately limited to the ten of us, though, then it's completely just a weird hobby, and it has limited social function. For a virtual world to provide lasting, wide-ranging value, its participants must ______________________. When that threshold is reached, psychological value can turn into wide-ranging social value.

① be a large enough group to be considered a society
② have historical evidence to make it worth believing
③ apply their individual values to all of their affairs
④ follow a strict order to enhance their self-esteem
⑤ get approval in light of the religious value system

12. 다음 빈칸에 들어갈 말로 가장 적절한 것을 고르시오.

It seems natural to describe certain environmental conditions as 'extreme', 'harsh', 'benign' or 'stressful'. It may seem obvious when conditions are 'extreme': the midday heat of a desert, the cold of an Antarctic winter, the salinity of the Great Salt Lake. But this only means that these conditions are extreme for us, given our particular physiological characteristics and tolerances. To a cactus there is nothing extreme about the desert conditions in which cacti have evolved; nor are the icy lands of Antarctica an extreme environment for penguins. It is lazy and dangerous for the ecologist to assume that ______________________. Rather, the ecologist should try to gain a worm's-eye or plant's-eye view of the environment: to see the world as others see it. Emotive words like harsh and benign, even relativities such as hot and cold, should be used by ecologists only with care.

* benign 온화한
** salinity 염도

① complex organisms are superior to simple ones
② technologies help us survive extreme environments
③ ecological diversity is supported by extreme environments
④ all other organisms sense the environment in the way we do
⑤ species adapt to environmental changes in predictable ways

13. 다음 빈칸에 들어갈 말로 가장 적절한 것을 고르시오.

We collect stamps, coins, vintage cars even when they serve no practical purpose. The post office doesn't accept the old stamps, the banks don't take old coins, and the vintage cars are no longer allowed on the road. These are all side issues; the attraction is that they are in ____________________________. In one study, students were asked to arrange ten posters in order of attractiveness—with the agreement that afterward they could keep one poster as a reward for their participation. Five minutes later, they were told that the poster with the third highest rating was no longer available. Then they were asked to judge all ten from scratch. The poster that was no longer available was suddenly classified as the most beautiful. In psychology, this phenomenon is called reactance, when we are deprived of an option, we suddenly deem it more attractive.

① short supply
② good shape
③ current use
④ great excess
⑤ constant production

14. 다음 빈칸에 들어갈 말로 가장 적절한 것을 고르시오.

If we've invested in something that hasn't repaid us—be it money in a failing venture, or time in an unhappy relationship—we find it very difficult to walk away. This is the sunk cost fallacy. Our instinct is to continue investing money or time as we hope that our investment will prove to be worthwhile in the end. Giving up would mean acknowledging that we've wasted something we can't get back, and that thought is so painful that we prefer to avoid it if we can. The problem, of course, is that if something really is a bad bet, then staying with it simply increases the amount we lose. Rather than walk away from a bad five-year relationship, for example, we turn it into a bad 10-year relationship; rather than accept that we've lost a thousand dollars, we lay down another thousand and lose that too. In the end, by delaying the pain of admitting our problem, we only add to it. Sometimes we just have to____________________________.

① reduce profit
② offer rewards
③ cut our losses
④ stick to the plan
⑤ pay off our debt

15. 다음 빈칸에 들어갈 말로 가장 적절한 것을 고르시오.

On our little world, light travels, for all practical purposes, instantaneously. If a lightbulb is glowing, then of course it's physically where we see it, shining away. We reach out our hand and touch it: It's there all right, and unpleasantly hot. If the filament fails, then the light goes out. We don't see it in the same place, glowing, illuminating the room years after the bulb breaks and it's removed from its socket. The very notion seems nonsensical. But if were far enough away, an entire sun can go out and we'll continue to see it shining brightly; we won't learn of its death, it may be, for ages to come—in fact, for how long it takes light, which travels fast but not infinitely fast, to cross the intervening vastness. The immense distances to the stars and the galaxies mean that we ______ ______________________________.

* instantaneously 순간적으로

** intervene 사이에 들다

① see everything in space in the past
② can predict when our sun will go out
③ lack evidence of life on other planets
④ rely on the sun as a measure of time
⑤ can witness the death of a star as it dies

16. 다음 빈칸에 들어갈 말로 가장 적절한 것을 고르시오.

Financial markets do more than take capital from the rich and lend it to everyone else. They enable each of us to smooth consumption over our lifetimes, which is a fancy way of saying that we don't have to spend income at the same time we earn it. Shakespeare may have admonished us to be neither borrowers nor lenders; the fact is that most of us will be both at some point. If we lived in an agrarian society, we would have to eat our crops reasonably soon after the harvest or find some way to store them. Financial markets are a more sophisticated way of managing the harvest. We can spend income now that we have not yet earned—as by borrowing for college or a home—or we can earn income now and spend it later, as by saving for retirement. The important point is that ________ ______________________________, allowing us much more flexibility in life.

* admonish 권고하다

** agrarian 농업(농민)의

① we can ignore the complexity of financial markets
② earning income has been divorced from spending it
③ financial markets can regulate our impulses
④ we sell our crops as soon as we harvest them
⑤ managing working hours has become easier than ever

정답 및 해설

연습문제

1. 정답 ②

해석

역사적으로 높은 성장률에 따른 중국 경제의 둔화는 다른 나라들의 성장에 오랫동안 부담이 될 것으로 예상되어 왔다. "30년 동안 10퍼센트 성장을 지속해 온 중국은 세계 경제를 움직이게 한 강력한 연료 공급원이었습니다."라고 예일대의 Stephen Roach는 말했다. 성장률이 약 7퍼센트의 공식 수치로 둔화되었다. "그것은 구체적인 감속입니다."라고 Roach 씨는 덧붙였다.

① 속도를 더 내다
② 압박하다. 부담이 되다
③ 초래하다
④ 초래하다

해설

중국이 30년 동안 10퍼센트 성장을 지속해 왔고 이것이 세계 경제를 움직이게 했다고 했는데, 글의 마지막 부분에서 성장률이 약 7퍼센트로 둔화된 것은 다른 나라들의 경제 성장에 부정적인 영향을 줄 수 있다고 추론할 수 있다. 따라서 빈칸에 들어갈 말로 가장 적절한 것은 ② '압박하다. 부담이 되다'이다. 참고로 보기 ③과 ④는 같은 의미이고, ①은 긍정적인 내용이므로 정답이 될 수 없다.

어휘

drive forward 앞으로 추진시키다 official figure 공식적인 수치 concrete 구체적인 deceleration 감속 speed up 속도를 높이다 weigh on 압박하다 lead to ~로 이어지다 result in ~을 초래하다

2. 정답 ④

해석

점점 더 많은 리더들이 원격으로 일하거나, 컨설턴트와 프리랜서뿐만 아니라 전국이나 전 세계에 흩어져 있는 팀과 함께 일하면서, 그들에게 더 많은 자율성을 주어야 할 것이다. 당신이 더 많은 신뢰를 줄수록, 다른 사람들은 당신을 더 신뢰한다. 나는 직무 만족과 모든 단계마다 따라다니는 누군가가 없이 일을 완전히 수행할 수 있도록 사람들이 얼마나 권한을 부여받는지 사이에 직접적인 상관관계가 있다고 확신한다. 당신이 신뢰하는 사람에게 책임을 맡기는 것은 조직을 보다 원활하게 운영할 수 있을 뿐만 아니라 당신에게 더 많은 시간을 만들어 내어 더 큰 문제에 집중할 수 있도록 한다.

① 일
② 보상
③ 제한
④ 자율성

해설

이 글은 같이 업무를 하는 사람들에게 신뢰와 책임감을 주어야 한다고 말하고 있다. 더 많은 권한을 부여받은 사람들은 일을 더 완벽하게 처리할 수 있으며 그것이 직무 만족과 연관된다고 했고, 신뢰하는 사람에게 책임을 맡기는 것이 조직을 더 원활하게 만들고 본인에게 더 많은 시간을 주어 더 큰 문제에 집중할 수 있게 만든다고 했다. 따라서 빈칸에 들어갈 말로 가장 적절한 것은 ④ '자율성'이다.

어휘

remotely 원격으로 scattered 흩어져 있는 bestow 주다 empower 권한을 주다 convinced 확신하는 job satisfaction 직무만족도 execute 수행하다 shadow 그림자처럼 따라다니다 give away 주다, 부여하다 free up (특정한 목적을 위해 시간이나 돈을) 만들어 내다 rewards 보상 restrictions 제한, 제약 autonomy 자율성

3. 정답 ③

해석

우리 모두는 무언가를 물려받는다: 어떤 경우에는, 그것은 돈, 재산 또는 일부 물건이 된다—할머니의 웨딩드레스나 아버지의 도구 세트와 같은 가족의 가보. 하지만 그 너머에 있는 우리 모두는 다른 것을 물려받았고, 훨씬 덜 구체적이고, 실재하지 않는, 우리가 완전히 알지 못할 수도 있는 어떤 것을 물려받는다. 그것은 일상적인 일을 하

는 방법일 수도 있고, 특정한 문제를 해결하거나 도덕적인 문제를 스스로 결정하는 방법일 수도 있다. 특정한 날짜에 소풍을 가는 것은 휴일이나 전통을 지키는 특별한 방법일 수 있다. 그것은 우리의 사고에 중요하거나 중심적인 것일 수도 있고, 혹은 우리가 오랫동안 아주 일상적으로 받아들인 사소한 것일 수도 있다.

① 우리의 일상 생활과는 전혀 무관한
② 우리의 도덕적 기준에 반하여
③ 훨씬 덜 구체적이고 실재하지 않는
④ 금전적 가치가 큰

해설

주제문에서 우리는 돈, 재산, 또는 물건과 같은 것을 물려받지만, 그 너머에 우리가 알지 못하는 무언가를 물려받는다고 진술하고, 이어지는 글에서 일상적인 일 처리 방식, 문제 해결 방식, 휴일이나 전통을 지키는 방식 등을 예로 나열하고 있다. 따라서 빈칸에는 아래의 예시들을 포괄하는 개념인 '훨씬 덜 구체적이고 실재하지 않는'이 들어가는 것이 가장 적절하다.

어휘

inherit 상속받다, 물려받다 in some cases 일부의 경우에 property 재산 object 물건 heirloom 가보 be aware of ~를 알고 있다 particular 특정한 moral 도덕상의 tradition 전통 on a certain day 특정한 날에 central 중심적인 minor 작은 accepted 일반적으로 인정된 casually 일상적으로 related to ~와 관련된 concrete 구체적인 monetary 화폐의, 통화의

4. 정답 ②

해석

왜 모든 것의 역사에 신경을 쓰는가? 오늘날, 우리는 단편적으로 우리의 세계에 대해 가르치고 배운다. 문학 수업에서는 유전자에 대해 배우지 않고, 물리학 수업에서는 인간의 진화에 대해 배우지 않는다. 그래서 당신은 세계에 대한 부분적인 시야를 가진다. 그것은 교육에서 의미를 찾기 어렵게 만든다. 프랑스 사회학자 에밀 뒤르켐은 이러한 방향 감각 상실감과 무의미함을 아노미라 불렀고, 그것이 절망과 심지어 자살로 이어질 수 있다고 주장했다. 독일의 사회학자 막스 베버는 세계의 "미몽에서 깨어남(각성)"에 대해 이야기했다. 과거에, 사람들은 그들의 세계에 대한 단일화된 비전을 가지고 있었는데, 그것은 대개 그들 자신의 종교적 전통의 기원 이야기들에 의해 제공되었다. 그 단일화된 비전은 목적, 의미, 심지어 세계와 삶에 대해 황홀감을 주었다. 그러나 오늘날 많은 작가들은 과학과 합리성의 세계에서 무의미한 감각이 피할 수 없는 것이라고 주장해 왔다. 현대성은 무의미함을 의미하는 것으로 보인다.

① 과거에, 역사 연구는 과학으로부터의 각성을 요구했다.
② 최근에, 과학은 우리에게 많은 교묘한 속임수와 의미를 주었다.
③ 오늘날, 우리는 단편적으로 우리의 세계에 대해 가르치고 배운다.
④ 최근에, 역사는 몇 가지 범주로 나뉘어져 왔다.

해설

이 글은 과거와 현대의 세계를 바라보는 시선에 대해 비교하고 있다. 과거에는 세계에 대한 단일화된 시선을 가졌고, 그것은 대개 자신의 종교적 전통의 기원 이야기들에 의해 제공되었다고 한다. 그리고 이러한 단일화된 시선은 세계와 삶에 대한 황홀감을 주었다고 한다. 반면, 오늘날의 과학과 합리성의 세계에서는 과거의 황홀감으로부터의 각성이 일어나고 무의미한 감각이 불가피하다고 주장하고 있다. 빈칸 뒤에 이어지는 글에서는 문학 수업에서 유전자를 배우지 않고, 물리학 수업에서 인간의 진화에 대해 배우지 않으므로 세계를 부분적으로만 볼 수 있다고 했으므로 빈칸에는 ③ Today, we teach and learn about our world in fragments(오늘날, 우리는 단편적으로 우리의 세계에 대해 가르치고 배운다)가 들어가면 가장 적절하다.

어휘

bother 신경 쓰다, 애쓰다 literature 문학 gene 유전자 physics 물리학 evolution 진화 partial 부분적인, 편파적인 view 견해 meaning 의미, 뜻 sociologist 사회학자 disorientation 방향 감각 상실, 혼미 meaninglessness 무의미함 anomie 무질서 argue 주장하다 despair 절망 suicide 자살 disenchantment 미몽에서 깨어남, 각성 unified 통일된 vision 시력, 시야 origin story 기원 이야기 religious 종교적인 purpose 목적 enchantment 황홀

감 inevitable 불가피한 rationality 합리성 modernity 현대성 clever 영리한, 교묘한 trick 속임수 fragment 부분

5. 정답 ②

해석

고급 식당에서는 청구되는 가격이 필연적으로 높기 때문에 뛰어남이 절대적 전제 조건이다. 경영자는 식당을 효율적으로 만들기 위해 가능한 모든 것을 할지도 모르지만, 손님들은 여전히 정성들인 개개인을 위한 서비스, 즉 매우 숙련된 요리사가 주문에 따라 준비하고 전문 서버가 전달하는 음식을 기대한다. 이 서비스는 말 그대로 수작업이기 때문에 생산성에 있어서 미미한 개선만이 가능하다. 예를 들어, 요리사, 서버, 또는 바텐더가 인간 수행능력의 한계에 도달하기까지 겨우 조금 더 빨리 움직일 수 있다. 따라서 겨우 약간의 절약만이 효율성 향상을 통해 가능하고, 이는 가격 상승을 불가피하게 만든다(가격이 오르면 소비자들이 더 식별력이 있어진다는 것은 경제학의 자명한 이치다). 따라서, 이 고급 레스토랑의 손님들은 우수성을 기대하고, 요구하며, 기꺼이 비용을 지불할 것이다.

① 터무니없는
② 불가피한
③ 터무니없는
④ 상상도 할 수 없는

해설

이 글은 고급 식당의 경영자는 식당을 효율적으로 만들기 위해 가능한 모든 것을 하려 하지만, 가격이 비싸기 때문에 손님들은 더 뛰어난 음식과 서비스를 요구할 수밖에 없다고 말하고 있다. 식당은 결국 사람의 노동으로 운영되는 곳이므로 효율성 향상을 통해 약간의 절약만이 가능하고, 그것은 결국 가격을 올리게 만든다는 내용이므로 빈칸에는 '불가피한'이 들어가야 한다. 주제문에서 necessarily가 inevitable로 재표현되었다고 볼 수 있다. 참고로 ①, ③, ④의 보기 단어가 전부 '터무니없는, 상상도 할 수 없는'이라는 뜻의 유의어이므로 정답이 되기 어렵다는 것을 알 수 있다.

어휘

excellence 훌륭함 fine dining 고급 식당 prerequisite 전제 조건 necessarily 필연적으로 operator 운영자 chef 요리사 server 종업원 literally 문자 그대로 manual labor 수작업 marginal 한계의, 약간의 productivity 생산성 moderate 약간의, 적절한 savings 절약 efficiency 효율성 escalation 상승 axiom 공리, 자명한 이치 discriminating 식별력 있는 clientele 고객들 be willing to-v 기꺼이 ~하다 ludicrous 터무니없는 preposterous 터무니없는 inconceivable 상상도 할 수 없는 inevitable 불가피한, 필연적인

6. 정답 ③

해석

The Joy of Stress(책)에서, Peter Hanson 박사는 두 집단의 사무원들이 일련의 크고 정신 사나운 배경 소리에 노출되었던 실험을 설명했다. 한 집단은 그 성가신 소리들을 언제든 차단하기 위해 눌러질 수 있는 버튼이 장착되어 있는 책상을 가지고 있었다. 다른 집단은 그런 버튼이 없었다. 놀랍지 않게도, 버튼을 가진 직원들은 가지지 않은 직원들보다 훨씬 더 생산적이었다. 하지만 주목할 만한 것은 버튼 집단에 있었던 누구도 실제로 그 버튼을 누르지는 않았다는 것이다. 명백하게도, 그들이 원한다면 그 소리를 차단할 수 있음을 아는 것은 그들이 집중을 방해하는 것들이 있음에도 불구하고 그들로 하여금 생산적으로 일할 수 있도록 만들기에 충분했다. 그들의 통제 감각은 스트레스 감소와 생산성 증가를 초래하였다.

① 유머
② 성취
③ 통제
④ 책임

해설

한 실험에서 스트레스를 야기할 수 있는 소리를 언제든지 차단할 수 있는 버튼을 가진 집단과 버튼을 가지지 않는 집단을 비교했을 때, 소리를 차단할 수 있는 버튼을 가진 집단의 생산성이 높았는데, 주목할 만한 점은 아무도 실험 기간 동안에 버튼을 누르지 않았다는 점이다. 따라서 소리를 차단할 수 있음을 안다는 것 자체가 스트레스를 줄이고 생산성을 높였다고 결론 내릴 수 있다. 따라서 빈칸에는 자신이 원할 때에는 언제든지 소리를 차단할 수

있다는 ③ control(통제)이 들어가는 것이 가장 적절하다.

어휘

distracting 집중력을 흩뜨리는 background noise 배경 소음 equipped with ~이 장착된, ~을 갖춘 shut out 차단하다 annoying 성가신 not surprisingly 놀랍지 않게도 far more 훨씬 더 productive 생산적인 remarkable 주목할 만한 actually 실제로, 사실 apparently 명백하게도 knowledge 알고 있음, 지식 enable 가능하게 하다 in spite of ~에도 불구하고 distraction 집중을 방해하는 것 result in ~를 초래하다 reduction 감소 productivity 생산성 achievement 업적 control 통제 responsibility 책임

7. 정답 ②

해석

과거와 현재의 모든 생물은 사라졌거나 멸종될 것이다. 하지만, 각각의 종들이 지구상의 38억 년 생명체의 역사에서 사라지면서, 불가피하게 새로운 종들이 그들을 대체하거나 새롭게 떠오르는 자원을 이용하기 위해 나타났다. 아주 간단한 몇 가지 유기체로부터, 수많은 복잡하고 다세포적인 형태들이 이 거대한 시기에 걸쳐 진화했다. 19세기 영국의 자연주의자 찰스 다윈이 한때 "미스테리 중의 미스테리"라고 지칭했던 이 새로운 종의 기원이 분화라는 자연적 과정인데, 이것이 인간이 행성을 공유하고 있는 이렇게 놀라운 다양성을 가진 생명체를 만들어 낸 것이다. 분류학자들이 현재로 대략 150만 개를 종으로 인식하고 있지만, 실제의 수는 아마도 1천만 종에 가까울 것이다. 이런 수많은 생명체의 생물학적 지위를 인정하는 것은 무엇이 종을 구성하는가에 관한 명확한 이해를 요구하는데, 진화 생물학자들이 보편적으로 받아들일 수 있는 정의에 아직 동의하지 못하고 있다는 점을 감안하면 쉬운 일은 아니다.

① 생물학자의 기술
② 다양성을 가진 생명체
③ 멸종된 유기체의 목록
④ 멸종위기종 채집

해설

모든 생물은 사라졌거나 멸종될 것이고, 그들을 대체하는 새로운 종들이 나타나는데, 이 새로운 종의 기원이 분화라는 자연적 과정이며 이것이 인간이 행성을 공유하고 있는 이렇게 놀라운 다양성을 가진 생명체를 만들어 낸다고 설명하고 있다. 이어지는 글에서 분류학자들이 현재 150만 개의 종을 인식하고 있지만, 실제 종의 수는 아마도 1천만 개에 가까울 것이라고 부연 설명하고 있다. 빈칸이 있는 문장을 통해 종 분화의 자연적인 과정이 이렇게 놀랄 만한 무엇을 만들었는지를 추론해야 하는데, 빈칸에는 ② diversity of living creatures(다양성을 가진 생명체)가 들어가는 것이 문맥상 가장 적절하다.

어휘

creature 생명체 go extinct 멸종되다, 사라지다 species 종 inevitably 불가피하게 vanish 사라지다 exploit 이용하다, 착취하다 emerging 떠오르는 organism 유기체 multicellular 다세포의 evolve 진화하다 immense 거대한 naturalist 자연주의자 refer to 지칭하다 speciation 분화 planet 행성 taxonomist 분류학자 presently 현재 recognize 알아보다 biological 생물학의 status 신분, 자격 multitude 다수 constitute ~을 구성하다 evolutionary 진화의 universally 일반적으로 acceptable 용인되는 definition 정의 biologist 생물학자 diversity 다양성 inventory 재고 목록 endangered species 멸종 위기에 처한 종

8. 정답 ④

해석

고정관념들은 우리가 세상을 보기 위해서 그것을 '정의하는' 하나의 방식이다. 그것들은 인간들의 무한한 다양성을 정형화된 방식으로 우리가 맞추어 행동하도록 배우는 편리한 소수의 '유형들'로 분류한다. 만약 우리가 모든 인간관계를 맨 처음부터 시작해야 한다면 인생은 몹시 지치는 과정이 될 것이다. 고정관념은 크고 인지 가능한 잘라 낸 조각으로 엄청나고 떠들썩한 혼란을 덮어 버림으로써 우리의 정신적 노력을 절약한다. 그것들은 우리에게 이 세상이 어떤지를 알아내는 '고생'을 덜어 준다—그것들은 세상에게 그것의 익숙한 모습을 부여한다.

① 만약 우리가 고정 관념을 고수하기 위해 애쓴다면
② 만약 우리가 정형화된 방식으로 행동하도록 배운다면
③ 만약 우리가 그들을 보기도 전에 사람들을 속단한다면
④ 만약 우리가 모든 인간관계를 맨 처음부터 시작해야

한다면

해설

이 글은 고정 관념의 긍정적인 기능을 설명하고 있다. 고정 관념은 세상을 보는 하나의 방식으로, 인간들의 무한한 다양성을 정형화된 방식으로 소수의 유형들로 분류함으로써 우리의 정신적 노력을 절약한다고 설명하고 있다. 빈칸 앞의 주절에 동사로 would를 사용하는 것으로 봐서, 빈칸에는 가정법 과거의 if 절이 와야 한다. 가정법 과거는 현재 사실을 반대로 가정하는 것이다. 문맥상 만약 고정관념이 없으면 인생은 몹시 치치는 과정이 될 것이라고 했으므로, '만약 고정관념이 없으면'에 상응하는 문장인 ④ if we had to start from scratch with every human contact(만약 우리가 모든 인간관계를 맨 처음부터 시작해야 한다면)가 들어가는 것이 가장 적절하다.

어휘

stereotype 고정 관념 define 정의하다 classify 분류하다 infinite 무한의 human being 인간 convenient 편리한 handful 소량 fashion 방식 wearing 소모시키는, 힘든 process 과정 economize on ~를 절약하다 mental effort 정신적 노력 cover up 덮다, 은폐하다 blooming 엄청난, 만발한 buzzing 떠들썩한, 윙윙거리는 confusion 혼란 recognizable 쉽게 알아볼 수 있는 cut-out 잘라낸 조각 accustomed 익숙한 stick to ~를 고수하다 prejudge 속단하다 lay eyes on 처음 보다 from scratch 맨 처음부터 human contact 인간관계

9. 정답 ①

해석

엄밀한 의미의 언어는 그 자체로 두 개의 층으로 구성되어 있다. 하나뿐인 소음들로는 오직 가끔씩만 의미가 있다. 주로, 다양한 언어음들이 서로를 향해 녹는 다른 색의 아이스크림처럼 중복된 연속으로 결합될 경우에만 일관성 있는 메시지들을 전달한다. 새의 지저귐에서 또한, 개개인의 음들은 보통 가치가 거의 없다. 연속적인 행동들이 중요한 것이다. 인간과 새 모두에게, 이 전문화된 소리 체계의 통제는 보통 좌뇌인 뇌의 한쪽 절반에 의해 실행되고, 그 체계는 상대적으로 어린 시기에 학습된다. 그리고 다수의 인간의 언어들에 방언이 있듯이, 일부 새 종들도 방언이 있다. 캘리포니아에서, 노랑턱멧새는 지역별로 너무 다른 노래가 있어서 캘리포니아 사람들은 그 참새들에게 귀를 기울임으로써 그들이 그 주에서 어디에 있는지 짐작하여 구분할 수 있다.

① 개개인의 음들은 보통 가치가 거의 없다.
② 주기적인 소리는 중요하다.
③ 방언들은 대단히 중요한 역할을 한다.
④ 어떠한 소리 체계도 존재하지 않는다.

해설

빈칸이 있는 문장에서 also가 중요한 단서가 될 수 있다. '새들의 지저귐 역시 ~하다'이므로 앞에 제시된 내용과 같은 내용이 빈칸에 들어가야 한다. 앞에서 '하나의 소음은 오직 가끔씩만 의미가 있고, 다양한 언어음들이 중복된 연속으로 결합될 경우에만 일관성 있는 메시지를 전달한다'라고 했으므로 빈칸에는 ① individual notes are often of little value(개개인의 음들은 보통 가치가 거의 없다)가 들어가는 것이 적절하다.

10. 정답 ①

해설

언어학자 Edward Sapir와 Benjamin Lee Whorf에 의해 제시된 유명한 가설에 따르면, 비록 우리는 모두 세상을 느끼기 위한 시각을 위한 눈, 청각을 위한 귀, 후각을 위한 코, 촉감을 위한 피부, 그리고 미각을 위한 입인 같은 똑같은 신체 기관을 가지고 있지만, 세상에 대한 우리의 인식은 우리가 말하는 언어에 상당 부분 달려 있다. 그들은 언어는 우리가 그것을 통해 특정한 방식으로 세상을 '보는' 한 쌍의 안경과 같다고 가설을 세웠다. 언어와 인식 사이의 관계에 대한 전형적인 사례는 눈이라는 단어이다. 에스키모 언어는 무려 32가지나 되는 눈에 대한 다양한 단어들을 가지고 있다. 예를 들어, 에스키모인들은 떨어지는 눈, 땅 위의 눈, 얼음처럼 단단히 뭉쳐진 눈, 질척거리는 눈, 바람에 날리는 눈, 그리고 우리가 '옥수수 가루' 눈이라고 부를지도 모르는 것에 대한 여러 가지 단어들을 가지고 있다. 그와는 대조적으로, 멕시코의 고대 아즈텍 언어는 눈, 추위, 그리고 얼음을 의미하는 오직 한 가지 단어를 사용했다. 따라서, 만약 Sapir-Whorf의 가설이 정확하고 우리는 우리가 단어로 가진

것들만 인식할 수 있다면, 아즈텍인들은 눈, 추위, 그리고 얼음을 단일의 동일한 현상으로 인식했다.
① 단일의 동일한 현상
② 서로 별개의 것
③ 각자 특성을 가진 분리된 것
④ 특수한 신체 기관을 통해서 느껴지는 어떤 것

해설

빈칸이 있는 문장을 통해 아즈텍인들이 눈, 추위, 그리고 얼음을 어떻게 인식했는지에 대한 내용이 들어가야 한다. 앞부분에서 Sapir-Whorf의 가설에 따르면, 언어는 안경과 같아서 우리가 단어로 가진 것만 인식한다고 설명한 후, 눈을 예로 들고 있다. 에스키모 언어는 눈에 대해 32개의 다양한 표현이 있는 반면에 아즈텍 언어는 눈, 추위, 그리고 얼음을 의미하는 오직 한 가지 단어만을 가지고 있다고 했다. 따라서 아즈텍인들은 눈, 추위와 얼음을 '단일의 동일한 현상'으로 인식했다는 문장이 문맥상 가장 적절하다.

어휘

possess 소유하다 physical 신체적인 organ 기관, 장기 sense 느끼다 perception 인식 to a great extent 많은 부분 hypothesis 가설 linguist 언어학자 hypothesize 가설을 세우다 a pair of 한 쌍의 eyeglasses 안경 particular 특정한 packed 가득 찬 slushy 질척거리는 cornmeal 옥수수 가루 ancient 고대의 in contrast 대조적으로 phenomenon 현상 distinct 별개의, 뚜렷한 separate 분리된 specific 특정한, 구체적인

11. 정답 ②

해석

사진은 본질적으로 (전문가의) 언어보다 더 이해하기 쉬운 의사소통의 매체이며, 글로 쓰여진 말보다 해석에 더 열려 있다, 그러므로 과학 영상은 광범위한 관객들에게 상당한 영향을 끼질 수 있고, 강력한 설득 수단이 될 수 있다. 따라서, 과학에서 영상의 지식 생산 수단으로서의 본질적인 기능은 대중 담론의 매체로서의 그것(과학 영상)의 기능을 살펴봄으로써 보완되어야 한다. 광범위한 대중에게 그것의 영향력은 Nikolow와 Bluma로 하여금 시각화의 역사와 과학 대중화의 역사의 결합을 요구하게 했다. 즉, 과학에 대한 대중 인식의 역사를 포함하는 시각화의 역사의 확장이다. 따라서 우리는 또 다른 범주, 즉 과학 외부에서 창조되고 대중 담론에서 전달되는 과학과 과학자들의 영상을 포함하는 것을 제안한다.
① 대중이 과학을 변화시키는 방식
② 과학에 대한 대중 인식의 역사
③ 과학 예술의 발전의 역사
④ 과학 담론에 대한 예술의 공헌의 역사
⑤ 과학이 대중의 오해를 바로잡는 방식

해설

빈칸이 들어간 문장을 통해 빈칸에 시각화의 역사의 확장이 무엇을 포함하는지에 대한 내용이 들어가야 함을 알 수 있다. 앞부분에서 사진은 언어보다 설득력이 있고, 과학 영상은 광범위한 관객들에게 상당한 영향을 끼칠 수 있다고 언급한 후, 주제문에서 과학 영상의 이러한 광범위한 영향력은 시각화의 역사와 과학 대중화의 역사의 결합을 요구한다고 설명하고 있다. that is(즉)는 앞에 나온 내용을 다시 한번 설명하는 기능을 하므로, 빈칸에는 앞에 사용된 popularization(대중화)을 재표현한 public perception(대중 인식)이 들어간 ② the history of public perceptions of the sciences(과학에 대한 대중 인식의 역사)가 들어가는 것이 가장 적절하다.

어휘

by one's very nature 본질적으로 accessible 이해하기 쉬운, 접근 가능한 medium 수단, 매체 communication 의사소통 interpretation 해석 science image 과학 영상 considerable impact 영향 powerful 강력한 tool 수단 persuasion 설득 intrinsic 본질적인, 고유한 function 기능 means 수단 complement 보완하다 discourse 담론 call for 요구하다 combination 결합 visualization 시각화 popularization 대중화 extension 확장 category 범주 namely 즉, 다시 말해 communicate 전달하다 perception 인식 contribution 기여, 공헌 misconception 오해

12. 정답 ①

해석

자본주의적 산업화가 더 많은 여성을 노동 인구에 참여

하도록 강요함에 따라, 최근 수십 년간, 임금 노동에 있어서의 여성 참여가 전 세계 거의 모든 나라에서 증가해 왔다. 하지만, 세계노동기구에 의해 수집된 비교 통계 자료들이 드러내는 것처럼, 노동 인구에 속하는 여성의 비율에 상당한 지리적 차이가 여전히 존재한다. 비록 비교의 근거가 항상 전적으로 일치하는 것은 아니며 자료 수집의 연도가 다소 다르지만, 1990년대 초반에서 중반까지, 서양 국가들에서 여성의 노동 시장 참여는 덴마크의 노동 연령인 여성의 78퍼센트로 가장 높은 것에서부터 스페인에서의 단 43퍼센트까지 다양했다. '나머지' 세계에서의 참여율은 훨씬 더 다양하다. 극도로 낮은 비율은 아프리카 지역에서 여전히 일반적이다.

① 지리적 차이

② 임금이 지급되는 일

③ 실증적 사례 연구

④ 직장에서 공유되는 위험과 고난

해설

주제문에서 임금 노동에 있어서의 여성 참여가 전 세계 거의 모든 나라에서 증가해 왔다고 밝히고 있고 이어지는 문장에서 빈칸이 제시되어 있다. 빈칸이 속한 문장에서 still(여전히), however(그러나)가 중요한 단서가 될 수 있다. 그러나 여전히 노동 인구에 속하는 여성의 비율에 상당한 무엇이 존재한다는 내용이 나와야 적절하다. 빈칸 뒤 문장에서 서양 국가들에서 여성의 노동 시장 참여는 덴마크에서의 78퍼센트에서 스페인에서의 43퍼센트까지 다양했다고 했으므로 빈칸에는 '지리적 차이가' 들어가는 것이 가장 적절하다.

어휘

decade 10년 participation 참여, 참가 waged labor 임금 노동 virtually 거의 capitalist 자본주의적인 industrialization 산업화 workforce 노동 인구, 노동력 considerable 상당한 proportion 비율 labor force 노동력 comparative 비교의 statistics 통계 자료 entirely 전적으로, 완전히 base 근거 comparison 비교 compatible 일치하는, 양립할 수 있는 vary 다르다, 다양하다 varied 다양한 geographical 지리적인 variation 차이 empirical 실증적인, 경험에 의거한 case study 사례 연구 hardship 고난

수능대비

1. 정답 ①

해석

창작 산업계의 전 세계적 음악 유통과 보급뿐만 아니라 20세기 후반의 대중음악의 폭발적 증가는 음악과 관련된 접근성에 대한 새로운 이해를 촉진했다. 갑자기, 1950년대에, 누구나 숟가락, 냄비 몇 개, 중고 기타를 집어 들고 밴드를 시작할 수 있었다. 이는 스키플(skiffle)과 같은 특정 장르로 이어졌을 뿐만 아니라, 또한 더 일반적으로는, 음악 제작에 대한 훨씬 더 여유롭고 포용적인 태도를 반영했다. 평범한 사람들이 항상 노래를 부르고 음악을 만들어 왔었지만, 대중음악 운동은 저항과 자유의 정신에 의해 촉진되었다. 이러한 접근 방식은 펑크 운동으로 이어졌으며, 1970년대에 이 음악가들은 심지어 자신들의 음악이 전문성이 높지 않고 누구나 접근할 수 있는 것을 필수 요건으로 삼았다. 음악에서 완전히 배제되었던 집단들이 창작의 기회를 만끽했다. 이는 음악계 안팎에서 참신성과 자율성이라는 인식으로 이어졌다.

해설

1950년대에는 누구나 밴드를 시작할 수 있게 되었고, 음악 제작에 더 여유롭고 포용적인 태도를 지니게 되었으며, 1970년대에는 음악이 전문성이 높지 않아야 하고, 기존에 배제되었던 집단들도 음악 창작의 기회를 갖게 되었다고 하였으므로, 빈칸에는 'accessibility'가 들어가 빈칸을 포함한 문장이 '창작 산업계의 전 세계적 음악 유통과 보급뿐만 아니라 20세기 후반의 대중음악의 폭발적 증가는 음악과 관련된 접근성에 대한 새로운 이해를 촉진했다.'가 되어야 한다.

어휘

explosion 폭발적 증가 popular 대중적인 circulation 유통 dissemination 보급 propel 촉진하다 accessibility 접근성 in relation to ~에 관련된 second-hand 중고의 skiffle 스키플(1950년대 영국에서 유행한 기타와 수제 악기를 쓴 민요조 재즈) reflect 반영하다 rebellion 저항 condition 필수요건 non-virtuosic 전문성이 높지 않은 exclude 배제하다 revel in ~을 만끽하다 novelty 참신성 empowerment 자율 in and beyond 안팎에서

2. 정답 ⑤

해석

위대한 과학자가 반짝 스타인 경우는 드물다. 뉴턴이 대표적인 예인데, 그는 뉴턴 역학을 넘어 중력 이론, 미적분학, 운동 법칙 및 최적화를 발전시켰다. 사실, 잘 알려진 과학자들은 종종 여러 발견에 관여하는데, 이는 아마도 매튜 효과로 설명되는 현상일 것이다. 실제로, 최초의 성공은 과학자에게 정당성을 부여하고, 동료들의 인식을 향상시키며, 어떻게 성과를 내고 성공하는지에 대한 지식을 제공하고, 사회적 지위를 높이며, 자원과 우수한 협력자를 끌어들이는데, 이러한 각각의 보상들은 과학자가 또 다른 성공을 거둘 가능성을 더욱 높여 준다. 그러나 매력적인 대안이 되는 설명이 있는데, 위대한 과학자들이 여러 번의 성공을 거두고 지속적으로 과학적 노력에서 성과를 이루는 이유는 단지 그들이 유난히 재능이 있기 때문이라는 것이다. 따라서, 미래의 성공이 이전에 성공한 적이 있는 사람에게 다시 돌아가는데, 이는 이전의 성공으로 인해 제공된 이점 때문이 '아니라', 이전의 성공이 숨겨진 재능을 나타내는 (것이기) 때문이다. 매튜 효과는 성공은 '(그) 하나만으로' 미래의 성공 확률을 높인다고 상정하며, 다음과 같은 의문을 제기한다. 지위가 결과를 좌우하는 것일까 아니면 그것은 근본적인 재능이나 자질을 단순히 반영하는 것일까? 다시 말하면, 결론적으로 매튜 효과가 정말로 존재하는 것일까?

해설

위대한 과학자들이 성공을 되풀이할 수 있는 것은 최초의 성공이 더 많은 기회와 자원이 생겨서 이후에도 성공할 수 있다는 '매튜 효과'에 의한 것이라는 주장과, 단지 그들이 유난히 재능이 있기 때문에 지속적으로 성공할 수 있었다는 내용의 글이다. 따라서 빈칸에는 '⑤ indicative of a hidden talent'가 들어가 빈칸을 포함한 문장이 '따라서, 미래의 성공이 이전에 성공한 적이 있는 사람에게 다시 돌아가는데, 이는 이전의 성공으로 인해 제공된 이점 때문이 '아니라', 이전의 성공이 숨겨진 재능을 '나타내기 (것이기) 때문이다'가 되어야 한다.

어휘

seldom 거의 ~않는 one-hit wonder 반짝 스타(한 번 성공한 사람) mechanics 역학 gravitation 중력 calculus 미적분학 optimization 최적화 legitimacy 정당성 score and win 성과를 내고 성공하다 status 지위 payoff 보상 odds 가능성 alternative 대안이 되는 consistently 지속적으로 endeavor 노력 exceptionally 유난히 posit 상정하다 probability 확률 dictate 좌우하다, 명령하다 underlying 근본적인

3. 정답 ②

해석

우리가 무언가를 잘못 말한 것을 깨닫고 다시 수정하려고 돌아가기 위해 말을 잠시 멈출 때, 우리는 말을 멈추기 수백 밀리세컨드(0.001 초) 전에 손짓을 멈춘다. 이러한 순서는 우리의 손이 의식적인 마음이 알아채기 전에 (먼저) 우리가 무엇을 말할 것인지 '알고' 있다는 놀라운 개념을 암시하며, 실제로 이런 경우가 종종 있다. 손짓은 정신적으로 단어를 준비시켜 정확한 용어가 입술에 도달하도록 할 수 있다. 사람들은 손짓을 하지 못하게 되면 덜 유창하게 말하게 되는데, (이는) 그들의 손이 더 이상 다음 단어와 또 그 다음 단어를 제공할 수 없어서 말이 중단되기 때문이다. 손짓을 할 수 없게 되는 것은 또 다른 해로운 영향을 갖는다. 정신적 과정을 쭉 도와주는 손짓이 없으면, 유용한 정보를 잘 기억하지 못하고, 문제를 잘 해결하지 못하며, 우리의 생각을 잘 설명하지 못한다. 손짓은 말의 어설픈 동반자로 뒤따라가는 것이 아니라, 우리의 사고를 선도하는 역할을 나타낸다.

해설

무엇을 할지 의식적인 마음이 알아채기 전에 우리의 손이 먼저 알고 있고, 손짓은 말할 단어를 떠올리는 데 도움을 주며, 손짓을 못하게 되면 말을 더듬고, 기억력과 문제 해결력도 떨어진다는 내용의 글이다. 따라서 손짓은 단순히 말의 결과물이 아니라, 오히려 말을 이끌어 내는 역할을 한다는 내용이다. 말보다 먼저 작동하는 사고 도구인 손짓이 되어야 하므로, 빈칸에는 '② represents the leading edge of our thought'가 들어가 빈칸을 포함한 문장이 '손짓은 말의 어설픈 동반자로 뒤따라 가는 것이 아니라, 우리의 사고를 선도하는 역할을 나타낸다'가 되어야 한다.

어휘

realize 깨닫다 pause 잠시 멈추다 sequence 순서 notion 개념 conscious 의식적인 prime 준비시키다 term 용어 halt 중단하다 tag along 뒤따라가다 clumsy 어설픈 leading edge 최첨단, 앞 가장자리

4. 정답 ①

해석

과거와 미래, 즉 이미 일어난 일과 (앞으로) 일어날 일 사이의 차이에도 불구하고, 과거에 대한 우리의 인식이 항상 미래에 대한 우리의 관점에 의해 영향을 받아 왔다고 말할 수 있다. 민족주의에서 공산주의에 이르는 사례에 의해 충분히 입증되는 것처럼 혁명가들은 자신들의 미래 대의를 구성하기 위해 항상 과거를 참고해 왔다. 미래는 종종 잊힌 시간의 회복, (이미) 확립된 것의 복제, 또는 오래전에 없어진 영웅시대에 의해 후세에 전해진 모델로 다양하게 여겨져 왔다. 역사의 서술은 동시대의 사람들에게는 알려지지 않은 미래의 결과를 이해하거나 설명하는 데 기초하고 있는데, 그 이유는 역사가는 (지난 일에 대한) 통찰력의 이점을 가지고 있고 과거란 지금은 우리의 과거가 된 미래의 축적에 불과하기 때문이다. 따라서 과거의 손길이 항상 미래를 형성한다고 보기보다는, 오히려 그 반대인 것으로, 즉 과거가—그것(과거)에 대한 우리의 이해라는 의미에서—미래에 대한 우리의 방향성에 의해 형성된다고 볼 수도 있을 것이다.

해설

과거에 대한 우리의 인식은 미래에 대한 우리의 관점에 의해 영향을 받아 왔고, 과거란 미래의 축적에 불과하므로, 과거가 미래를 형성하는 것이 아니라, 우리가 미래를 어떻게 바라보느냐에 따라 과거에 대한 해석이 바뀐다는 내용의 글이므로, 빈칸에는 '① shaped by our orientation to the future'가 들어가 빈칸을 포함한 문장이 '따라서 과거의 손길이 항상 미래를 형성한다고 보기보다는, 오히려 그 반대인 것으로, 즉 과거가—그것(과거)에 대한 우리의 이해라는 의미에서—미래에 대한 우리의 방향성에 의해 형성된다고 볼 수도 있을 것이다.'가 되어야 한다.

어휘

revolutionary 혁명가 look to 참고하다 frame 구성하다 cause 대의(명분) illustrate 입증하다 nationalism 민족주의 communism 공산주의 long gone 오래전에 없어진 contemporary 동시대의 사람 accumulation 축적 reverse 반대 orientation 방향성

5. 정답 ③

해석

무용수는 종종 자신의 신체 능력의 한계까지 자신을 밀어붙인다. 그러나 그렇게 밀어붙이는 것이 물리적으로 불가능한 것을 달성하는 쪽으로 향하게 된다면, 잘못 이해한 것이다. 예를 들어, 키가 크고 발이 긴 무용수가 공중에서 발끝을 뾰족하게 하고 점프 사이에 발뒤꿈치를 바닥에 내리면서 빠른 음악에 맞춰 반복적인 수직 점프를 수행하고 싶을 수 있다. 무용수가 아무리 힘이 좋을지라도 그것은 불가능할 수 있다. 하지만 발이 짧은 무용수는 전혀 문제가 없을 것이다. 또 다른 무용수는 공중에서 반회전을 완성하려고 애쓰고 있을 수 있다. 빠른 회전 속도와 회전축에 가깝게 몸을 정렬하는 것의 연관성을 이해하는 것은 그 무용수에게 성공적으로 회전을 해내는 방법을 알려 준다. 이 두 경우 모두에서, 선천적으로 주어지고 물리적 법칙에 의해 설명되는 제약을 이해하고 그 안에서 움직이는 것은 잠재적인 부상 위험을 최소화하는 무용수가 효율적으로 움직이게 해 준다.

해설

무용수들은 자신의 신체적 한계를 인식하고, 물리적 법칙에 부합하는 방식으로 움직여야 잠재적인 부상을 막고, 효율적으로 움직일 수 있다는 내용의 글이다. 따라서 빈칸에는 '③ constraints'가 들어가 빈칸을 포함한 문장이 '이 두 경우 모두에서, 선천적으로 주어지고 물리적 법칙에 의해 설명되는 제약을 이해하고 그 안에서 움직이는 것은 잠재적인 부상 위험을 최소화하면서 무용수가 효율적으로 움직이게 해 준다.'가 되어야 한다.

어휘

capability 능력, 역량 misguided 잘못 이해한 accomplish 달성하다 repetitive 반복적인 vertical 수직의 rapid 빠른 impose 주다, 부여하다 by nature 선천적으로 efficiently 효율적으로 minimize 최소화하다 potential 잠재적인 injury 부상

6. 정답 ②

해석

우리는 어린이 영화 제작과 소비 습관 사이의 관계를 탐구해야 한다. '어린이 영화'라는 용어는 어린이에 의한 소유권 즉 '그들의' 영화를 암시하지만, 소위 어린이를 위해 만들어진 영화는 특히 상업 영화에서, 항상 모든 연령대의 관객들에게 소비되어 왔다. 어린이 영화의 관객 구성에서 상당한 (연령 간의) 넘나듦이 있다는 것은, 2007년에 11개의 덴마크의 어린이 및 청소년 영화가 극장 입장객의 59퍼센트를 끌어모았고 2014년에는 독일의 어린이 영화가 전국 극장 흥행 수익 상위 20개 영화 중 7개를 차지했다는 사실에 의해 증명될 수 있다. 이 현상은 다양한 연령대의 관객들 사이에서 겉으로는 어린이 문화처럼 보이는 것이 더 광범위하고 국제적으로 수용되는 것과 일치한다. 어린이 영화가 성인을 위한 더 제대로 된 영화와는 별개의 (그리고 영원히 하위의) 다른 영역이라는 오래된 편견은 소비의 실상에 의해 뒷받침되지 않는다. 즉, 어린이 영화가 현대 대중문화의 중심에 있다.

해설

2007년 덴마크에서 11편의 어린이 영화가 전체 관 객의 59%를 동원했고, 2014년 독일에서는 어린이 영화가 전국 박스오피스 Top 20에 7편이 랭크되었다는 내용으로 보아 어린이 영화가 실제로는 어린이뿐 아니라 다양한 연령대의 관객들에게 인기가 있다는 내용이다. 따라서 빈칸에는 '② consumed by audiences of all ages'가 들어가 빈칸을 포함한 문장이 '어린이 영화'라는 용어는 어린이에의 한 소유권, 즉 '그들의' 영화를 암시하지만, 소위 어린이를 위해 만들어진 영화는 특히 상업 영화에서, 항상 모든 연령대의 관객들에게 소비되어 왔다가 되어야 한다.

어휘

explore 탐구하다 production 제작 consumption 소비 imply 암시하다, 의미하다 ownership 소유권 supposedly 소위 considerable 상당한, 중요한 crossover 넘나듦, 교차 composition 구성 theatrical 극장의 comprise 차지하다 box office (극장 흥행) 수익 phenomenon 현상 correspond with ~과 일치하다 embrace 수용 seemingly 겉으로는 ~처럼 보이는 prejudice 편견 realm 영역 legitimate 제대로 된 contemporary 현대의

7. 정답 ③

해석

새로운 것을 창작하려는 베토벤의 욕구는 그의 호기심 상태의 반영이다. 우리의 뇌는 우리가 이전에 연주하거나 들어본 적이 없는 악절과 같이 불확실한 것을 탐구하는 과정에서 새로운 것을 창작할 때 보상감을 경험한다. 우리의 호기심이 새로운 것으로 이어지면, 그 결과로 얻어지는 보상은 우리에게 쾌감을 가져다준다. 많은 연구자들이 음악 작곡에 호기심이 어떻게 영향을 미치는지를 모델링해 왔다. 베토벤의 경우, 13세 이후로 작곡된 32개의 피아노 소나타에 초점을 맞춘 컴퓨터 모델링에서 베토벤의 모든 음악에서 발견되는 음악 패턴이 후기 소나타에서는 감소한 반면, 특정 소나타에만 나타나는 패턴을 포함한 새로운 패턴은 증가한 것을 보여 주었다. 다시 말해, 베토벤의 호기심이 새로운 음악적 아이디어의 탐구를 이끌게 됨에 따라 그의 음악은 시간이 지날수록 덜 예측 가능하게 되었다. 호기심은 인간의 창의성의 강력한 원동력이다.

해설

베토벤의 모든 음악에서 발견되는 음악 패턴이 후기 소나타에서는 감소한 반면, 새로운 패턴들, 특히 특정 소나타에만 있는 독특한 패턴들이 증가했다는 컴퓨터 모델링을 통해 베토벤의 음악이 그의 호기심에 의해 새로운 음악적 아이디어를 탐색함에 따라 시간이 지날수록 예측하기 어려워졌다는 내용의 글이다. 따라서 빈칸에는 '③ became less predictable over time'이 들어가 빈칸을 포함한 문장이 '다시 말해, 베토벤의 호기심이 새로운 음악적 아이디어의 탐구를 이끌게 됨에 따라 그의 음악은 시간이 지날수록 덜 예측 가능하게 되었다'가 되어야 한다.

어휘

drive 욕구; 이끌다 novel 새로운 reflection 반영 curiosity 호기심 reward 보상 phrase (음악의) 구절 resulting 결과로 얻어지는 investigator 연구자 composition 작곡 reveal 보여 주다

8. 정답 ④

해석

기술자들은 항상 정량화할 수 있는 측정 기준을 찾고 있다. 모델에 측정 가능한 입력(을 하는 것)은 그들의 생명줄이며, 사회 과학자와 마찬가지로 기술자는 진척 상황을 평가하기 위한 구체적인 측정 방법, 즉 '프록시'를 식별할 필요가 있다. 이러한 정량화할 수 있는 프록시에 대한 필요성은 정량화하기 쉬운 것들을 측정하는 쪽으로 편향을 만든다. 하지만 단순한 측정 기준은 우리가 정말로 신경 쓰는 중요한 목표로부터 우리를 더 멀어지게 할 수 있는데, 이 목표는 복잡한 측정 기준을 요구하거나, 또는 (이 목표를) 어떤 하나의 측정 방법만으로 한정(하여 측정)하기가 어렵거나 아마 불가능할 수도 있다. 그리고 우리가 불완전하거나 잘못된 프록시를 가지고 있을 때, 우리는 가치 있는 해결책을 향한 진정한 진전을 실제로 이루지 못하면서 좋은 목적을 위해 문제를 해결하고 있다는 착각에 쉽게 빠질 수 있다. 프록시의 문제는 기술자들이 흔히 의미 있는 것을 측정 가능한 것으로 대체하는 결과를 낳는다. 흔히 말하듯이, "중요한 모든 것들이 셀 수 있는 것은 아니고, 셀 수 있는 모든 것들이 중요한 것도 아니다."

해설

기술자들은 진척 상황을 평가하기 위한 구체적인 측정 방법, 즉 '프록시'에 의존하는 경향이 있는데 이것은 우리가 정말로 신경 쓰는 중요한 목표로부터 우리를 더 멀어지게 하여, 진정한 진전을 이루지 못하면서 좋은 목적을 위해 문제를 해결하고 있다는 착각에 빠지게 만든다는 내용의 글이다. 따라서 빈칸에는 '④ substituting what is measurable for what is meaningful'이 들어가 빈칸을 포함한 문장이 '프록시의 문제는 기술자들이 흔히 의미 있는 것을 측정 가능한 것으로 대체하는 결과를 낳는다'가 되어야 한다.

어휘

technologist 기술자 on the Lookout for ~을 찾고 있는 quantifiable 정량화 할 수 있는 measurable 측정 가능한 lifeblood 생명줄, 혈액 identify 식별하다 concrete 구체적인 assess 평가하다 bias 편향, 편견 complicated 복잡한 imperfect 불완전한 illusion 환영, 착각 end 목적 genuine 진정한 count 중요하다, (수를) 세다

9. 정답 ④

해석

자유 놀이는 아이들에게 자신이 무력하지 않다는 것을 가르치는 자연의 수단이다. 어른과 떨어져 놀면서, 아이들은 통제력을 정말로 가지고 그것을 발휘하는 것을 연습할 수 있다. 자유 놀이를 통해, 아이들은 스스로 결정을 내리고, 자신들만의 문제를 해결하고, 규칙을 만들고 지키며 복종적이거나 반항적인 아랫사람이라기 보다는 동등한 사람으로서 다른 사람과 어울리는 것을 배운다. 활동적인 야외 놀이를 통해, 아이들은 의도적으로 자기 자신에게 적절한 수준의 두려움을 주고, 그렇게 함으로써 그들의 신체뿐만 아니라 두려움 또한 통제하는 법을 배운다. 사회적인 놀이를 통해 아이들은 어떻게 다른 사람과 협상하고, 다른 사람을 기쁘게 하며, 갈등으로부터 생길 수 있는 분노를 다스리고 극복할 수 있는지를 배운다. 이러한 교훈 중 어느 것도 언어적 수단을 통해서는 배울 수 없다. 그것들은 오로지 경험을 통해서만 배울 수 있는데, 그것은 자유 놀이가 제공하는 것이다.

해설

자유 놀이를 통해 아이들이 배울 수 있는 것을 설명하는 글이다. 아이들은 자유 놀이를 통해 스스로 결정을 내리고, 문제를 해결하고, 규칙을 만들고 지킬 뿐만 아니라, 다른 사람과 협상하고, 다른 사람을 기쁘게 하며, 갈등으로부터 생길 수 있는 분노를 다스리고 극복하는 법을 배우게 된다는 내용의 글이므로 빈칸에는 'helpless'가 들어가 빈칸을 포함한 문장이 '자유 놀이는 아이들에게 자신이 무력하지 않다는 것을 가르치는 자연의 수단이다.'가 되어야 한다.

어휘

means 수단 assert 발휘하다, 주장하다 get along with ~와 어울리다, ~와 잘 지내다 obedient 복종적인, 순종적인 subordinate 아랫사람, 부하 deliberately 의도적으로 dose (약 등을) 주다 moderate 적절한 negotiate 협상하다 arise 생기다, 일어나다 verbal 언어적인

10. 정답 ②

해석

초기의 많은 닷컴 투자자들은 거의 전적으로 순이익보다

수익 증가에만 집중했다. 초기의 많은 닷컴 회사들은 그들의 수익 대부분을 자신들의 웹사이트에 광고를 게재하는 공간을 판매하는 것으로부터 벌어들였다. 보고되는 수익을 끌어올리기 위해, 몇몇 사이트는 광고 게재 공간을 서로 주고받기 시작했다. A 회사는 자기 회사의 웹사이트 광고를 B 회사의 웹사이트에 게시하곤 했고, B 회사는 자기 회사의 웹사이트 광고를 A 회사의 웹사이트에 게시하곤 했다. 돈은 다른 회사에게로 전혀 넘어가지 않았지만, 각 회사는 (자신의 사이트에서 내어 준 광고 게재 공간의 가치에 대한) 수익과 (타 회사의 사이트에 게재한 광고의 가치에 대한) 비용을 보고했다. 이러한 관행은 순이익을 끌어올리는 데 거의 효과가 없었고 부가적인 현금 유입을 초래하지는 않았지만 '보고되는' 수익을 정말로 끌어올렸다. 회계사들은 이러한 관행이 수익 인식 기준을 충족시키지 못한다고 생각했기 때문에 이 관행은 빠르게 종식되었다.

해설

초기의 닷컴 투자자들은 순수익보다는 수익 증가에 집중하여서 몇몇 사이트가 다른 회사 사이트와 광고 게재 공간을 서로 교환함으로써 실제 돈이 오고 가지는 않았지만, 보고된 수익은 증가하도록 했고, 이런 관행은 수익 인식 기준을 충족시키지 못했기 때문에 빠르게 종식되었다는 내용의 글이다. 따라서 빈칸에는 'resulted in no additional cash flow'가 들어가 빈칸을 포함한 문장이 '이러한 관행은 순이익을 끌어올리는 데 거의 효과가 없었고 부가적인 현금 유입을 초래하지는 않았지만, 보고되는, 수익을 정말로 끌어올렸다'가 되어야 한다.

어휘

investor 투자자 entirely 전적으로 earn 벌다, 얻다 boost 끌어올리다 reported 보고되는 exchange 주고받다, 교환하다 record 보고하다, 기록하다 expense 비용 accountant 회계사 criterion 기준 (pl. criteria) recognition 인식

11. 정답 ①

해석

신화학자들은 신화가 인간의 삶에 구조와 의미를 부여한다고 오랫동안 주장해 왔다. 그 의미는 하나의 신화가 하나의 세상으로 진화할 때 증폭된다. 욕구를 충족시킬 수 있는 가상 세계의 능력은 수많은 사람이 그 세상의 존재를 믿을 때 커진다. 이와 반대로 가상 세계는 단지 몇 명뿐인 추종자들에 의해서는 오래 지속될 수 없다. 전 세계적인 스포츠와 내가 내 친구 9명과 만들어 정기적으로 하는 게임의 차이를 고려해 보라. 나의 게임은 훌륭한 게임이고 완전히 몰입하게 하는 게임이며, 내 집단의 시간과 관심 모두를 소모하는 게임일 수 있다. 하지만 그것이 미치는 범위가 우리 10명으로 제한된다면, 그것은 최종적으로 그저 이상한 취미일 뿐이고, 제한된 사회적 기능을 가진다. 가상 세계가 지속적이고 넓은 범위에 퍼지는 가치를 제공하기 위해서는, 그것의 참여자들이 사회로 여겨질 정도로 충분히 큰 규모의 집단이어야만 한다. 그 기준점에 도달했을 때, 심리적 가치가 넓은 범위에 퍼지는 사회적 가치로 변할 수 있다.

해설

신화는 충분히 많은 사람들이 믿게 되면 하나의 세상으로 진화하고, 그 가상 세계의 능력은 수많은 사람들이 그 세상의 존재를 믿을 때 커진다. 단지 친구들 몇명과 하는 게임은 아무리 훌륭하더라도 이상한 취미에 불과하고 제한된 사회적 기능을 가지게 되므로, 가상 세계가 가치를 갖기 위해서는 그 참여자가 많아야 한다는 내용의 글이다. 따라서 빈칸에는 '① be a large enough group to be considered a society'가 들어가 빈칸을 포함한 문장이 '가상 세계가 지속적이고 넓은 범위에 퍼지는 가치를 제공하기 위해서는, 그것의 참여자들이 사회로 여겨질 정도로 충분히 큰 규모의 집단이어야만 한다'가 되어야 한다.

어휘

scholar 학자 myth 신화 amplify 증폭시키다 virtual 가상의 conversely 반대로 sustain 지속하다 mere 단지 handful 몇 명뿐인 immersive 몰입하게 하는 ultimately 최종적으로 weird 이상한 hobby 취미 society 사회 threshold 기준점

12. 정답 ④

해석

특정한 환경 조건을 '극심한', '혹독한', '온화한' 또는 '스트레스를 주는'이라고 묘사하는 것은 당연해 보인다. 사막

한낮의 열기, 남극 겨울의 추위, 그레이트솔트호의 염도와 같이 (환경)조건이 '극심한' 경우에 그것이 명백해 보일지도 모른다. 하지만 이것은 우리의 특정한 생리적 특징과 내성을 고려할 때 이러한 조건이 '우리에게' 극심하다는 것을 의미할 뿐이다. 선인장에게 선인장들이 진화해 온 사막의 환경 조건은 전혀 극심한 것이 아니며 펭귄에게 남극의 얼음에 뒤덮인 땅은 극심한 환경이 아니다. 생태학자가 모든 다른 유기체가 우리가 느끼는 방식으로 환경을 느낀다고 추정하는 것은 나태하고 위험하다. 오히려 생태학자는 다른 유기체가 세계를 보는 방식으로 세계를 바라보기 위해 환경에 대한 벌레의 관점이나 식물의 관점을 획득하려고 노력해야 한다. 혹독한, 그리고 온화한 같은 감정을 나타내는 단어들, 심지어 덥고 추운 것과 같은 상대적인 단어들은 생태학자들에 의해 오로지 신중하게 사용되어야 한다.

해설

사막이나 남극과 같은 환경 조건이 인간에게는 매우 혹독하지만, 그곳에서 살아가는 선인장이나 펭귄에게는 전혀 혹독하지 않으므로, 생태학자들은 환경에 대해 인간의 관점이 아닌 다른 유기체가 보는 관점을 획득하려고 노력해야 하고, 혹독한, 온화한 같은 감정을 나타내는 단어들, 또는 덥고 추운 것과 상대적인 단어들도 신중히 사용해야 한다는 내용의 글이다. 따라서 빈칸에는 '④ all other organisms sense the environment in the way we do'가 들어가 빈칸을 포함한 문장이 '생태학자가 모든 다른 유기체가 우리가 느끼는 방식으로 환경을 느낀다고 추정하는 것은 나태하고 위험하다.'가 되어야 한다.

어휘

harsh 혹독한 obvious 명백한 midday 한낮의 Antarctic 남극 physiological 생리적인, 생리학의 tolerance 내성; 관용 cactus 선인장 (pl. cacti) ecologist 생태학자 assume 추정하다 emotive 감정을 나타내는

13. 정답 ①

해석

우리는 그것들이 실용적인 목적을 수행하지 않더라도 우표, 동전, 빈티지 자동차들을 수집한다. 우체국은 오래된 동전을 받지 않고, 은행은 오래된 동전을 받지 않으며, 그리고 빈티지 자동차는 더 이상 도로에서 허용되지 않는다. 이런 것들은 모두 부수적인 문제이다; 매력은 그들이 부족한 공급품에 있다는 것이다. 한 연구에서, 학생들은 포스터 10장을 매력도의 순서대로 배열하도록 요청받았다—나중에 그들의 참여에 대한 보상으로 포스터 1장을 간직할 수 있다는 합의와 함께, 5분 후, 그들은 세 번째 높은 평가의 포스터가 더 이상 이용 가능하지 않다는 것을 들었다. 그런 다음 그들은 10개의 포스터를 모두 처음부터 평가하라고 요청을 받았다. 더 이상 이용할 수 없는 포스터가 갑자기 가장 아름다운 것으로 분류되었다. 심리학에서는, 이러한 현상은 리액턴스라고 불린다: 우리가 선택지를 빼앗겼을 때, 우리는 그것을 갑자기 더 매력적으로 여긴다.

해설

한 연구에서 더 이상 이용할 수 없는 포스터가 가장 아름다운 것으로 분류되고 선택지를 빼앗겼을 때 그것이 더 매력적으로 여겨지게 되는 것처럼 사람들은 오래된 우표, 오래된 동전, 빈티지 자동차 등을 수집하는데 그 이유는 선택이 제한되기 때문이다. 즉 공급이 부족하기 때문이다. 따라서 빈칸에는 '① short supply'가 들어가 빈칸을 포함한 문장이 '이런 것들은 모두 부수적인 문제이다; 매력은 그들이 부족한 공급에 있다는 것이다.'가 되어야 한다.

어휘

vintage 유서 깊은, 낡은, 오래된 practical 실용적인 attraction 매력 side issues 부수적인 문제 arrange 배열하다, 정렬하다 from scratch 처음부터 phenomenon 현상 deprive A of B A에게서 B를 빼앗다 deem 생각하다, ~로 간주하다

14. 정답 ③

해석

우리에게 보답해 주지 않는 것에 우리가 투자해 왔다면—실패한 사업에 투자한 돈이거나, 불행한 인간관계에 투자한 시간이든지 간에—우리는 벗어나기가 매우 어렵다는 것을 안다. 이것은 매몰 비용 오류이다. 우리의 본능은 결국에는 우리의 투자가 가치 있는 것으로 입증될 것이라고 희망하면서 돈이나 시간에 투자를 계속하

는 것이다. 포기한다는 것은 우리가 돌이킬 수 없는 무언가를 낭비해 왔다고 인정하는 것을 의미하고, 그런 생각은 너무 고통스러워서 우리가 할 수 있다면 그것을 피하기를 선호한다. 물론, 문제는 어떤 것이 정말 나쁜 투자라면, 그것을 계속하는 것은 우리가 잃는 총액을 증가시킬 뿐이라는 것이다. 예를 들어, 5년의 나쁜 관계에서 벗어나기보다는 우리는 그것을 10년의 나쁜 관계로 바꾸고; 천 달러를 잃었다는 사실을 받아들이기보다는, 또 다른 천 달러를 내놓고 그것도 역시 잃는다. 결국, 우리의 문제를 인정하는 고통을 미룸으로써 우리는 그것에 보탤 뿐이다. 때때로 우리는 손실을 끊어야만 한다.

해설

보답해 주지 않는 것에 투자해 왔다면 벗어나기가 매우 어려운데, 그 이유는 손실을 인정하고 싶지 않기 때문이다. 하지만 잘못된 투자임이 분명한데도 계속 머무르게 되면 손실이 점점 더 커질 뿐이므로 빠르게 손실을 감수하고 철수하는 것이 현명하다는 매몰 비용 오류에 관한 글이다. 따라서 빈칸에는 '③ cut our losses'가 들어가 빈칸을 포함한 문장이 '때때로 우리는 손실을 끊어야만 한다'가 되어야 한다.

어휘

invest 투자하다 repay 보답하다, 갚다 venture 모험(적 사업) walk away 벗어나다 sunk cost 매몰 비용 fallacy 오류 instinct 본능 worthwhile 가치 있는 acknowledge 인정하다 Lay down 내놓다 admit 인정하다

15. 정답 ①

해석

우리의 작은 세상에서, 실제로는 빛은 순간적으로 이동한다. 전구가 켜져 있다면, 당연히 그것은 우리가 보는 그 자리에서 빛을 내고 있다. 우리는 손을 뻗어 그것을 만진다: 그것은 바로 거기에 있고, 불쾌할 정도로 뜨겁다. 필라멘트가 나가면, 그때 빛은 꺼진다. 전구가 망가져서 소켓에서 제거된 몇 년 후, 그 자리에 빛을 내고 방을 밝히고 있는 그것을 우리는 보지 못한다. 바로 그 개념은 말도 안 되는 것처럼 보인다. 하지만 우리가 충분히 멀리 떨어져 있다면, 항성 전체는 꺼질 수 있지만 우리는 그것이 밝게 빛나는 것을 계속 볼 것이다; 우리는 아마도 오랜 세월동안—사실, 빠르지만 무한히 빠르지는 않게, 이동하는 빛이 그 사이에 낀 광대함을 가로지르는 데 걸리는 시간 동안 그것의 소멸을 알지 못할 것이다. 별과 은하까지의 엄청난 거리는 우리가 우주 공간의 모든 것을 과거의 모습으로 보고 있다는 것을 의미한다.

해설

지구에서 빛은 순간적으로 이동하여, 전구가 켜지면 빛을 볼 수 있고, 전구가 제거되면 빛을 볼 수 없다. 하지만 항성이 충분히 멀리 떨어져 있다면 그 별이 소멸되더라도 빛이 도달하는 데 오랜 시간이 걸려 마치 계속 빛나는 것처럼 보이게 된다. 결국 별과 은하까지의 엄청난 거리로 인해 우리는 천체의 과거의 모습을 보게 된다는 내용의 글이다. 따라서 빈칸에는 '① see everything in space in the past'가 들어가 빈칸을 포함한 문장이 '별과 은하까지의 엄청난 거리는 우리가 우주 공간의 모든 것을 과거의 모습으로 보고 있다는 것을 의미한다'가 되어야 한다.

어휘

instantaneously 순간적으로 lightbulb 전구 glow 빛나다, 작열하다 reach out 손을 뻗다 unpleasantly 불쾌하게 illuminate 밝게 하다 notion 개념 nonsensical 엉터리없는, 무의미한 infinitely 무한하게 vastness 광대함 immense 엄청난

16. 정답 ②

해석

금융 시장은 부자들로부터 자본을 받아 다른 모든 사람들에게 그것을 빌려주는 것 이상을 한다. 그것들은 우리 각자가 평생에 걸쳐 소비를 원활하게 하도록 해 주며, 그리고 이는 우리가 그것(소득)을 얻는 동시에 소득을 소비할 필요가 없다는 것을 말하는 멋진 방식이다. 셰익스피어는 우리가 빌리는 사람도 빌려주는 사람도 되지 말라고 충고했을지도 모른다; 사실 우리 대부분은 어떤 때에는 둘 다 될 것이다. 만약 우리가 농경 사회에 산다면, 우리는 우리의 농작물을 수확 직후에 합리적으로 먹거나 또는 그것들을 저장할 어떤 방법을 찾아야 할 것이다. 금융 시장은 수확을 관리하는 더 정교한 방법이다. 우리는 우리가 아직 벌지 않은 소득을 지금 소비할 수도 있고—대학이나 주택을 위해 빌리는 것처럼—혹은 우리는 은퇴

를 위해 저축하는 것처럼, 지금 소득을 벌어서 나중에 그것을 소비할 수도 있다. 중요한 점은 소득을 버는 것이 그것을 소비하는 것과 분리되어 있다는 것이고, 이는 우리에게 삶에서 훨씬 더 많은 유연성을 허용해 준다.

해설

금융 시장은 소비를 원활하게 해 주며, 소득을 얻는 동시에 소득을 소비할 필요가 없게 하고, 금융 시장 덕택에 우리는 아직 벌지 않은 소득을 지금 소비할 수도 있고, 지금 번 소득을 나중에 소비할 수 있게 된다. 즉 소득과 지출을 분리하여 우리의 삶에 더 많은 유연성을 허용한다는 내용의 글이다. 따라서 빈칸에는 '② earning income has been divorced from spending it'이 들어가 빈칸을 포함한 문장이 '중요한 점은 소득을 버는 것이 그것을 소비하는 것과 분리되어 있다는 것이고, 이는 우리에게 삶에서 훨씬 더 많은 유연성을 허용해 준다.'가 되어야 한 다.

어휘

financial 금융의, 재정의 capital 자본 smooth 원활하게 하다 consumption 소비 fancy 멋진 reasonably 합리적으로

손태진
독해 원리

초판 1쇄 발행 2026년 2월 20일

지은이 손태진
펴낸이 이기봉
편집 좋은땅 편집팀
펴낸곳 도서출판 좋은땅
주소 서울특별시 마포구 양화로12길 26 지월드빌딩 (서교동 395-7)
전화 02)374-8616~7
팩스 02)374-8614
이메일 gworldbook@naver.com
홈페이지 www.g-world.co.kr

ISBN 979-11-388-5509-9 (43740)